ネット社会と忘れられる権利

個人データ削除の裁判例とその法理

奥田喜道 編著

現代人文社

●まえがき──本書の趣旨と構成

　インターネットの発達により、既存メディアは、新聞書籍の発行、テレビ・ラジオの放送に加えて、新たな情報伝達手段を獲得した。そのことによって既存メディアは時間的、空間的制約から解放され、市民の情報入手もより容易になった。しかし、インターネットの発達が社会にもたらした影響は、それだけに止まらない。第一に、従来は情報の受信者に過ぎなかった一般市民が、情報の発信者として登場してきたことである。新たに情報の発信者となった一般市民は、既存メディアと異なり、情報の真偽を吟味する能力も、情報発信が他者の人格権（名誉、プライバシー）に与える影響に配慮する姿勢も、十分には持ち合わせていない。その結果、ネット上の掲示板、SNS、ブログ等には、真偽不明の情報や、他者の名誉を毀損し、プライバシーを侵害する情報が溢れかえるようになった。

　第二に、インターネットによって発信された情報は、印刷物や放送とことなり、半永久的にネット上に存在しつづけ、しかも、ネット上の検索サービスによって、ネット空間に散在する情報にだれでも瞬時にたやすく接することができるようになった。その結果、他者の名誉を毀損し、プライバシーを侵害する情報が、大量に伝搬し、深刻な被害をもたらすようになった。

　そこで本書では、そうしたネット社会におけるプライバシー保護、個人情報保護のための新たな法概念である忘れられる権利について検討しようとするものである。そのなかでも、現在のところ実現可能で、実効性も高く、2014年5月13日の欧州司法裁判所の先決裁定をはじめとして関連する判例も出始めているインターネットの検索サービスの検索結果の削除、検索結果へのリンクの削除、検索結果の見出し・要旨へのリンクの削除を権利として構成するネット社会における忘れられる権利を主に考えている。本書はそうした理解の下で、研究者による総論、弁護士による事例紹介、憲法研究者による比較法研究で構成されている。

第1部・ネット社会と「忘れられる権利」は、ネット社会における忘れられる権利に先駆的に取り組んできた憲法研究者、欧州連合法研究者、民法研究者、もう一人の憲法研究者による4篇の総論である。先頭の宮下論文は、忘れられる権利の概念、欧州司法裁判所の先決裁定の説明、表現の自由・プロバイダの責任・裁判の管轄についてのアメリカ・ヨーロッパ・その他の国・地域の比較をした上で、プライバシー権の国境を越えた課題として国による基準の違いにより生じうる問題、プライバシー権の再構成、プライバシーと「時間」の問題、日本への示唆が論じられる。中西論文では、欧州連合における個人情報保護法制のうち忘れられる権利と関係するものの概要・構成、2014年5月13日の先決裁定を含む関連する欧州司法裁判所の判例、欧州連合であらたに制定される個人情報規則案の審議状況が紹介される。上机論文においては、忘れられる権利の不法行為法上の意味が、憲法上の忘れられる権利との対比を意識されたうえで詳細に論じられ、伝統的な名誉プライバシー理論における救済と利益衡量を重視したうえでの人格権の保護の方向性がしめされる。第1部の4番目の飯島論文は忘れられる権利の憲法的基礎としての「個人の尊厳」「幸福追求権」をあらためて検討する。

　第2部・事例報告／日本の「忘れられる権利」は、ネット社会における忘れられる権利が問題になった事件を担当した弁護士による日本の事例紹介・検討である。まず富田・髙橋論文においては検索サービスのサジェスト機能と忘れられる権利の問題が、事例紹介によって検討される。とくに権利侵害、差止め請求にたいする裁判所の判断について詳細に検討がなされ、2014年5月13日の欧州司法裁判所の先決裁定との比較がなされたうえで、サジェスト機能の先入観うえつけへの対処、差止め手続の具体的問題、忘れられる権利の法制化といった残された課題が提示される。島崎論文では検索サービスの検索結果削除の事例についての裁判所の判断について、とくに侵害行為性、名誉毀損の違法性、プライバシー侵害の違法性について詳細に検討される。また検索サービス会社の削除基準の曖昧さ、削除対象の不十分さ、最大手検索サービス会社への訴訟、現在上告中の担当事件の見通しについて言及されている。神田論文では検索サービス会社に対する検索結果削除請求を仮処分命令申立てによって行った事例を中心に先行する関連事例も含めて詳細に紹介される。そのさい、とくに問題になっていたことは検索結果の削除義

務の有無、「更生を妨げられない利益」の侵害に基づく削除請求の可否、仮処分手続利用にあたっての「著しい損害又は急迫の危険」の有無であったとされる。さらに今後の課題として、リンク先の記事を読まずに違法性を判断する問題、削除対象記事の特定方法の問題、Chilling Effectの問題が挙げられている。

　第3部・諸外国における「忘れられる権利」の動向は、当該比較対象国の「忘れられる権利」もふくめた情報法の動向に詳しい憲法・情報法研究者、または、当該比較対象国の法制に通暁している憲法研究者による6篇の比較法研究である。まず石川論文ではとくに情報の自由との関係での削除権のフランスの状況が検討される。次に實原論文においては欧州司法裁判所の2014年5月13日先決裁定で問題になった忘れられる権利・検索結果として表示されないように求める権利について、そして、オートコンプリート機能によって補充語を提案しないように求める権利についてのドイツの状況が検討される。石川論文と實原論文（と江島論文も）は、欧州連合構成国における忘れられる権利の状況を紹介、検討している。江島論文においては、欧州連合加盟国でありながら、ドイツやフランスの忘れられる権利の状況とは相当にことなるイギリスにおける忘れられる権利の法状況が検討される。榎澤論文ではカナダにおける忘れられる権利の法状況が検討され、江島論文とあわせてコモンロー諸国における法状況が明らかにされる。奥田論文では欧州連合構成国ではないスイスにおける忘れられる権利の法状況が紹介され、水島論文では忘れられる権利が具体的に顕在化する前の段階にあるがインターネットの利用状況・法状況について固有の事情をかかえる韓国における忘れられる権利についての議論の状況が検討される。

　本書は以上のように、憲法研究と欧州連合法研究と民法研究の分野の違いをつなぎ、実務と学説を架橋し、各国の状況の紹介することによって、忘れられる権利の法的構造と問題状況をより鮮明にしようとした。そうすることによって現時点（2015年9月）におけるネット社会の忘れられる権利の問題と展開の可能性を示すことができたと考えている。
　また、忘れられる権利についての検討は、個人情報保護、情報公開制度、プライバシー、情報にかんする自己決定権、表現の自由・報道の自由・知る権利、情報事業者の営業の自由・情報事業者への（経済的）規制などについ

ての問題とも密接に関係している。本書では一部を除いてそれらへの言及は多くないが、すでに秘密保護法が施行され、多くの問題を残したままマイナンバー制度（国民総背番号制）が導入されようとし、全世界的に活動する企業による権利侵害が多発する状況において、忘れられる権利を検討することが、それらの問題への有益な示唆にもなっているものと考えている。もちろん、プライバシーについての考え、見方は多様であり、本書でもさまざまに論じられているので、あくまでも参考としてもちいてもらえればということであるが、ひとりでも多くの読者のかたがたの「忘れられる権利」への理解に本書が貢献できることを切に願っている。

2015年9月

編者　奥田喜道

ネット社会と忘れられる権利
個人データ削除の裁判例とその法理

目次

まえがき──本書の趣旨と構成……………………ⅱ

第1部 ネット社会と「忘れられる権利」

第1章　ネット社会と「忘れられる権利」の意義と課題
　　　──アメリカとヨーロッパの議論を手がかりに………2
　　　宮下紘

第2章　EUにおける個人データ保護権と「忘れられる権利」 20
　　　中西優美子

第3章　不法行為法と「忘れられる権利」……………41
　　　上机美穂

第4章　「忘れられる権利」の憲法的基礎としての
　　　「個人の尊厳」「幸福追求権」……………………58
　　　飯島滋明

第2部 事例報告／日本の「忘れられる権利」

第5章　グーグルサジェスト削除請求等事件
　　　──サジェスト機能と「忘れられる権利」……………72
　　　富田寛之・髙橋未紗

第6章　ヤフー検索結果削除請求事件
　　　──名誉棄損、プライバシー侵害の法的責任を問う………93
　　　島崎哲朗

第7章　グーグル検索結果削除仮処分命令申立事件
　　　──検索サイト管理者の検索結果の削除義務の有無など 111
　　　神田知宏

第3部　諸外国における「忘れられる権利」の動向

- 第8章　フランスの「忘れられる権利」…………………140
  石川裕一郎
- 第9章　ドイツの「忘れられる権利」……………………154
  實原隆志
- 第10章　イギリスの「忘れられる権利」
  ──「ヨーロッパの中のイギリス」という視点から…………170
  江島晶子
- 第11章　カナダの「忘れられる権利」……………………194
  榎澤幸広
- 第12章　スイスの「忘れられる権利」……………………212
  奥田喜道
- 第13章　韓国の「忘れられる権利」………………………228
  水島玲央

編者・執筆者プロフィール………………244

第1部

ネット社会と「忘れられる権利」

第1章

ネット社会と「忘れられる権利」の意義と課題

アメリカとヨーロッパの議論を手がかりに

宮下　紘

中央大学総合政策学部准教授

1．「忘れられる権利」とは

　2014年5月13日、欧州司法裁判所は、インターネット検索サイトに表示される個人データを削除する権利を認め、いわゆる「忘れられる権利」の趣旨が肯定されたものと受け止められた[*1]。他方で、忘れられる権利については、現実的運用のみならず、削除の基準、表現の自由、プロバイダの責任、管轄の問題等の理論的課題を同時に提起してきた。

　忘れられる権利は、2012年1月25日、欧州委員会が既存の個人データ保護の法的枠組みである1995年EUデータ保護指令の改正に伴い、EUデータ保護規則提案を公表した。規則提案の第17条では、「忘れられる権利」という見出しの下、データ主体は、一定の場合、管理者に対して自らに関する個人データの削除及び拡散を停止させる権利を有すること（第1項）、そして、データ管理者は、個人データの複製・複写へのすべてのリンクを削除するよう第三者に通知し、管理者が責任を有するデータの公開に関してあらゆる合理的手段を採らなければならないこと（第2項）が明記され注目を集めた。規則提案の審議過程では、EU市民の75％がいつでもインターネット上の個人データを削除できることを希望している調査結果やフランスにおける忘れられる権利の法制化に向けた動向が紹介された。他方で、欧州議会では忘れられる権利の内容の不明確さから削除権への名称変更が行われるなどして、2015年7月現在もEUデータ保護規則提案は審議中である。

　欧州司法裁判所の判決は、この審議を先取って、既存のEUデータ保護指

令第12条で保障される訂正、削除、またはブロックの権利と第14条の異議申立権を根拠にして、検索結果の表示でリンクづけられないことを命じた。欧州司法裁判所は、対象となる私人の個人データが「不適切で、無関係で、もしくはもはや関連性が失われ、または処理の目的との関係で過度で」あると認められるかどうか、という削除の基準を示した。従来の削除権の枠組みでは、個人はリンク先のページを運営している管理者に削除を求めることができるのに対して、情報の拡散防止の観点から、忘れられる権利はたとえ合法なページであっても検索サイト管理者に対してリスト化されない権利を認めた点を特徴としている。

　EUでの動向に対し、プライバシーをめぐりしばしば衝突を行ってきた大西洋の対岸のアメリカでは、忘れられる権利への強い懸念が示されてきた。たとえば、欧州司法裁判所の判決について、ジョナサン・ジットレイン教授は「検閲の一形態であって、合衆国で同様のことが行われれば、違憲となるであろう[*2]」と応答した。また、欧州司法裁判所の判決について「ヨーロッパでは、プライバシー権が言論の自由に優先される。アメリカでは逆の結論になるのが正しい[*3]」という批判が行われた。結局のところ、「アメリカ人は有名になりたがるが、フランス人は忘れられたがる[*4]」とたとえられるのである。このように、忘れられる権利をめぐっては、アメリカとヨーロッパでは対照的な議論が行われてきた。

　しかし、インターネットの世界には主権はなく、ユーザーのプライバシー権を効果的に保護するためには、国境を越えた普遍的な課題として対処する必要がある。そして、近年、日本でも、忘れられる権利に関連する裁判例がみられ、注目を集めつつある。そこで、本稿は、アメリカにおける忘れられる権利をめぐる議論を手がかりとして、忘れられる権利の理論的課題について考察することで、日本におけるこの権利をめぐる議論への示唆を提供することを目的としている。[*5]

2. 欧州司法裁判所の判決

(1) 事案の概要

　欧州司法裁判所の判決は、EU加盟国のみならず、アメリカや日本でも注目を集めた。この判決は、もともとスペインで約90名の原告たちが約150件の検索サイト上の個人データの削除に関する申し立てをスペインデータ保護

監督機関に行ったことがきっかけであった。その中の1件について、欧州司法裁判所で先決判決が下された。その事例は、男性の16年前の社会保障費の滞納を理由とする自宅の競売に関する新聞記事（1998年1月19日と1998年3月9日のLa Vangaurdia紙の36ワード）が検索サイトグーグルにおいて約2ページにわたって検索結果の表示を求めたものであった。スペインデータ保護監督機関は紙面の削除は認めなかったものの、検索サイト上の表示については削除を命じた。これにグーグルが不服申し立てをおこない、スペイン国内裁判所で争われた事件が、欧州司法裁判所において先決判決として下されたのであった。

　欧州司法裁判所はスペイン国内にほかにもある事例の中から本件を選定して判決を下したのは賢明であった。そもそも債務履歴に関する個人データの取扱いについては、データの保存期間がさだまっている（たとえば、日本では5年間、イギリスでは6年間）。アメリカにおいても公正信用報告法で過去の債務に関する個人情報は最長7年までしか保有することが許されていない。[*6]そのため、EUでは、特に電気通信事業者に通信履歴等の保全を義務づけたデータ保全指令の無効判決[*7]も考慮に入れれば、本判決は信用情報の取扱いの保存期間の限界という観点からも正当化することができるものである。

(2) 争点と判決

　本件では、3つの争点について審理が行われた。第1に、EUデータ保護指令の適用の可否について、判決は、検索エンジンの運営の活動と加盟国内の設置によるその活動は密接に関係している点に着目した。なぜなら、広告のスペースに関連する活動が検索エンジンの経済的な利益を生み出しており、その経済活動を可能とする手段となっているためである。したがって、広告スペースを促進し販売を意図し、かつある加盟国の住民に向けられた活動を方向づけている支店を加盟国内に設置している場合、加盟国内の領土において管理者の設置の活動に関連して個人データの処理が行われていると解することができる。

　第2に、データ管理者に該当するかどうかの論点について、自然人、法人、官庁又は公的機関その他の団体が単独または共同して個人データの処理の目的及び手段を決定づけているかどうかを判断基準とした。先例から、たとえすでにインターネット上に公開されている情報について変更が加えられていない形態のメディアの公表のみの場合であってもデータの処理がされている

ものと類型化してきた。そして、検索エンジンの活動が、あらゆるインターネットユーザーに対し個人データの全面的な拡散の決定的な役割を果たしていることから、個人データ処理の活動の目的及び意義を決定づけているのは検索エンジンであって、個人データの処理はその活動の中で実施されていると指摘した。したがって、検索エンジンの運営者は「管理者」とみなされなければならない。

第3に、個人情報の削除について、合法に公表されたウェブページへのリンクによる氏名に基づく検索に従い表示されたリストと彼の個人的な事柄に関する真実の情報を含むことは、第6条1項c号からe号と矛盾することを指摘する。なぜなら、本件のあらゆる事情を考慮して、情報が不適切（inadequate）で、無関係で（irrelevant）もしくはもはや関連性が失われ（no longer relevant）、又は処理の目的との関係で過度（excessive）であるようにみられるためである。したがって、検索結果のリストにおける情報及びリンクは削除されなければならない。すなわち、基本権憲章第7条（私生活の保護）及び第8条（個人データ保護の権利）に基づくデータ主体の権利は、検索エンジン運営者の経済的利益のみならず、検索から情報を知るという公衆の利益よりも優越する。もっとも、公的生活におけるデータ主体においてはこのことは当てはまらない。

本判決は、EU基本権憲章を引用して「忘れられる権利」を明文化し、審議中であったEUデータ保護規則提案ではなく、データ保護指令の解釈の問題として裁判所の判決は従来の削除権から「リスト化されない権利」を新たに認めたものとして大きな意義を有している。判決では、元となる新聞記事の削除に関するものでなく、新聞記事を検索結果で表示することを違法とするものであることに注意を要する。

3. 表現の自由

忘れられる権利をめぐりアメリカでは表現の自由の強力な保障により、検索サイトからの個人データの削除が検閲の疑義を生じさせ、萎縮効果を招くものと理解されてきた。これに対し、ヨーロッパでは、検索サイトの経済的利益や市民の情報アクセスの利益の観点とデータ保護の調整問題として理解されてきた。

(1) アメリカ

　アメリカでは、連邦憲法第1修正において、表現の自由が手厚く保障されてきた。インターネットの検索サイトの管理者もまた表現の自由を享受する主体である。アメリカ連邦最高裁では、インターネットにおいても第1修正の表現の自由が全面的に及ぶことが確認されている[*8]。したがって、インターネット上におけるプライバシー権の保障については、常に表現の自由との調整が必要となり、アメリカでは多くの場面において表現の自由がプライバシー権に優越してきた。たとえば、殺人事件で無罪となったかつての売春婦が、後に社交界での地位を築いていたが、ある映画での彼女の過去の上映がプライバシー侵害となるという古典的なカリフォルニア州の判決（Melvin v. Reid[*9]）がある。時の経過によるプライバシーを保障したと理解されるこの判決は、ウィリアム・プロッサー教授のプライバシー四類型の一つ「私事の公開」として引用されるものである[*10]。しかし、1960年代以降の連邦最高裁の第1修正の表現の自由を保障する一連の判決により、このような私事の公開に関する裁判例の前提が掘り崩されたものとして理解されてきた[*11]。アメリカでは、忘れられる権利は「検閲」の道具となる可能性があり、また、報道機関のみならず、インターネットのユーザーに対する萎縮効果をもたらすものとして危惧されてきた。つまるところ「インターネット上で過去の自分を編集することを許容する法的権利」[*12]としてご都合主義的な権利としてとらえられてきた。アメリカでも、プライバシー保護に向けた包括立法の動きが見られるものの、第1修正の「覇権」によって、2012年2月にオバマ政権が公表した「消費者プライバシー権利章典」（2015年2月に法案概要公表[*13]）においても忘れられる権利に言及されることはなかった。

　忘れられる権利は、真実を知る権利を奪ったり、報道価値のある事実を公表する自由を妨げることとなりかねない。この点、アメリカの表現の自由の法理の下でも、対象となる主体によって考慮されるべき事項もある。たとえば、New York Times v. Sullivan[*14]において、アメリカ最高裁は、公人に対する名誉毀損について現実に悪意をもってなされた言論のみが第1修正の保護の対象と判示した。これにより、アメリカでは公人に対する個人情報の削除要請は現実的には受け付けることが困難である。他方で、未成年者に対しては、州レベルにおいて一定程度の配慮もみられる。フロリダ州では、一定の要件の下で未成年者の刑事事件の記録を削除することを認めている[*15]。また、カリフォルニア州が2013年9月にいわゆるオンライン削除に関する州法

を成立（2015年1月施行）させ、未成年者を対象にソーシャル・ネットワーキング・サービスへの自らの投稿を削除する権利を認めた。しかし、これらの州法もまた、表現の自由の観点から問題視されていることには注意を要する。結局のところ、忘れられる権利は、「プライバシーと自由な言論との適切な衡量に関するヨーロッパとアメリカの考え方について劇的な衝突を勃発させた」のである。

(2) ヨーロッパ

　ヨーロッパでも忘れられる権利が絶対的な権利ではなく、他の利益との調整が必要であることは認識されている。しかし、その理解はアメリカとはやや異なる。欧州司法裁判所の判決では、私人の個人データが「不適切で、無関係で、もしくはもはや関連性が失われ、または処理の目的との関係で過度で」あると認められた場合にのみ、検索サイトでの個人データのリスト化されない措置が認められる。この削除の基準の枠組みには重要な点が含まれている。そもそも欧州司法裁判所の論理は、データ保護の権利と表現の自由の衡量という枠組みというよりは、むしろデータ保護と検索サイトの「経済的利益」と「市民の情報アクセスの一般的利益」との衡量に依拠している。すなわち、欧州司法裁判所の判断枠組みは、市民の情報アクセスの一般的利益への言及はあるものの、正面からデータ保護の権利と表現の自由の衡量問題として処理していないのである。したがって、検索サイトは、EUデータ保護指令で適用除外とされている報道機関による報道目的のための個人データの処理を行っているわけではないと理解されている。この点は、アメリカにおける議論と大きく異なるものといえよう。

　また、欧州司法裁判所の情報が①不適切であること、②無関係であること、③もはや関連性が失われたこと、あるいは④過度であることという4要件はあまりに広汎で必ずしも明確ではない。そこで、EUでは第29条作業部会が2014年11月に13項目にわたる削除基準（たとえば、対象となる個人データの正確性、報道目的の有無など）を公表している。ここでは表現の自由に配慮する項目も見られる。また、グーグルは欧州司法裁判所の判決を受けて、2015年2月には忘れられる権利に関する報告書を公表した。その中で、①データ主体の公的役割（政治家、著名人、スポーツ選手等）、②情報の性質（性生活、経済的情報、個人の連絡先、未成年者の情報などはプライバシー保護の要請が高く、民主主義プロセスに関連する情報、公衆衛生や消費者保護に関する情報、犯罪行為に関す

第1章　ネット社会と「忘れられる権利」の意義と課題　**7**

る情報、歴史的記録、科学研究や芸術表現に必要な情報は公衆の知る権利の要請が高い）、③情報源（報道目的、個人のブログ、同意に基づく公表）、④時の経過（子どもの頃の情報は時の経過とともに削除されやすく、犯罪事実や公的役割を担う人物の情報は時が経過しても削除されにくい）といった削除基準が示されている。なお、欧州司法裁判所の判決後、グーグルは削除要請の受付フォームを設置し、判決後の１年間だけで約93万件のURLを対象に約25万件の要請を受け付け、内約40％の削除に応じたことを公表した。グーグルのカウンセルであるピーター・フレッチャー氏によれば、グーグルでは50名から100名程度のスタッフがひとつひとつのURLをチェックしてこの対応にあたっているとのことである[23]。削除に要するコストの問題も今後の検討課題となっている[24]。異なる検索エンジンの会社が異なる削除の基準を設けることは、忘れられる権利を欲するユーザー側にとっては有益であるとはいいがたい。そのため、欧州司法裁判所の判決をもとに、表現の自由との調整を図りつつ、EUでは統一的な削除基準に基づく運用が準備されている。

(3) その他の国・地域

　忘れられる権利を実現するためには、表現の自由との問題を避けて通ることはできない。アルゼンチンの歌手の性的な画像が検索サイトにおいて表示されることがプライバシー侵害となるかどうかが争われた事例においても表現の自由とプライバシー権との調整が問題されている[25]。日本でも、いわゆる「逆転」事件において、最高裁は12年余の歳月の経過の間に刑事事件を犯した者の社会復帰に努め、新たな生活環境を形成していた事実に照らして、その前科にかかわる事実を公表されないことにつき法的保護に値する利益を有することが首肯されている[26]。時の経過を判断の一要素としてとらえ、「もはや関連性が失われた」情報が削除の対象となりうることを示した欧州司法裁判所の判決とも整合する論理である。表現の自由とプライバシー権の衡量問題は、個人データの内容、主体、発信源、時の経過などを考慮しつつ、ケース・バイ・ケースに判断せざるをえない。いずれにしても、忘れられる権利は、自由な情報流通や利用者の知る権利といった表現の自由の要請とプライバシー権の保護という極めて困難な課題を提起し、実務上個別の判断が求められることになろう。

4．プロバイダの責任

　忘れられる権利をめぐりアメリカとヨーロッパで対照的な議論が見られるのは、プロバイダの責任についてもあてはまる。アメリカでは、通信品位法第230条によりプロバイダの免責規定が整備されているのに対し、EUではプロバイダの免責は電子商取引の分野に限定されている。そこで、検索サイトやプロバイダが中立的な媒介者であるかどうかという争点がある。

(1)　アメリカ
　アメリカの通信品位法第230条c項1号は、オンライン媒介者に対する名誉毀損の免責条項を設けており、プロバイダはその情報の発行者または表現者であるとはみなされない[27]。そして、同条2号により、プロバイダが違法な情報の削除措置については、善意で自発的な対応でなされる限りにおいて責任を問われないこととなっている。この免責規定は「現実の悪意の法理」よりも広いものと理解され、表現の自由の保障に大きく寄与してきた[28]。アメリカ連邦裁判所の判決においても、プロバイダは、ソーシャルネットワーキングのウェブサイトにおける個人データの削除について、ウェブの内容提供者ではなく媒介者として位置づけられており[29]、また検索サイトの運営者に対しネットワーク上の表示結果のスクリーニングや削除に関する編集決定への裁量を有することが確認されてきた[30]。新聞やテレビなどの報道機関の報道内容の編集権が及ぶという論理は、検索サイトの運営者にもあてはまると考えられてきた。したがって、検索サイトの運営者は、自らの検索結果の表示について公権力の不当な干渉を受けずに編集権が及ぶものと理解されてきた[31]。

(2)　ヨーロッパ
　これに対し、欧州司法裁判所の判決では、検索サイトの運営者をデータの管理者として認定し、これによりデータ保護に関する削除等の義務規定を負わせた。検索結果において、個人データの索引を表示するだけでも、広告配信などを行っており、個人データ処理への管理を行っていると認定されたためである。インターネットのユーザーに対する個人データの拡散という決定的な役割が重視された。そのため、第三者が投稿した個人データについても、検索サイトの運営者は管理者としての責任を有することとなる。他方

で、EUでは、電子商取引指令に基づき、たとえばプロバイダが違法な行為または情報を現実に知らない場合やそのような事実を知りながら迅速に情報を削除しない場合を除き、プロバイダは責任を免除される（第12条～第15条）。しかし、この免責規定は、あくまで電子商取引の文脈に限定されており、また仮に適用されるにしても、特に欧州司法裁判所の事例のように時の経過により債務情報がもはや無関係になった場合どの時点でプロバイダが違法な個人データを検索結果に表示させていたかという点が不明確である。[*32] 実際、欧州司法裁判所の判決についても、2013年6月に事前に公表された法務官（l'avocat generalは司法裁判所の構成員であるが、裁判官ではない）の意見によれば、検索サイトの運営者は個人データの管理者とはみなされていない。[*33]

(3) その他の国・地域

プロバイダの責任問題に関する議論は、香港でもみられる。香港では、検索サイトグーグルが情報媒介者であってデータ管理者とは認められない、という控訴裁判所の判決が下されている。[*34] 日本では、プロバイダ責任制限法の問題のほかに、個人情報保護法における個人情報を含む情報の集合物である「個人情報データベース等」の解釈の問題として、一般論ではあるものの「検索エンジンは、……『個人情報データベース等』には該当しない」[*35]と理解されてきた。もっとも、検索サイトについても、個人情報としての索引を付してデータベース化しているような場合あるいはそれ自体で索引としての性格を有するような場合には、特定の個人情報を検索することができるように体系的に構成したものとして解釈することが排除されているわけではない。プロバイダの責任に関する法的問題については、プライバシー保護のために一定の責任負担を考える立場と、表現の自由の保障の観点から自由なインターネット空間を維持する立場で見解が異なる。

5．管轄

欧州司法裁判所の判決後、忘れられる権利の争点の一つに管轄の問題が浮上した。すなわち、同一の検索サイトでも異なるドメインで検索結果の表示が残されてしまえば、忘れられる権利の意義は大きく損なわれることとなる。たとえば、スペインのドメイン（.es）において、個人データのリスト化がされていなくても、アメリカ（.com）や日本（.jp）などのドメインにおいてそ

の個人データの表示が残されたままであれば、スペイン人のプライバシー権が効果的に保護されえないのである。そこで、はたして欧州司法裁判所の判決が国境を越えてアメリカや日本のドメインにも及ぶかどうかが問題となる。

(1) アメリカ

　たとえアメリカ国外で忘れられる権利についての判決が下されても、アメリカ国内の裁判所でその執行が認められなければ、忘れられる権利の射程は限定されることとなる。実際、アメリカではすでにカリフォルニア州のオンライン削除州法が連邦主義の管轄の観点から違憲の疑いがあるという指摘がなされてきた。つまり、カリフォルニア州において未成年者に削除の権利を付与することは、他州で運用されているインターネット・サービス・プロバイダにも削除のための負担を課すこととなり、州際通商における不適切な負担を課す立法として休眠通商条項（dormant Commerce Clause）に違反する疑いが生じることとなる。[*36] このように、EUにおける判決や決定をデータベースセンターのあるアメリカで自動執行することは管轄の観点から困難であり、今後の課題となる。

(2) ヨーロッパ

　欧州司法裁判所の判決では、スペインの国内の人に対して広告配信を行い、そこから経済的利益をえていることがEUデータ保護指令の適用の根拠とされている。EUデータ保護指令では、必ずしもEU域内で事業活動を行っていなくても、スペイン人に向けられた活動を可能とする支店がスペインに「設置」されており、事業のために管理者が「設置」されていれば指令が適用される（第4条1項a号）。そして、欧州司法裁判所の判決後、フランスのデータ保護監督機関（CNIL）は、2015年6月12日公表の決定において、グーグルに対してフランスのみならず、アメリカを含むあらゆるドメインにおいてリスト化されない権利を履行するよう求めた。[*37] 今後グーグルがこの決定に従わなければ、制裁金が科されることとなる。フランスの例にみられるとおり、EUでは、データ保護規則提案においてすでに域外適用を認める明確な規定が示されている。欧州委員会が示した規定では、EU域内の個人への商品またはサービスの提供を行っている場合には、EUデータ保護規則提案が適用されることとなっている（第3条2項）。したがって、検索サイトの運営者がEU域内にデータベースセンターを置いていないとしても、EU域内の市民

に対して検索サイトのサービスを提供したり、広告配信を行えば、EUデータ保護に関する義務規定が及ぶこととなる。さらに、EUでは、加盟国間での法執行のばらつきを克服するため、one-stop-shopメカニズムを導入して、たとえばオーストリアにおいて忘れられる権利の申立てが行われれば、オーストリアのデータ保護監督機関が検索サイトのデータベースセンターのあるアイルランドのデータ保護監督機関に調査と削除要請を行う仕組みが検討されている。[*38]

(3) その他の国・地域

このように、ある州や国の立法がその域外に適用されることになると、必然的に管轄の問題が生じる。実際、メキシコでは、連邦データ保護機関によるGoogleの検索結果の削除を求める手続が開始されたが、Googleのデータベースがメキシコ国内にはないという主張が行われ、管轄が争点となっている。[*39] 忘れられる権利については、「この権利をネット情報の権利とするためには、ヨーロッパの外の国々がこの提案を受け入れる必要がある[*40]」。一部の地域での検索結果にフィルタリングをかける方法なども提案されており、このような域外適用の問題については、プライバシー保護の越境執行協力の体制が重要となってくる。[*41] たとえば、EUでは加盟国のデータ保護監督機関の集合体である第29条作業部会で加盟国間の調和を図る試みがみられるほか、アジア太平洋地域においても、アジア太平洋プライバシー執行機関フォーラムにおいて忘れられる権利への共同的対処の認識がみられる。[*42] インターネットのグローバルな性格に着目して、たとえばカナダ・ブリティッシュコロンビア州では自国のドメイン以外からも検索結果の表示の削除を認める判決が下された例もある。[*43] クラウドによるデータの蓄積についてはどこの法律を適用すべきかという管轄の問題が生じており、忘れられる権利を現実に執行するには管轄の問題についてデータ保護プライバシー・コミッショナー国際会議などでの国際的な枠組みの構築の検討が必要となる。

6. プライバシー権の国境を越える課題

(1) プライバシー権の「二重の基準」?

もしも欧州司法裁判所の判決とは異なる道を日本が選択するとなれば、同一の検索サイトにプライバシー権の「二重の基準」が存在することとなる。

ルクセンブルクの裁判所では不都合な個人データの削除が認められるのに対し、東京の裁判所ではそのデータの削除が認められない、こととなってしまう。他方で、忘れられる権利に抵抗するアメリカとは異なる道を歩んでも、アメリカ国内にあるデータベースから個人データの削除をされる保証はない。21世紀のプライバシー権の課題は国境を越えるものとなっている。むろん忘れられる権利に必然的に伴うプライバシー権や表現の自由といった法的性格は、それぞれの国の文化や伝統によって異なりうる。しかし、個人情報は国境を越えて流通しており、日本が諸外国で議論されている忘れられる権利を完全に無視することはできない。

(2) 自己情報コントロール権再考

　忘れられる権利は、自己情報コントロール権の延長上にあり、EUで特に強調されてきた本人の同意の尊重に基づく概念であると説明される[*44]。しかし、ネットワーク化された各人はもはや自由な意思に基づき同意を与えることが困難になってきている。

　たとえば、ビッグ・データの時代において、アメリカ的アプローチでは、大量の個人データが処理されており、一つ一つの処理に対して各人が真正な同意を行うことがそもそも現実的ではないとして、自己情報コントロール権の限界が説かれる[*45]。また、個人データの処理に伴うプライバシー・ポリシーのすべてを熟読した上で、同意のボタンをクリックするには1年間で平均して244時間を要するとの統計結果も出されており、同意は神話であると理解される[*46]。

　他方で、ヨーロッパのデータ保護のアプローチは、データ管理者とユーザーとの間の情報の非対称性に着目して、あくまで本人の明示の同意を基本原則とする[*47]。忘れられる権利が同意を撤回した場合に行使しうるという説明もここから生じている。プライバシー権の拠り所としての同意をめぐってもアメリカとヨーロッパでは意見の一致が見られない。

(3) プライバシーと時間

　しかし、忘れられる権利をめぐっては、アメリカにおいてもヨーロッパにおいても過去の時間への支配という点において共通点を見出すこともできる。EUでは、データ保全指令の無効判決の法務官の意見において、インターネットの通信履歴において「『記録された』生としての自らの生」には、

「現在という時の認識と過去という時の認識の間の区別」の必要性を指摘し、「過去という時」を政府が保全することを必要性と比例原則に照らして私生活への不当な干渉であることが指摘されている。

アメリカでも「時間」の支配がプライバシー権の核心にあるという主張はみられる。ジェド・ルーベンフェルド教授は、各人に属する時間への不当な干渉こそがプライバシー権の侵害であると論じている。[48]「過去という時」の解釈もまた検索サイトによってではなく、各人によって委ねられるべきものである。「時間」それ自体が各人の自我を構築していくために不可欠であり、その「時間」への第三者による不当な干渉は表現の自由の前提ともなる自身へのインプットのプロセスに影響を及ぼすためである。人は忘れるが、インターネットは忘れないというデジタル時代における特有の「時間」の保障であって、肖像権の侵害といった古典的な私生活の尊重とは異なる意義を有する。すなわち、忘れられる権利は、個人データの取得の段階における侵害ではなく、利用・保全・分析の段階における侵害を想定している。[49]

(4) 日本への示唆

日本においては、グーグルのサジェスト機能に関する訴訟、ヤフー・ジャパンにおける検索結果をめぐる訴訟などが提起され、インターネットに関連する仮処分申立件数は飛躍的に増加している（2013年の東京地裁の仮処分申立件数は711件）。[50]また、報道機関による自主的な取り組みとして不必要になった個人情報の削除を行うなどの動向や検索サイトの運営者自身によって自主的な削除基準を設ける動きがある。[51]さらに、忘れられる権利の問題について、日本では伝統的な人格権で対処しようという試みがみられる。[52]法の発展という観点からすれば、人格権が21世紀の技術に対処しうるまで長い腕を有しているとすれば、伝統的な人格権論による対処も一定の範囲では可能なのかもしれない。

しかし、好むと好まざるとにかかわらず、インターネットの世界では各人は常時接続された状態であり、伝統的な私生活の尊重としての第一世代プライバシー権と自己情報コントロール権としての第二世代プライバシー権のいずれもが限界にさしかかりつつある。検索サイトがもつグローバルな特性を考慮に入れれば、プライバシー権の文化的価値を尊重しつつ、裁判例の積み重ねとともに、忘れられる権利に関する立法による手当と諸外国にみられる第三者機関としてのプライバシー・コミッショナーによる削除基準の明示や

個別の申立への対応などの弾力的な対処が必要である。同時に、アメリカとヨーロッパにおける忘れられる権利をめぐる衝突から、忘れられる権利がプライバシー権の哲学に遡って検討する課題をも明らかにしていることを理解する必要がある。すなわち、アメリカにおいては、プライバシー権を政府からの個人の「自由」の保障の砦として位置づけているのに対し、ヨーロッパでは個人データの権利を人間の「尊厳」の思想を基盤としており、両者は「自由」と「尊厳」の衝突である。忘れられる権利は、プライバシー権の哲学である「自由」と「尊厳」の衝突へと這入り込んでおり、21世紀のプライバシー権の方向性を占う重要な争点である。個人データの第一次的な管理者に対して行使する従来の削除権と異なり、忘れられる権利は、グローバルなネットワークにおける第二次的な管理者としてのプロバイダによる情報の拡散防止の義務とネットワーク化された自我を造形する権利の保障という21世紀型のプライバシー権を基礎としている。

＊1　CJEU, *Google Spain SL and Google Inc. v Agencia Española de Protección de Datos (AEPD) and Mario Costeja González.*, May 13, 2014. 本判決の評釈については、中西優美子「GoogleとEUの『忘れられる権利（削除権）』(62) EU法における先決裁定手続に関する研究」自治研究90巻9号（2014）96頁以下、平野晋「欧州司法裁判所が『忘れられる権利』を認めたとされる事例」国際商事法務42巻6号（2014年）984頁以下、中村民雄「EU法判例研究 (1) 忘れられる権利事件」法律時報87巻5号（2015年）132頁以下、宮下紘「『忘れられる権利』を認めたEU」時の法令1955号（2014年）44頁以下、参照。

＊2　Jonathan Zittrain, *Don't Force Google to 'Forget'*, N.Y. TIMES, May 15, 2014 at A 29.

＊3　Jeffrey Toobin, *The Solace of Oblivion*, THE NEW YORKER, September 29, 2014 at 26.

＊4　Jeffrey Rosen, *The Deciders: The Future of Privacy and Free Speech in the Age of Facebook and Google*, 80 FORDHAM L. REV. 1525, 1533 (2012).

＊5　筆者は別稿において、忘れられる権利の基本的な性格や理論的課題についてすでに論じている。宮下紘『プライバシー権の復権——自由と尊厳の衝突』（中央大学出版部、2015年）第Ⅳ章、参照。本稿の一部は、2015年1月にベルギー・ブリュッセルで開催された第8回Computer, Privacy and Data Protection国際会議の「忘れられる権利」のセッションにおける報告をもとにしている。このセッションで忘れられる権利の論点を網羅的にご教示くださり、パネリストをご一緒させていただいたマーク・ローテンバーグ（EPIC代表・弁護士）とアル

テミ・ロンバルテ（ジャウメ１世大学教授・元スペインデータ保護監督機関）には謝意を記す。
* 6 堀部政男「個人信用情報の保護・利用の考え方」クレジット研究20号（1998年）7頁以下、参照。
* 7 CJEU, *Digital Rights Ireland and Seitlinger and Others,* April 8, 2014.
* 8 *Reno v. ACLU,* 521 U.S. 844, 870 (1997).
* 9 297 P. 91 (Cal. 1931).
* 10 William L. Prosser, *Privacy,* 48 Cal. L. Rev. 383, 392 (1960).
* 11 *See e.g.*, George C. Christie et. al., The Law of Torts 1545 (5th ed., 2012). この点については、阪本昌成『表現権理論』（信山社、2011年）第３章、参照。
* 12 Jeffrey Rosen, *Facebook, Google, and the Future of Privacy and Free Speech,* in Constitution 3.0: Freedom And Technological Change 81 (Jeffrey Rosen and Benjamin Wittes eds., 2011).
* 13 White House, *Consumer Data Privacy in a Networked World: A Framework for Protecting Privacy and Promoting Innovation in the Global Digital Economy,* February 23, 2012. *See also* White House, *Administration Discussion Draft: Consumer Privacy Bill of Rights Act of 2015,* February 27, 2015. アメリカのプライバシー権利章典の動向については、宮下紘「アメリカ：プライバシーの最前線」時の法令1932号（2013年）37頁以下、参照。
* 14 376 U.S. 254 (1964).
* 15 Fla. Stat. §943. 0585.
* 16 S.B. 568, 2013 Leg., Reg. Sess. (Cal. 2013).
* 17 *See* Michael L. Rustad & Sanna Kulevska, *Reconceptualizing the Right to be Forgotten to Enable Transatlantic Data Flow,* 28 Harv. J. L. & Tech. 349, 379 (2015).
* 18 Jeffrey Rosen, *The Right to be Forgotten,* 64 Stan. L. Rev. (Online) 88 (2012).
* 19 たとえば、イギリス貴族院の報告書では、忘れられる権利が検閲にあたり、「非実用的で、不可能で、かつ運用不能なものは何であれ、ばかげている」、と指摘される。*See* House of Lords, European Union Committee, *2d Report of Session 2014-15: EU Data Protection Law: a 'Right to be Forgotten'?,* July 23, 2014. また、欧州評議会条約第108号（個人データの自動処理に係る個人の保護に関する条約）の改正審議においても忘れられる権利の導入は概念の不確実性から見送られた。*See* Council of Europe, *The Consultative Committee of the Convention for the Protection of Individuals with regard to Automatic Processing of Personal Data, Modenisation of Convention 108: New Proposals,* April 27, 2012.
* 20 Artemi Rallo Lombarte, *'Right to be Forgotten' Ruling is an Internet Privacy Watershed,* 129 Privacy L. & Bus. 1 (2014).
* 21 Article 29 Data Protection Working Party, *Guidelines on the Implementation*

　　　　of the Court of Justice of the European Union Judgement on "Google Spain and Inc. v. Agencia Española de Protección de Datos（AEPD）and Mario Costeja González" C-131/12, November 26, 2014. 詳細は宮下・前掲注 5 書232〜233頁、参照。
＊22　The Advisory Council to Google on the Right to be Forgotten, *Final Report*, February 6, 2015.
＊23　*International Conference on Big Data from a Privacy Perspective*, June 10, 2015（Hong Kong）（Remark by Peter Fleischer）．もっとも、著作権侵害による削除について1か月あたり約3000万件のURLが対象とされており、個人情報の削除件数が相対的に多いわけではない。Google「透明性レポート」（2015年 7 月 1 日アクセス）。
＊24　松井茂記『インターネットの憲法学〔新版〕』（岩波書店、2014年）397頁、参照。
＊25　See Edward L. Carter, *Argentina's Right to be Forgotten*, 27 Emory Int'l L. Rev. 23（2013）．本件は、2014年10月27日にアルゼンチン最高裁においてグーグルなどの検索サイトの運営者は第三者が投稿した違法な情報を知ることができたにもかかわらず、その情報を削除しなかった場合に責任を負うことを示した。See Pablo Palazzi & Rizzo Jurado, *Search Engine Liability for Third Party Infringement: A Keenly Awaited Ruling*, 10 J. Intellectual Property L. & Prac. 244（2015）．
＊26　最判平成 6 年 2 月 8 日民集48巻 2 号149頁。
＊27　47 U.S. Code §230. 邦語による紹介として、平野晋「免責否認の法理（『通信品位法』230条）」情報通信政策レビュー 4 号（2013年）79頁以下、ジョン・ミドルトン「インターネットと名誉毀損」比較法文化17号（2008年） 1 頁以下、参照。
＊28　Marvin Ammori, *The "New" New York Times: Free Speech Lawyering in the Age of Google and Twitter*, 127 Harv. L. Rev. 2259, 2286（2014）．
＊29　*Carafano v. Metrosplash.com Inc.*, 339 F. 3d 1119（9th Cir. 2003）．
＊30　*Langdon v. Google, Inc. et. al.*, 474 F. Supp. 2d 622（D. Del. 2007）．なお、本判決では、グーグルが憲法上の統制がかかるステイト・アクターではないことも明記されている。
＊31　See Eugene Volokh & Donald M. Falk, *First Amendment Protection for Search Engine*, 8 J.of L. Economics & Pol'y, 883 886（2012）．また、検索サイトと表現の自由の関係については、成原慧「情報流通の媒介者と表現の自由」NextCom21号（2015年）60頁以下、市川芳治「インターネット上の情報流通と法的規制」法学セミナー707号（2013年） 2 頁以下参照。
＊32　Giovanni Sartor, *The Right to be Forgotten in the Draft Data Protection Regulation*, 5 Int'l Data Privacy L. 64, 70（2015）．
＊33　CJEU, *Google Spain, S.L., Google Inc. v. Agencia Española de Protección de*

　　　　 Datos, Mario Costeja González, Case C131/12, Opinion of Advocate General JÄÄSKINEN, June 25, 2013. l'avocat generalの意見は司法裁判所を拘束しないが、高い権威と事実上の影響力を有する。庄司克宏『新EU法基礎篇』（岩波書店、2013年）132頁、参照。
＊34　*Eastweek Publisher Limited & Another v. Privacy Commissioner for Personal Data* [2000] 2 HKLRD 83.
＊35　園部逸夫編『個人情報保護法の解説〔改訂版〕』（ぎょうせい、2005年）53頁。
＊36　James Lee, *SB 568: Does California's Online Eraser Button Protect the Privacy of Minors?*, 48 U.C.D. L. Rev. 1173 (2015).
＊37　Commission nationale de l' informatique et des libertés, *Décision de la Présidente n°2015-047 mise en demeure publique de la société Google Inc.*, June 12, 2015.
＊38　もっとも、競争法の分野ではグーグルのドメインに基づく主張が認められた事例がある。See Case COMP/C-3/39.740, *Foundem and others v. Google* (*2013*).
＊39　Instituto Federal de Acceso a la Información y Protección de Dato, *Responsible Google Mexico, S. de R.L. de C.V.. Expediente: PPD.0094/14*, September 9, 2014.
＊40　藤原靜雄「国家による個人の把握と行政法理論」公法研究75号（2013年）39頁。
＊41　See Brendan Van Alsenoy & Marieke Koekkoek, *Internet and Jurisdiction after Google Spain: the Extraterritorial Reach of the 'Right to be Delisted'*, 5 Int'l Data Privacy L. 105, 113 (2015).
＊42　Asia Pacific Privacy Authorities Forum, *42nd APPA Forum- Communiqué* (Vancouver, December 1-4).
＊43　Supreme Court of British Columbia, *Equustek Solutions Inc. v. Jack*, BCSC 1063 (2014).
＊44　Viviane Reding, *The Upcoming Data Protection Reform for the European Union*, 1 Int'l Data Privacy L. 3, 4 (2011).
＊45　Fred H. Cate & Viktor Mayer-Schönberger, *Notice and Consent in a World of Big Data*, 3 Int'l Data Privacy L.67 (2013).
＊46　Aleecia M. McDonald & Lorrie Faith Cranor, *The Cost of Reading Privacy Policies*, J. of L. And Pol'y for The Information Society (2008) (Privacy Year in Review issue).
＊47　Eleni Kosta, Consent in European Data Protection Law 385 (2013).
＊48　Jed Rubenfeld, Freedom and Time: Theory of Constitutional Self-Government 254 (2001).
＊49　取得時に関する議論に傾注してきた従来のプライバシー権論は、利用・保全・分析の段階を保護の対象とする個人情報保護法制との齟齬があったと言える。この点については、山本龍彦「監視捜査における情報取得行為の意味」法律時

報87巻5号（2015年）60頁以下、参照。
*50　たとえば、グーグルのサジェスト機能に関する裁判例として、東京地裁平成25年4月15日（判例集未搭載）、東京高裁平成26年1月15日（判例集未搭載）、またヤフー検索サイトに関する裁判例として、京都地裁平成26年8月7日Lex-DB文献番号25504803、大阪高裁平成27年2月18日Lex-DB文献番号25506059、グーグル検索サイトに関する裁判例として、東京地裁平成26年10月9日（判例集未搭載）、さいたま地裁平成27年6月25日（判例集未搭載）などがある。石井夏生利、神田知宏、森亮二「鼎談検索結果削除の仮処分決定のとらえ方と企業を含むネット情報の削除実務」NBL1044号（2015年）7頁以下、参照。
*51　宍戸常寿「デジタル時代の事件報道に関する法的問題」東京大学法科大学院ローレビュー6号（2011年）207頁以下、参照。また、忘れられる権利についてジャーナリストの専門職としての自律性を論じるものとして、奥田喜道「実名犯罪報道と忘れられる（忘れてもらう）権利」飯島滋明編『憲法から考える実名報道』（現代人文社、2013年）204頁、参照。
*52　民事法の観点から忘れられる権利の考察については、上机美穂「忘れられる権利とプライバシー」札幌法学25巻2号（2014年）59頁以下、参照。

（みやした・ひろし）

第2章

EUにおける個人データ保護権と「忘れられる権利」

中西優美子
一橋大学大学院法学研究科教授

1. はじめに

　現在、日本においても個人データ保護法や「忘れられる権利」が議論されるようになってきたが、EUでは、四半世紀前からそれらに関する具体的な動きが見られた。
　1995年に個人データ処理に関する個人の保護及びそのようなデータの自由移動に関する指令95/46[*1]（以下、指令95/46）がだされた。この指令は、もともとは1990年7月27日に欧州委員会により提案されたものである[*2]。その後、1992年10月16日に再び欧州委員会により修正提案がだされた[*3]。最終的に指令95/46は、EC条約100a条（現EU運営条約114条）を法的根拠条文にして、1995年10月24日に採択され、同年12月に発効した。
　また、EU司法裁判所によるGoogle事件判決（C-131/12）[*4]において同指令95/46並びにEU基本権憲章7条及び8条を解釈することで、いわゆる「忘れられる権利（right to be forgotten）」が導出された。
　現在（2015年6月）、EUでは、さらに、95/46指令に比べより個人データ保護を強化する、個人のデータ処理に関する個人の保護及びそのようなデータの自由移動に関する規則案[*5]が欧州議会及び理事会において審議中である。同規則案は、2012年に欧州委員会から提出された。また、2012年1月25日に欧州委員会が公表した、犯罪の防止、調査もしくは訴追または刑罰の執行のための管轄機関による個人データの加工、並びに、そのようなデータの自由移動に関する個人の保護についての欧州議会と理事会の指令案[*6]も欧州議会及び

20　第1部　ネット社会と「忘れられる権利」

理事会において審議されている。

　本章においては、EUにおける個人データ保護権、とりわけ「忘れられる権利」を中心に取り上げていく。まず、個人データ保護に関連する条文を見る。次に、データ保護権に関するEU司法裁判所の諸判例を紹介し、EUにおける個人データ保護保障の発展について見る。さらに、規則案、とりわけ前文53及び54段並びに17条に規定される「忘れられる権利」の審議過程を対象とし、検討をしたい。

2．EUにおける個人データ保護に関する条文及び法的措置

(1) 個人データ保護措置と法的根拠条文

　個人データ保護指令95/46は、前文72段と34ヵ条から構成される。同指令は、EC条約100a条（現EU運営条約114条）を法的根拠条文（legal basis）として採択されている。EUは、国家ではなく、権限付与の原則に基づいて行動しなければならないため、何らかの措置をとる場合には、それを可能にする法的根拠条文を必要とする。[*7] EU運営条約114条（旧EC条約100a条）は、域内市場の設立と運営を対象とする、構成国法の調和のための措置をとることを可能にする条文である。[*8] 指令は、結果のみを拘束し、それを達成する手段及び方法は構成国の裁量にゆだねられる（EU運営条約288条）。

　当該指令は、「忘れられる権利・削除権」を明示的には規定していない。関連するのは、当該指令12条（b）と14条1項（a）である。「アクセス権」と題される、当該指令12条は、「構成国は、あらゆるデータ主体に管理者から得る以下の権利を保障する。……（b）必要に応じてとりわけデータの性質の不完全性または不正確性のために、その処理が本指令の規定を遵守していないデータの修正、削除または阻止……」と定めている。また、「データ主体の異議を申立てる権利」と題される、当該指令14条は、「構成国は、データ主体に権利を認める。（a）……データ主体の状況に関する説得力のある理由（compelling legitimate grounds）に基づき、データ主体に関するデータ処理に対して常に異議を申立てる（権利）。……」と規定している。後述するように、当該指令12条（b）及び14条1項（a）並びにEU基本権憲章7条及び8条から欧州司法裁判所は、Google事件において「忘れられる権利」を導出した。

　他方、現在審議中であるのは、個人データ保護規則案である。同案は、前

文139段と91ヵ条から構成されている。規則は発効とともにすべての構成国において直接適用可能とされ、統一的に適用される（EU運営条約288条）。同規則案はEU運営条約16条2項及び114条1項を法的根拠条文としている。EU運営条約16条1項は、「何人も自己の個人データを保護する権利を有する」と定めている。同条2項は、「欧州議会及び理事会は、通常立法手続に従い、連合の機関、組織及び下部組織による、並びに、連合法の範囲に該当する活動を遂行する構成国による個人データの加工に関する個人の保護に関連する法規及びこうしたデータの自由移動に関する法規を規定する。これらの法規の遵守は、独立機関のコントロールに服する」。EU運営条約16条の前身（リスボン条約発効以前）はEC条約286条である。EC条約286条は、1999年5月1日発効のアムステルダム条約により挿入された。もっとも、現行のEU運営条約16条2項が個人の保護に関する法規一般を規定するというのとは異なり、EC条約286条2項は、より適用範囲が狭く、独立の監督機関を設定し、並びに、関連規定を採択すると規定されていた。現行のEU運営条約16条は、リスボン条約により挿入されたものである。現在審議中の規則案は、これまでの法的根拠条文であったEU運営条約114条（旧EC条約95条）に加え、EU運営条約16条2項を法的根拠条文として列挙している。EU運営条約16条2項によりEUは個人データ保護に関して幅広い措置をとる権限を付与されたことを意味する。

また、本章では詳しく取り上げないが、2012年1月25日に欧州委員会は、犯罪の防止、調査もしくは訴追または刑罰の執行のための管轄機関による個人データの加工、並びに、そのようなデータの自由移動に関する個人の保護についての欧州議会と理事会の指令案を公表した[*9]。この指令案は、EU運営条約16条2項のみを法的根拠条文としている。

(2) EU基本権憲章

ドイツの要請により、EU基本権憲章が起草され、2000年12月7日に欧州委員会、理事会及び欧州議会による厳粛な宣言としてだされた。その後、同憲章には法的拘束力は与えられていなかったが、EU司法裁判所（一般裁判所及び司法裁判所）は、EU基本権憲章に判例の中で言及してきた。EU基本権憲章は、2009年12月1日発効のリスボン条約により、EU条約及びEU運営条約と同等の法的価値（法的拘束力）を認められた（EU条約6条1項）。それ以降、EU司法裁判所は、積極的にEU基本権憲章の文言に依拠しつつ、EUにおけ

る基本権保障を行っている。

　EU基本権憲章では、個人データ保護に関する条文として、7条及び8条をおいている。同7条は、プライバシーの権利に関するもので、「すべての者は、その私生活、家族生活、住居及び安全に対する権利を有する」と定めている。同8条は、「1．すべての者は、自己に関する個人情報を保護される権利を有する。2．前項に言う情報は、特定の目的のために、かつ、当事者の同意、または法律によって定められた何らかの他の正当な理由に基づいて、公正に扱わなければならない。すべての者は、自己に関して収集された情報を閲覧する権利、及び、それを訂正する権利を有する」と定めている。なお、表現の自由は、11条に規定されている。

　EU司法裁判所は、指令95/46並びにEU基本権憲章7条及び8条に依拠して、次に見るように個人データ保護を保障してきた。

3．EUにおける個人データ保護に関する諸判例の発展

　EUにおける個人データ保護に関しては、EU司法裁判所が大きな役割を果たしてきている。以下において一連の判例を紹介していくことにする。

(1) Digital Rights Ireland事件（2014年4月8日先決裁定）[*10]

　Digital Rights Ireland事件で問題となった、いわゆる通信履歴保存義務指令2006/24[*11]は、スペインのマドリード（2004年3月11日）やロンドン（2005年7月7日）で起きたテロに対処するために採択されたものであった[*12]。同指令は、2006年3月15日に採択され、同年5月の初めに発効した。

　多くの市民社会組織が、当該指令をめぐって通信履歴保存義務がプライバシー権の不当で不必要な制限となるという旨の文書を欧州委員会に送った[*13]。本件の原告Digital Rights Ireland Ltdもそのような組織の1つである。本件においては、当該指令がEU基本権憲章のプライバシー権を定める7条及び個人のデータ保護の権利を定める8条に違反し、無効となるか否かが争点となった。

　欧州司法裁判所は、まず、当該通信履歴保存義務指令により保存を義務づけられたデータが通信源と場所の追跡及び特定、通信の日時、コールした電話番号、コールを受けた電話番号、通信頻度など多岐にわたり、そのデータからプロバイダーの会員または登録ユーザーの私的な生活を推測できるようになるため、憲章7条及び8条にかかわるとした。

次に、裁判所は、憲章7条及び8条に定められた権利の介入を以下のように認定した。

指令2006/24は、通信及び通信データの秘密性並びに伝達通信の目的にもはや必要ではないデータを削除または匿名にする義務を定めている別のEU指令が設定するプライバシー権利の保護の制度から逸脱している。介入の存在を設定するには、関連する私的な生活に関する情報がセンシティブか否かまたは関係する者が不便を被るか否かということは関係しない。プロバイダーの個人の私的生活及びその通信に関するデータ保存の義務は、憲章7条により保障される権利の介入そのものを構成する。同様に、指令2006/24は、個人のデータ保護を規定している、憲章8条により保障される個人のデータ保護の基本権への介入も構成する。両条に定められる基本権への当該指令により引き起こされる介入は、広範囲のものであり、とくに重大なものと見なされなければならない。さらに、会員または登録ユーザーに知らされることなく、データが保存され、用いられるという事実は、私的生活が常に監視の対象であるという感覚を人々の心に引き起こしうると。

裁判所は、本件においては、私的生活に関する基本権並びに当該指令により引き起こされる同権利への介入の程度及び重大さに照らして個人データの保護が果たしている重大な役割に鑑み、EU立法機関の裁量は減じられ、その結果、裁量の審査は厳格なものとなるべきであると判断基準の前提を示した。そのうえで、裁判所は、当該指令に関する比例性原則に基づく審査を始めた。裁判所は、当該指令の目的は適当であり、データ保存という方法そのものはデータが発達した現在においては犯罪訴追等の有力な手段となりえ、必要であり、テロや組織犯罪との闘いにおいて正当化されるものであるとした。しかし、裁判所は、テロや組織犯罪の防止といった一般利益の目的は、それがどれほど根本的なものであったとしても、それ自体では、データ保存措置を正当化しないとした。正当化されるためには、当該EU立法は、データが保存される者が濫用のリスク並びにそのデータの不法なアクセス及び利用に対して個人データを効果的に保護するために十分な保障をもつように、当該措置の範囲と適用を規律し、かつ、最小限の安全保護手段（minimum safeguard）を課す、明確な法規を定めていなければならないとした。結果的に、当該指令は、比例性原則に違反すると判示した。

(2) Google事件（2014年5月13日先決裁定）[*14]

スペイン人のGonzález氏（以下G氏）は、1998年1月19日と3月9日付のスペイン新聞La Vanguardia（以下V）において社会保障債権回収の差押え手続に付随する不動産競売に関連して名前が表示された。その後、10年余り経った、2010年3月5日に、G氏は、V新聞社及びGoogleスペイン社とGoogle社（以下、GG社）に対し、インターネットユーザー（以下、ユーザー）がGoogleの検索エンジンにG氏の名前を打ち込むと、上述した過去の新聞記事へのリンクが表示されることに対して、スペインのデータ保護機関（以下、AEPD）に苦情を申し立てた。G氏は、V新聞社に対しては、関連ページを削除または変更し、彼に関する個人データが検索エンジンを通じて表示されないようにすることを求め、GG社に対しては、彼に関する個人データが検索結果に表示されず、また、V新聞へのリンクが削除されることを求めた。

　AEPDは、2010年7月30日の決定により、V新聞社に関するG氏の主張については、問題となっている情報の公示は、労働厚生省の命令に基づいてなされたものであり法的に正当化されるとして認めなかったが、他方、GG社に関するG氏の主張については受け入れた。

　欧州司法裁判所は、この当該指令12条（b）及び14条1項（a）を解釈して、「忘れられる権利・削除権」を以下のように導き出した。

　裁判所は、当該指令12条（b）は、データ処理がとりわけデータの不完全なまたは不正確な性質のため当該指令の規定を遵守していない場合、構成国がすべてのデータ主体に管理者（controller）によるデータの訂正、削除または阻止の権利を保障すると定めているとした。そのうえで、当該指令6条1項（d）に定められる一定の要件が遵守されない場合に関する事項は、例示的であり、網羅的ではないので、データ主体に付与される権利は、当該指令により課せられる別の要件の不遵守からも生じうるとした（先決裁定70段）。本件では、裁判所は、そのような不遵守は、当初は合法であった正確なデータ処理であっても、かつてそのようなデータが収集され、または、処理された目的に照らして、もはや不必要となった場合にも生じるとした（同93段）。このように、データ管理者による当該指令の不遵守の場合にデータ主体の削除を求める権利を認めた。また、裁判所は、その権利に実効性をもたせるべく、当該指令14条1項（a）の下で、構成国は、データ主体に関するデータ処理への特別な状況から発生する正当な理由に基づき、常に異議を申立てる権利をデータ主体に与えなければならないとした。こうして、裁判所は、監督機関または司法機関は、検索エンジン事業者に人の名前を基礎と

してなされる検索結果リストから個人に関する情報を含んでいる第三者により公表されたウェブページへのリンクを削除するように求めることができるとし、データ主体の「忘れられる権利・削除権」を認めた（同82段）。

　欧州司法裁判所は、データ主体の権利、検索エンジンの事業者の利益、公衆の一般利益を検討した。まず、当該指令7条 (f) 規定は、管理者または第三者により追求される正当な利益の目的にとって必要である場合には、当該指令1条1項の下で保護を必要とする、データ主体の利益、すなわち、基本的権利及び自由が、そのような利益に優先する場合を除いて、個人データの処理を許可すると定める。このように当該指令7条 (f) の適用は、異議を申立てる権利と関連する利益の均衡を必要とするとした（先決裁定73－74段）。

　欧州司法裁判所は、検索エンジン事業者の利益については、以下のように判示した。検索エンジンの手段による検索が個人の名前を基に実施されるときに、検索エンジン事業者により実施される、個人データ処理は、プライバシーと個人データ保護の基本権に大きな影響を与えうる。その潜在的な重大性に照らして、基本権への介入は、そのようなエンジンの運営者がデータ処理において有する単なる経済的な利益によっては正当化されえないと（同80－81段）。

　欧州司法裁判所がより注意を払って判示したのが、公衆、ユーザーの利益とデータ主体の権利の関係である。裁判所は、まず、検索結果リストからの他のウェブサイトへのリンクの排除は、情報によっては、情報へのアクセスをもつことに潜在的な関心をもつユーザーの正当な利益に影響をもちうる点を指摘した。そのうえで、両者の間で公正なバランスがさぐられるべきであるとした。裁判所は、データ主体の権利は、概して、ユーザーの利益に優先することは真ではあるが、そのバランスは、特別な場合、問題となっている情報の性質とデータ主体の私的な生活のセンシティビティ、その情報をもつことの公衆の利益によりうること、また、その公衆の利益は、とくにデータ主体が公的生活において果たしている役割により変化すると判示した。

　裁判所は、データ主体は、憲章7条及び8条の下での基本権に照らして、検索結果のリストにおいて問題となっている情報が公衆に利用不可能となるように要請できるので、そのような権利は、概して、検索エンジンの事業者の経済的な利益のみならず、データ主体の名前に基づき検索して情報を得るという、公衆の利益にも優先すると判示した。しかし、データ主体により公的な生活において果たされる役割などの特別な理由から、問題となっている

情報へのアクセスをもつという尊重されるべき一般利益により基本権への介入が正当化されるとみえるときはこの限りではないとした。つまり、原則的にはデータ主体の権利が一般公衆の利益に優先するが、例外的な場合にはそうではないことを明確にした。その例外的な場合とは、データ主体が公的生活において果たしている役割に鑑み、その個人の過去のデータも含め、一般公衆がデータにアクセスし、知るという権利が尊重されるべき場合が想定されていると考えられる。もっとも、裁判所は、憲章11条に規定される表現の自由及び情報の自由には言及せず、その文脈での憲章7条及び8条との利益衡量は行っていない。

(3) Ryneš事件（2014年12月11日先決裁定）[15]

Ryneš氏（以下R）は2005年から2007年の間に自宅の窓を数回壊されたが、行為者は特定されなかった。そこで、2007年10月5日から2008年4月11日にかけて、Rは、家の軒に固定式監視カメラシステムを設置した。Rは、カメラ設置は、彼及び家族の財産、健康及び生命を守るためだとした。同カメラにより、家の玄関、公的歩道及び家の裏口が自動で録画された。Rのみがカメラのシステムとデータに直接アクセスした。

2007年10月6日から7日の夜にかけて、再び家の窓の1つが壊された。しかし、ビデオ監視システムにより2人の容疑者を特定することができた。録画されたものは、警察に提出され、刑事手続の中で用いられた。

容疑者の1人がRの監視システムが不法であるとし、その主張を受けて、個人データ保護局は、Rがチェコ法律101/2000に以下の理由で違反していたと認定した。データ管理者として、Rは通りを歩くまたは家の裏口に入る個人のデータを同意なしに集める、カメラシステムを利用した。Rは、個人のデータの加工、加工の範囲及び目的を当該人に通知せず、また、データ保護局に同加工を報告する義務に怠った。

Rは、データ保護局の決定に異議申立てを行った。しかし、プラハ市裁判所は、2012年4月25日の判決でそれを棄却した。Rは、最高行政裁判所に上訴した。同行政裁判所は、訴訟を中断し、欧州司法裁判所に以下についての先決裁定を求めた。家の所有者の財産、健康及び生命を保護する目的で家に設置されたカメラシステムの運用は、たとえ、そのようなシステムが公的な場所もモニターしているとしても、指令95/46の3条2項に定められる、「純粋に個人的なまたは家庭の活動の中における自然人による」個人データの加

工として見なされうるか。本件では、家の軒下におかれた監視カメラが道という公的な場所もモニターすることが個人データ保護指令の適用範囲に入るか否かが争点となった。

個人データ保護指令95/46の３条は、指令の適用範囲を定めている。同条１項は、指令が自動的な手段による全部または一部の個人データの加工並びにファイルに保存されているまたは保存される個人データの非自動的な加工に適用される。他方同条２項は、個人データの加工に当たらない、適用除外される場合を定めている。同条２項第１インデントは、EU条約Ⅴ編及びⅥ編のような、共同体法の範囲外の活動並びに公共の安全、防衛、国家の安全及び刑事法の分野における国家の活動に関する活動に対しては当該指令が適用されないと規定している。本件で問題となっている、同条２項第２インデントは、「純粋に（専ら）個人的または家庭活動（a purely personal or household activity, ausschließlich persönlicher oder familiärer Tätigkeiten）中の自然人による」データ加工には適用されないと規定している。

本件では、同第２インデントにつき、人のビデオ録画がハードディスクドライブのような継続的な録画装置に蓄えられる、カメラシステムが、家の所有者の財産、健康及び生命を保護する目的で個人により個人宅に設置されたが、公的な場所もモニターする場合、そのカメラの運用は、第２インデントの意味における「純粋に個人的または家庭活動」の中でのデータの加工に当たるか否かが問題とされた。

欧州司法裁判所は、まず、本件のように、ビデオ録画の形での人の監視は、継続的な記録媒体、つまりハードディスクドライブに記録されるのであれば、当該指令３条１項に従い、個人データの自動的加工になると認定した。そのうえで、同裁判所は、そのような行為が、当該指令３条２項第２インデントの意味における「純粋に個人的または家庭活動」に当たるのか否かを審査した。

審査に当たっては、まず、裁判所は、前述したGoogle事件判決を参照しつつ、当該指令１条及び前文の10段からの解釈から、個人データの加工に関して、高い水準の自然人の基本権の保護及び自由、とりわけプライバシー権を確保することを意図しているとした（先決裁定27段）。さらに、同Google事件に依拠しつつ、EU基本権憲章の７条の下で保障される私的生活の基本権の保護は、個人データの保護に関する逸脱及び制約は、厳格に必要な限りにおいてのみ適用されなければならないということが留意されなければならない

とした（同28段）。ここで、裁判所は、確立された判例法によるという文言を用いて、本件判決がこれまでの判例法の延長線上にあることを強調した。その判断基準に従い、当該指令の規定が、当該指令3条2項の第2インデントに定められる例外は狭く解釈されなければならないとした（同29段）。裁判所は、これまでの判例法に従い、プライバシー権及び個人データ保護権がEU基本権憲章に規定された基本権であり、第二次法である指令の規定は憲章に定められる基本権に照らして解釈されるべきこと、また、そのような権利の侵害に至りうる例外は狭く解釈されるべきことを明確にした。

これら述べたきた3つのいずれの判例においてもEU司法裁判所は個人データ保護し、強化する方向で判決を下している。特に3番目のRyneš事件判決では、Google事件判決への言及がなされ、高水準の個人データ保護が保障されなければならないと判示された。

4．規則案における「忘れられる権利」

欧州委員会が2012年1月25日にデータ保護規則案を公表し、現在欧州議会及び理事会において審議中である。以下では、規則案に規定されている「忘れられる権利」についての議論を見ていくことにする。欧州委員会の規則案（COM（2012）11）は、前文139段と91ヵ条の条文から構成されている。忘れられる権利については、まず前文53段と54段において言及されている。また、本文においては、17条に規定がされている。

規則案は、EU運営条約16条2項及び114条1項を法的根拠としているため、欧州議会と理事会が共同で決定する、通常立法手続で採択されることになっている（EU運営条約289条、294条）。

欧州議会では、欧州委員会の提案を受け、通常立法手続における第1読会において、2014年3月12日に修正案が採択された。[*16]その後、2015年6月8日に理事会の議長国からコルペール（常駐代表委員会）宛てに構成国の見解を注において表示した理事会の修正文書（9657/15）が示された。[*17]2015年6月11日に理事会議長国から理事会宛ての修正文書（9565/15）が示された。[*18]その後、2015年6月15日に理事会は、この修正文書をデータ保護規則に関する一般的アプローチ（general approach）として合意に達した。[*19]一般的アプローチとは、理事会が新EUデータ保護法規について合意するという意図をもって欧州議会と交渉を開始することを可能にする政治的合意を意味する。

(1) 規則案前文53段
1) 欧州委員会案
　前文53段は、以下のようになっている。「いずれの者も自己に関係する個人データの保持が本規則を遵守していない場合、同データが修正される権利及び『忘れられる権利』を有すべきである。とりわけ、データが収集されたもしくは別の方法で加工された目的に対しもはや必要でない場合、または、データ主体が加工に対する同意を撤回したまたはデータ主体が自己に関する個人データの加工に反対しているまたは個人データの加工が本規則を遵守していない場合、データ主体は、消去され、加工されない権利を有すべきである。この権利は、とりわけ、データ主体が子供として同意を与えていたとき、加工にかかわるリスクに十分に気づいていないとき、後に特にインターネット上の個人データが除去されることを望むときに関係する。しかし、データのさらなる保持は、歴史的、統計的及び科学的研究目的のため、公衆衛生の分野における公益の理由、表現の自由の権利を行使するために必要である場合、法律によって要請されるとき、または、データを消去する代わりにデータの加工を制限する理由がある場合には、許容されるべきである」。

2) 欧州議会の修正案
　欧州議会の修正案では、「忘れられる権利（right to be forgotten）」が削除され、「消去の権利（right to erasure）」のみが残された。これについては、詳しい理由が述べられていないが、欧州議会の修正案の基礎となったAlbrechtの報告書[20]の説明文書では、以下のような記述がある。情報がますます開示され、相当なインパクトを有するので、消去権及び訂正権は、データ主体にとって重要なままである[21]。「忘れられる権利」は、この中で捉えられるべきである。提案された修正は、デジタル環境にとってこれらの権利を明確にする一方で、一般的な表現の自由の例外を維持する[22]。

　また、「この権利は、とりわけ、データ主体が子供として同意を与えていたとき、加工にかかわるリスクに十分に気づいていないとき、後に特にインターネット上の個人データが除去されることを望むときに関係する」という文言が削除された。これについても報告書では、特に理由は述べられていない。ただ、報告書の説明文書では、「個人がデータの公表に同意を与えた場合、『忘れられる権利』は、もはや正当でなく、現実的でもない」という記述がある[23]。

最後に「また、消去権は、個人データ保護の保持がデータ主体との契約の履行に必要である時、また、このデータを保持する法的な義務が存在する場合は、適用されるべきではない」という文言が追加された。

3) 理事会の修正案

理事会文書（9565/15）においては、次のように修正されている。まず、「いかなる者」が「いかなる自然人」に修正された。次に、「個人データの保持が本規則を遵守していない場合」は、「個人データの保持が本規則または連合法もしくはデータ管理者が服する構成国法を遵守していない場合」に修正された。

欧州議会の修正案では、子供に関係する文言が削除されたが、逆に理事会文書においては、以下の部分がさらに追加された。「データ主体は、もはや子供ではないという事実にかかわらず、この権利を行使できるようにすべきである」。

最後の箇所においても以下のように修正が加えられた。「しかし、さらなるデータの保持は、表現及び情報の自由の権利を行使、法的な義務の遵守、データ管理者に与えられた、公益もしくは公的機関の行使の中での任務の遂行、公衆衛生分野における公益の理由、公益における目的を達成する、歴史的、統計的及び科学的目的……もしくは法的主張の設定、行使もしくは防御のために必要であるときは合法とされるべきである」。

(2) 規則案前文54段

1) 欧州委員会の提案

欧州委員会の提案では、以下のようになっている。「オンライン環境において『忘れられる権利』を強化するために、個人データを公表する管理者は、データ主体が個人データのへのリンク、または、コピーもしくは複製を消去するように要請することをそのようなデータを加工する第三者に通知することを義務づけられるよう、消去権が拡大されるべきでもある。この情報を確保するために、管理者は、自らが責任を有する公表のためのデータに関して、技術的な措置を含みあらゆる合理的な措置をとるべきである」。

2) 欧州議会の修正案

欧州議会の修正では、「忘れられる権利」への言及がなく、委員会の提案に比べると簡素化されている。「オンライン環境における『消去権』を強化するために、個人データを法的な正当化なく公表する管理者は、補償の要

求に服するデータ主体の権利を損なうことなく、第三者による場合を含み、データが消去されるのにあらゆる必要な措置をとるように義務づけられるよう、消去権が拡大されるべきである」。

3) 理事会の修正案

理事会の修正案では、欧州委員会提案、「オンライン環境において『忘れられる権利』を強化するために、個人データを公表する管理者は、データ主体が個人データのへのリンク、または、コピーもしくは複製を消去するように要請することをそのようなデータを加工する第三者に通知することを義務づけられるよう、消去権が拡大されるべきでもある」の第三者が管理者（the controllers）に置き換えられた。「忘れられる権利」の文言は維持されている。

また、理事会の修正案では、欧州委員会の提案、「この情報を確保するために、管理者は、自らが責任を有する公表のためのデータに関して、技術的な措置を含みあらゆる合理的な措置をとるべきである」における「合理的な措置」に関して「利用可能な技術及び管理者に利用可能な手段を考慮して」という文言が追加された。

(3) 規則案17条
1) 欧州委員会の提案

欧州委員会の提案では、17条は、9項からなる、かなり長い条文となっている。17条には、「忘れられる及び消去権」という題字がついている。条文は、以下の通りである。

「1．データ主体は、以下の理由のいずれかが当てはまるとき、とりわけデータ主体が子供であったときにデータ主体により利用可能になった個人データに関して、管理者から自己に関する個人データの消去、そのようなデータのさらなる普及の回避を得る権利を有している。

(a) データが収集または他の方法で加工された目的に関してデータがもはや必要ではない。

(b) データ主体が、加工が6条1項 (a) に従い基礎とした同意を撤回する、あるいは、同意された期間が終了した、また、データ加工に対する法的基礎が存在しない場合。

(c) データ主体が19条に従い個人データ加工に異議を唱える。

(d) データ加工が他の理由のため本規則を遵守していない。

2．1項に言及される管理者が個人データを公表する場合、個人データを

加工する第三者にデータ主体が個人データへのリンクまたはコピーもしくは複製を消去するように要請することを通知するために、管理者が責任のある公表に対しデータに関して、技術的な措置を含む、あらゆる合理的な措置をとらなければならない。管理者が個人データの公表を第三者に権限づける場合、管理者はその公表に責任があると見なされる。

　3．管理者が個人データの保持が以下の必要な場合を除いて、遅滞なく消去しなければならない。

　(a) 80条に従った表現の自由の権利を行使のため、
　(b) 81条に従った公衆衛生の分野における公益の理由、
　(c) 83条に従った歴史的、統計的及び科学的研究のため、
　(d) 管理者が服する連合または構成国法による個人データを保持する法的義務の遵守ため。構成国法は、公益の目的に合致し、個人データ保護の権利の本質を尊重し、また、追求される合法的な目的に比例的でなければならない。
　(e) 4項に言及される場合。

　4．消去に代わり、管理者は以下の場合に個人データの加工を制限しなければならない。

　(a) 個人データの正確さが、データ主体により争われている。管理者にデータの正確さを確かめさせる期間、
　(b) 管理者がその任務を履行するために個人データを必要しないが、証拠のためにデータが維持されなければならない、
　(c) 加工が違法であり、データ主体がその消去に反対し、代わりに利用の制限を要請している、
　(d) 個人主体が個人データを18条2項に従い他の自動化された加工システムに伝達するよう要請する。

　5．4項に言及される個人データは、証拠目的のために必要である場合、個人主体が同意した場合、自然人もしくは法人の権利が保護されなければならない場合、または、公益のために必要である場合のみ、保存を除いて、加工されうる。

　6．個人データの加工が4項に従い制限される場合、管理者は加工への制限を解除する前に、データ主体に通知しなければならない。

　7．管理者は、個人データの消去に対して期限を設定し及び/またはデータの保管の必要性の定期的な審査が遵守されることを確保するメカニズムを

実施しなければならない。

　8．消去が行われる場合、管理者は別の方法でそのような個人データを加工してはならない。

　9．委員会は、以下に特定される目的のために86条に従い委任行為を採択する権限を付与される。

　(a) 特定分野のための及び特定データ加工状況における1項の適用に対する基準及び要請、

　(b) 2項に言及される公然と利用可能な意思伝達サービスから個人データのリンク、コピーまたは複製を削除する条件、

　(c) 4項に言及される個人データ加工を制限する基準及び条件」。

2)　欧州議会の修正案

　まず、題が「忘れられる及び消去権」から「消去権」に変更され、「忘れられる権利」が削除された。また、17条1項の「とりわけデータ主体が子供であったときにデータ主体により利用可能になった個人データに関して」という部分が削除された。これらの変更は、上述した前文53段でも見られたものと共通する。

　その他の修正としては、以下のものがある。消去権が適用される場合として、次の1つが追加された。「(ca) 連合における基礎となる裁判所または規制機関が、関連するデータが消去されなければならないということを最終的かつ絶対的に規律した」場合である。1項 (d) が、「データの加工が他の理由から本規則を遵守していない」から「データが違法に加工された」に修正された。1項と2項の間に1a項が追加された。「1a. 1項の適用は、消去を求める者がデータ主体であることを確かめる、管理者の能力に依存する」。3項において、管理者のみならず、適当な場合には第三者が遅滞なく消去を行わなければならないと修正がなされた。4項では、「管理者は、通常のデータアクセス及び加工作業に服さず、もはや変更不可能であるような場合に、消去に代わり、管理者は個人データの加工を制限しなければならない」と修正された。また、制限の場合として、2つの場合が追加された。「(ca) 連合における裁判所または規制機関が関連するデータが制限されなければならないと最終的かつ絶対的に規律した」場合と「(da) 保管技術の特定型が消去を許容せず、本規則の発効前にインストールされていた」場合。また、7項におかれていた条文が「管理者は、期限が個人データの消去に対して及び/またはデータ保管の必要性の定期的な審査が遵守されるのを確保するメカニ

ズムを実施する」が、8項の後におかれる修正がなされた。9項において、欧州委員会に委任行為の採択が権限づけられるのは、「欧州データ保護局の意見を要請した後」という修正がなされた。

3) 理事会の修正案

17条の題字については、理事会の修正案では、「消去及び『忘れられる』権利」となっており、欧州議会とは異なり、欧州委員会の提案にあった「忘れられる権利」という文言は維持された。これについては、理事会の審議過程の中では、オーストリア、フランス及びアイルランドは、忘れられる権利の導入案を歓迎し、他方、ドイツ及びスペインは、個人のデータの消去権を越える権利を導入することの実行可能性に疑いをもっていたとされる[*24]。また、忘れられる権利は、データ保護の一部というよりはむしろプライバシーの権利の要素をもっており、表現の一部である思い出す権利(right to remember)及び情報源へのアクセス権とバランスがとられるべきであるという意見(ドイツ、スペイン、ルクセンブルク、スロベニア及びイギリス)が見られたとされる[*25]。

1項に規定されていた子供への言及は、欧州議会修正案では削除されていたが、理事会修正案においては欧州委員会の提案が維持された。1項において、以下の修正が加えられた。「(c) データ主体が19条1項に従い個人データ加工に異議を唱え、かつ、加工に対して最優先の正当な理由が存在しない、または、データ主体が19条2項に従った個人データ加工に異議を唱える」。(d) が修正され、(e) が追加された。「(d) データは、違法に加工された」。「(e) データは、管理者が服する法的義務を遵守するために消去されなければならない」。

1項と2項の間に1a項が追加された。「データ主体は、データが8条1項に規定される情報社会サービスの供与に関して収集されてきた場合、自己に関する個人データの消去を遅滞なく管理者から得る権利も有している。」また、2項と3項の間に2a項が追加された。「管理者が……個人データを公表し、1項に従いデータを消去することを義務づけられる場合、管理者は、利用可能な技術及び実施費用を考慮しつつ、個人データへのリンク、コピーまたは複製をデータ主体がそのような管理者による消去を要請したことを、データを加工する管理者に通知するために……、技術的な措置を含む、……合理的な措置をとらなければならない」。3項については、以下のような修正案がだされた。「1項、1a項及び2a項は、個人データの加工が以下のために必要である限り、適用されない。

a. 表現及び情報の自由権の行使
　　b. 管理者が服する連合または構成国法により個人データの加工を必要とする法的義務の遵守または公益もしくは管理者に付与された公的機関の行使の中で実施される任務の履行のため
　　c. 9条2項（h）及び（hb）並びに9条4項に従った、公衆衛生の分野における公益の理由
　　d. 公益における目的を達成または83条に従った科学的、統計的及び歴史的目的
　　e. （……）
　　f. （……）
　　g. 法的主張の設定、行使または防御。
　4. ……」。

4）小括

　欧州委員会の提案、欧州議会の修正案及び理事会の修正案を上で提示した。欧州委員会の提案と欧州議会の修正案の大きな相違は2点である。1つは、「忘れられる権利」という文言が欧州議会の修正案では削除されていることである。もっともこれは、「忘れられる権利」の存在を否定するものではなく、「消去権」に含まれるという考え方である。上述した欧州司法裁判所のGoogle事件判決においても「忘れられる権利」という条文がなかったものの、同権利が導出された。もう1つの相違点は、「データ主体が子供であったときにデータ主体により利用可能になった個人データに関して」データ主体がその削除を求める権利を有する、という規定が欧州議会の修正案では削除されたことである。その理由は詳しくは述べられていないが、個人がデータの公表に同意を与えた場合、「忘れられる権利」は、もはや正当でなく、現実的でもないという欧州議会の報告者Albrechtの見解が子供にも適用されているのであろう。[*26]

　他方、欧州委員会の提案及び欧州議会の修正案を受けて作成された理事会の修正案では、「忘れられる権利」の文言が維持された。また、理事会修正案の前文53段では、「データ主体は、もはや子供ではないという事実にかかわらず、この権利を行使できるようにすべきである」という文言が追加され、17条において子供に関し欧州委員会の提案が維持されている。

　今後、この理事会の修正案を受け、欧州議会と理事会の交渉となる。なお、規則案の採択は、現在のところ2015年末と予定されている。

5. 結語

　EUにおける個人データ保護は、上述したEU司法裁判所の諸判例に見られるように、その保障が強化されてきている。また、1995年の個人データ保護指令、さらに、それを強化する個人データ規則案の審議が欧州議会及び理事会において進んできている。

　今後、「忘れられる権利」と対立が予想されるのが、表現の自由である。[*27]欧州委員会の規則提案の17条3項 (a) において、個人データの削除は、80条に従った表現の自由の権利行使の際にはなされないと規定されている。欧州議会の修正案では、これに関しては特に修正を加えていないが、理事会の修正案の17条3項 (a) では、「表現及び情報の自由権の行使」となり、情報が追加された。また、理事会修正案における「忘れられる権利及び消去権」に関する前文53段では、「さらなるデータの保持は、表現及び情報の自由の権利を行使……に必要であるときは合法とされるべきである」と述べられている。上述したように、忘れられる権利は、データ保護の一部というよりはむしろプライバシーの権利の要素をもっており、表現の一部である「思い出す権利 (right to remember)」及び情報源へのアクセス権とバランスがとられるべきであるという意見が理事会の議論で見られたとされる。[*28]欧州委員会の個人データ保護規則案では、80条「個人データの加工及び表現の自由」において表現の自由が定められている。理事会の修正案では、80条「個人データの加工並びに表現及び情報の自由」に表現及び情報の自由が規定されている。

　上述したGoogle事件判決では、一般公衆であるインターネットユーザーの利益とデータ主体の権利関係に注意が払われた。データ主体が公的生活において果たしている役割に鑑み、その個人の過去のデータも含む、一般公衆がデータにアクセスし、知る権利が尊重されるものの、原則的にはデータ主体の権利が一般公衆の利益に優先するとした。同事件判決では、「忘れられる権利」と表現の自由及び情報の自由との関係は議論されなかったが、今後裁判所の判例においてもそれらの比較衡量が問題となる事例がでてくると考えられる。

　また、2007年にEUの下部機関として設立されたEU基本権庁 (European Union Agency for Fundamental Rights)[*29] は、2012年に提案されているデータ保

護改革パッケージに関して意見を公表し、[*30]シンポジウムを開催した。シンポジウムの報告書[*31]では、忘れられる権利は、絶対的な権利ではないとされ、規則案がその限界を規定しているとしている。さらに、忘れられる権利が表現、情報の自由並びに芸術及び科学の自由を含むEU基本権憲章の下で保障されるさまざまな基本権にインパクトを与えると述べられている。

　本章では、紙幅の制限もあり述べなかったが、理事会の修正案の中で、データ主体が欧州データ保護局、国内裁判所及びEU司法裁判所に訴えを提起することも定められている。また、EUデータ保護指令29条に基づいて設置された29条作業部会（Article 29 Data Protection Working Party）[*32]と呼ばれてきたものが、欧州データ保護局（European Date Protection Board）になり、重要な役割を付与されている。欧州議会との交渉の中でどこまで理事会の主張が受け入れられるのか、また、具体化されていくのか分からないが、今後の発展を注視していきたい。

* 1　OJ of the EU 1995 L 281/31, Directive 95/46 on the protection of individuals with regard to the proceeding of personal data and on the free movement of such data. 翻訳として、庄司克宏「EUにおける『個人データ保護指令』」横浜国際経済法学 7 (2) (1999年) 143-166頁がある。
* 2　OJ of the EC 1990 C277/3, COM (90) 314, Proposal for a Council Directive concerning the protection of individuals in relation to the processing of personal data.
* 3　OJ of the EC 1992 C311/30, COM (92) 422, Amended proposal for a Council Directive on the protection of individuals with regard to the processing of personal data and on the free movement of such data.
* 4　Case C-131/12 Google v. AEPD [2014] ECR I-nyr; 本件について言及されている邦語文献として、石井夏生利・牧山嘉道「海外の個人情報・プライバシー保護に関する法制度〔2〕」国際商事法務 Vol. 42, No. 6 (2014年) 901, 904-905頁。
* 5　COM (2012) 11, Proposal for a regulation on the protection of individuals with regard to the processing of personal data and on the free movement of such data; これを解説したものとして、前掲注4論文；藤原静雄「EUデータ保護一般規則提案の概要」NBL No. 975 (2012年) 4-7頁；新保史生「EUの個人情報保護制度」ジュリスト No. 1464 (2014年) 38-44頁；石井夏生利「EU一般データ保護規則案の動向 (1)」NBL No. 1025 (2014年) 30-36頁；岩村浩幸「欧州個人情報保護規則への備え」ビジネス法務 Vol. 14, No. 2 (2014年) 104-109頁など。
* 6　COM (2012) 10, Proposal for a Directive of the European Parliament and of

the Council on the protection of individuals with regard to the processing of personal data by competent authorities for the purposes of prevention, investigation, detection or prosecution of criminal offences or the execution of criminal penalties, and the free movement of such data.

* 7　中西優美子『EU法』（新世社、2012年）110-111頁。
* 8　域内市場とは、物、人、サービス及び資本の4つの自由移動が確保される域内国境のない領域を意味する（EU運営条約26条）。
* 9　COM（2012）10, note（6）.
* 10　Joined Cases C-293/12 and C-594/12 Digital Rights Ireland [2014] ECR I-nyr; 中西優美子「30 EU個人データ保護権にかかわる比例性原則（通信履歴保存義務指令事件）」同『EU権限の判例研究』（信山社、2015年）311-320頁。なお、この項目は、右判例研究を要約したものである。
* 11　正式名称は、公的に利用可能な電子通信サービスまたは公的通信ネットワークの提供時に生成及び加工されたデータ保存に関する、かつ、指令2002/58を修正する指令2006/24; Directive 2006/24 on the retention of data generated or processed in connection with the provision of publicly available electronic communications services or of public communications networks and amending Directive 2002/58, OJ 2006 L105/54.
* 12　Dietrich Westphal, "Leitplanken für die Vorratsdatenspeicherung", *EuZW* 2010, p. 494, p. 495.
* 13　COM（2011）225, 18.4.2011, Evaluation report on the Data Retention Directive, p. 29.
* 14　Case C-131l/12 Google v. AEPD [2014] ECR I-nyr; 中西優美子「31 GoogleとEUの『忘れられる権利（削除権）』」同『EU権限の判例研究』（信山社、2015年）321-330頁。なお、この項目は、右判例研究を要約したものである。
* 15　Case C-212/13 František Ryneš v Úřad pro ochranu osobních údajů [2014] ECR I-nyr; 中西優美子「EU個人データ保護指令と私的な監視カメラによる自動録画」自治研究91巻9号（2015年9月）掲載予定。なお、この項目は、右判例研究を要約したものである。
* 16　P7_TA（2014）0212, European Parliament legislative resolution of 12 March 2014.
* 17　Council of the European Union, Interinstitutional File（2012/0011（COD）), 8 June 2015, 9657/15, Note, from Presidency to Permanent Representatives Committee.
* 18　Council of the European Union, Interinstitutional File（2012/0011（COD）), 11 June 2015, Note, from Presidency to Council.
* 19　Council of the European Union, Press Release, 450/15, 15/06/2015.
* 20　PR/1010934EN.doc, A7-0402/2013, Report on the proposal for regulation,

　　　　Committee on Civil Liberties, Justice and Home Affairs.
＊21　Ibid., p. 201/623.
＊22　Ibid.
＊23　Ibid.
＊24　Council of the European Union, 9657/15, p. 129, fn 310.
＊25　Ibid.
＊26　PR/1010934EN.doc, A7-0402/2013, Report on the proposal for regulation, Committee on Civil Liberties, Justice and Home Affairs, p. 201/623.
＊27　Cf. David Erdos, "From the scylia of representative to the charybdis of licence? Exploring the scope of the 'special purposes' freedom of expression shield in European data protection", *Common Market Law Review*, 2015, pp. 119-154.
＊28　Council of the European Union, 9657/15, p. 129, fn 310.
＊29　OJ of the EU 2007 L53/1, Council Regulation No 168/2007 establishing a European Union Agency for Fundamental Rights.
＊30　ERA Opinion-2/2012, Data protection reform package (1 October 2012).
＊31　3rd Annual Symposium, Vienna, 10 May 2012, ERA Symposium Report, European Union Data protection reform: new fundamental rights guarantees, p. 7.
＊32　今岡直子「『忘れられる権利』をめぐる動向」調査と情報（国立国会図書館）-Issue Brief-Number 854（2015.3.10）、10頁以下。

（なかにし・ゆみこ）

第3章
不法行為法と「忘れられる権利」

上机美穂

札幌大学法学系准教授

1．はじめに──憲法上の「忘れられる権利」と民法上の「忘れられる権利」

　現在、インターネット検索サービスによる検索結果を中心に、インターネット上にある自らの情報の削除を請求する事例が増加しており、メディアなどでも取り上げられ、話題となっている。この削除請求の根拠となるのが「忘れられる権利」であるといわれる。すなわち「忘れられる権利」とは、一旦世間に公表された個人に関する情報を、世間から忘れてもらうことを個人の権利ないし利益とし、世間から忘れてもらう方法として、当該情報の削除を請求するものである。

　「忘れられる権利」の根拠となるのが、プライバシーといわれる。Jeffrey Rosen教授は、「忘れられる権利」を、新たなプライバシー権であると述べる。わが国では、どちらかといえば憲法領域において盛んに行われているようにみられる。

　憲法領域による「忘れられる権利」の議論は、その権利性など憲法上の価値判断という観点からなされるものである。他方民法領域は、不法行為法における個人の救済という観点から議論されるものであろう。すなわち、世間に公表された個人に関する事柄の削除という手法による救済の可能性ということとなる。

　このような議論の出発点の違いは、「忘れられる権利」のみならず、プライバシー、そして、プライバシーの上位概念である人格権ないし人格利益についても同様のことがいえよう。憲法上の人格権は、基本的人権であるのに

対し、民法における人格権は、私人の人格的利益の侵害に対する救済等の権利である。[*3]

　現在の、民法の観点による「忘れられる権利」の議論は、インターネット上の名誉毀損やプライバシー侵害を発端とするものがほとんどである。しかし過去の判例をたどれば、「忘れられる権利」とは表現されないものの、個人において、公開された私的な事柄の削除を求めるという形で、「忘れられる権利」と類似する様態がある。しかしながら、このような削除請求を認めることはさまざまな困難を伴っている。

　「忘れられる権利」の理論は、名誉毀損、プライバシー侵害の救済方法として、どの程度有用性であろうか。本論では、インターネット上の名誉毀損、プライバシー侵害という観点から、「忘れられる権利」を検討する。

2. 判例にみる「忘れられる権利」と検索結果の削除

(1) Da Cunha Virginia v. Yahoo and Google

　忘れられる権利につき、初期に裁判にあらわれたのは、アルゼンチンの判例であるとされる。

　Da Cunha Virginia v. Yahoo and Google は、アルゼンチンの有名タレント（Da Cunha Virginia）である原告が、被告の検索サイト（Google ArgentinaおよびYahoo Argentina）運営者に対し、損害賠償を請求した事件である。[*4] 原告は、被告検索機能において原告自身の氏名を入力した検索結果として、原告の写真を広告として利用した性的なサイトが表示されることを知った。さらにそれらのサイトにはリンクがあり、リンク先でもまた同様の写真が用いられていた。

　当該写真は、原告の自らのホームページ、ツイッター、フェイスブックに、自分自身で掲載したものであった。写真には、露出部分の多い服装などの写真が多く含まれていた。このうちの「少なくとも1枚は」性的に挑発するポーズの写真が含まれていた。

　原告は、当該検索結果は原告の承諾なしに作られたものであり、モデル、歌手、女優、テレビ司会者としての原告のキャリアを傷つけるものであることから、人格権とプライバシー侵害および名誉毀損に基づき200,000アルゼンチンペソ（約270万円）を請求した。

　原告の請求は損害賠償のみであったが、一審判決では、道徳的賠償（moral

damages）として、50,000アルゼンチンペソ（約67万円）の支払いと、原告の写真が利用されている性関連サイトについて、検索結果から削除することを命じた。判決は、検索結果として原告の写真と共にアダルトサイトや売春関係のサイトが表示されることは、原告の肖像に対する侵害行為であると判断した。他方、原告には重大な損害は発生していないことを考慮し、損害賠償は道徳的損害賠償というものにとどまった。

　このように一審判決の段階では、「忘れられる権利」という理論は現れなかった。一審判決の命じた検索結果の削除の根拠は、肖像権侵害に基づくものである。すなわち、他者が原告の肖像を無断で利用し、原告について性的なイメージを想像させるような利用をしたことを肖像権侵害とし、これに対し削除を命じたものである。

　控訴審は、一審判決を覆す結果となった。すなわち、検索結果と控訴人（一審原告）の損害との間には十分な因果関係がないとした。そして、検索結果の掲載による損害の責任は負わないとし、一審の削除命令を取消を命じた。[*5]

　判決は検索サイト自体に責任が生じない根拠として、米国通信品位法（U.S. Communication Decency Act）230条[*6]と、2000年のEU電子取引指令（EU's 2000 Electronic Commerce Directive）における、プロバイダーの責任制限を引き合いに出した。これは、検索サイト自体をプロバイダーと同視し、検索結果は単に情報を提供（列挙）する場であり、列挙された情報の内容については、それを作成した者に責任が及ぶとしたものである。それにより、検索サイトには責任が生じないこととなる。一方、検索結果として掲載された情報が、ある者の名誉を毀損したり、利益を違法に侵害したりすることを知っていながら削除しなかった場合には、免責されないことも指摘した。

　また当該写真について、もともと原告が率先してインターネット上に掲載していたことから、他者により転載されることから生じる損害について、他者は責任を負わないことも指摘した。

　控訴審判決には、1名の判事により補足意見が付された。すなわち、個人は「忘れられる権利（right to be forgotten）」という保護法益を有しているというものである。

　判事は、「放っておいてもらう権利」とされるプライバシー権には、自己情報コントロール権が包含されていると主張する、Stefano Rodotàというイタリアの法律家の理論を引用した。これは、刑期を終えた者の犯罪内容に関する情報を公表することを禁じたイタリア法に基礎を置く考え方である。

第3章　不法行為法と「忘れられる権利」　43

さらに、情報記憶機器の発達および普及が著しいなかでは、人がある事柄を記憶し続けることが、当然化していると指摘した。そして「忘れられる権利」という考え方は、今日では個人を守るうえ不可欠な考え方であるとし、「忘れられる権利」の価値を説いた。

一審において指摘された肖像利用権の考え方が、このような形で指摘されたことにより、原告の過去の情報を公開されない利益は、「忘れられる権利」を扱った代表的な裁判として知られるようになった。

(2) 東京地判平成22年2月18日

アルゼンチンの事件と前後して、同様の問題が日本でも現れるようになった。

東京地判平成22年2月18日は、検索結果のなかに原告の名誉を毀損するような内容の書かれたサイトが含まれていることから、原告が検索結果の削除および不法行為に基づく慰謝料を請求した事件である[*7]。

原告Xは脳外科医である。被告Y（ヤフー株式会社）の検索サービスに「X医師」という単語を入力した検索結果として、不特定多数が匿名で投稿できる掲示板サイト「2ちゃんねる」のスレッドが表示されていた。検索結果として表示された当該掲示板サイト内の抜粋部分の一部には、「Xは性犯罪者！消えろ死ね」という内容の発言も含まれていた。

Xは、当該掲示板内にはXの名誉毀損につながる虚偽の書込みがあり、書かれた情報は、他の書込みにより扇動されることで「全体として原告の名誉を著しく毀損」されたと述べた。さらに検索結果の表示により原告の名誉を毀損するような当該掲示板サイトに「容易に到達し、その内容を知ることができるという状態が継続している」ことから、Yによる検索サービスの検索結果として当該掲示板が表示されることが、Xに対する名誉毀損を助長したと主張した。

このことからXは、人格権に基づき、検索結果として表示される当該掲示板サイトの削除および不法行為に基づく慰謝料（220万円）を請求した。

Yは検索サービスについて、「ウェブページに到達することを容易にするためのツール」としてサービスを運営しているものであり、「個々のウェブページの内容の真偽を判断すべき立場」ではないと主張した。さらに当該掲示板サイトに書き込まれた内容について、名誉毀損を指摘しうるのは、書き込みがされたウェブサイトの運営者に留まるものであり、Yにその責任はな

いと主張した。

判決はまず検索結果の表示自体の違法性について、Y自身の意思内容を表示したものではなく、当該掲示板サイトの内容の抜粋箇所についても「それ自体が原告の人格権等を侵害するものであると認めることはできない」とした。また表示内容についてはその分量、表示を見た者の受け取り方などを考慮しても、表示自体が不法行為を構成するとは認められないと述べた。

検索結果が当該掲示板サイトにおける名誉毀損を助長したというXの主張について、現代の検索サービスが、一般人において「検索結果として表示されるウェブページにおける表現に接する機会を拡大」させているという性質から、特定のウェブページへの到達を容易にしていると認めた。他方Yには、過去に特定ウェブページについて削除措置を講じた実績はあったが、そのことをもって「検索結果の削除請求権が当然に発生するものと認めることはできない」とした。

判決はYのような検索サービス運営者について、運営者自体が、違法な表現をしているものではない点を指摘した。そして運営者は、表示されるウェブページの内容の違法性を判断する立場にはないとした。

そのうえで、「例外的に」検索サービス運営者に対し削除請求をするための基準を提示した。すなわち、ウェブページ自体の違法性が明らかで、かつ、ウェブページ全体ないし大部分が違法性を有しており、検索ページ運営者が違法性を認識したにもかかわらず放置した場合にのみ、限定的に削除請求が認めれると述べた。

さらにXのように、ウェブサイト上の表現により権利侵害をされた者については、まず、当該ウェブサイト管理者に対し削除請求等の法的責任を追及することが原則であるとした。検索サービス運営者への削除請求は、例外的なものとした。

そして、当該掲示板サイトにXの社会的評価を低下させる表現があったとしても、その量は少なく、明らかな違法性があるとはいえないことから、Xの削除請求を棄却した。

(3) 「忘れられる権利」と削除命令

ふたつの判例は、いずれもウェブサイトの検索サービスによる検索結果をめぐる事件である。東京地判は、「忘れられる権利」という言葉はないものの、当該掲示板サイトの内容が周知される状態が「継続」していることを阻

止するために削除請求をしたものである。

　このことを広く解すれば、インターネット上における「忘れられる権利」をめぐる問題とは、インターネット上に公表された、個人に関する情報ないしは私的な事柄の削除請求をめぐる問題と言い換えることができよう。私的な事柄の公表は、伝統的なプライバシー侵害の一類型とされている。また、東京地裁判決の原告は、「名誉毀損の助長」があることから、このことをもって名誉毀損を主張した。

　プライバシー侵害による救済は、原則として民法709条に基づく損害賠償である。そして名誉毀損は、民法723条に基づく原状回復、損害賠償となり、いずれも直接的に削除という救済方法を認めていない。

　削除とは、現在進行中の不法行為ないしは権利利益侵害行為を阻止するものであることから、これを差止めと同視することができよう。不法行為法における救済は、金銭賠償を原則としており、差止めを認める根拠規定はない。[*8]

　さらに、ふたつの判例が問題としたのはインターネット検索サイトの検索結果である。しかし、原告側が主張するような私事の公開や名誉毀損が実際に生じているのは検索サイトではなく、検索結果の先にある、各サイトであるといえる。そのことを鑑みれば、検索結果自体が名誉毀損ないしプライバシー侵害を構成するということは、厳密には難しいのではなかろうか。

　しかし、近時、仮処分による削除請求が認められることが見られるようになった。

　東京地裁平成26年10月9日決定では、グーグル社の運営する検索サービスの検索結果として、個人（申立人）が犯罪に関係しているかのような表示がされることにつき、検索結果の削除請求をした。申立人は、犯罪を連想させる検索結果により「現在の生活が脅かされる」と主張した。そして、検索結果で表示される「表題」と「内容の抜粋」を一体のコンテンツと捉え、グーグルもサイト管理者であり、「サイト管理者、コンテンツプロバイダには条理上の削除義務がある」という主張をした。申立側が削除請求をした検索結果は、申立時点（同年6月）では127個であったが、同9月下旬に237個に変更した。このうち122件について、検索結果自体が申立人の人格権を侵害しているとして、削除を命じる決定をした。[*9]

　また、さいたま地裁平成27年6月25日決定では、申立人の過去の犯罪報道に関するサイトが検索結果として表示されることにつき、「男性が受けた不利益は回復困難で重大。平穏な社会生活が阻害される恐れがある」として削

除を命じている。[*10]

　これまでの「忘れられる権利」をめぐる判決や決定から、検索結果に対する削除請求について、3つの問題点を挙げたい。第一に、そもそも削除請求という形による差止め請求が認められるかということである。第二に、検索サイト管理者は、直接的な不法行為者となるかということである。そして第三に、仮に近時のように削除請求が認められるとした場合、その削除の範囲をいかにするかということである。

　以下で検討する。

3．人格権侵害に対する差止め

(1)　「忘れられる権利」と人格権・プライバシー侵害

　「忘れられる権利」への侵害に対する救済として、削除請求ないし差止めの可能性を検討するうえで、まず、「忘れられる権利」がいかなる権利利益であるかを検討する必要がある。いい換えれば、「忘れられる権利」は、不法行為上の保護法益となりうるかということである。

　現在のEUデータ保護規則提案においていわれる「忘れられる権利」は、「個人データが収集された目的にとってもはや必要ではなくなった場合、本人が同意を撤回した場合、または同意に基づくデータの保存期間が経過した場合に確認がデータを完全に消去してもらう権利」であるとされる。[*11]この考え方は、「消去」という行為にいわば権限を付与するものであるといえよう。すなわち、消去行為自体を保護法益としているとみることもできる。

　EUにおいて「忘れられる権利」が提唱されることとなった背景には、ヨーロッパ各国における、個人の尊厳に依拠した考え方があるとされる。[*12]このうちフランスでは、早くから忘却権という考え方がある。忘却権は「データを持っている者に対する権利」であり、個人において、当該データの修正、変更、抹消等が求められる権利であるとするものである。

　この根底には、個人に関する情報は、個人の私的領域内のものであり、私的領域は個人の尊厳の領域の保護に包含されるとする考え方がある。[*13]

　ところで人格権は、包括的な概念であることから、そのなかに包含される多様な権利利益がある。このうち、人間の身体的属性に対する権利が身体的人格権となる。これに対し、肖像権、氏名権、さらに名誉、プライバシーなど、人の精神的側面に依拠するものが精神的人格権である。[*14]

仮に「忘れられる権利」が人格権の一類であるとすれば、身体的属性にはならないと考えられる。それでははたして「忘れられる権利」は、精神的人格権のひとつとなるのであろうか。

　フランスにおける忘却権の考え方からみれば、他者の記憶ないし、世間に知られた自らの印象という枠組みから、精神が自由になるということになるかもしれない。他方、「忘れられる権利」をプライバシーの一類型と位置付けるのであれば、プライバシー自体が精神的人格権のひとつであることから、自ずと精神的人格権であると導くこともできるであろう。

　またアメリカにおいて、過去の公的人物についてプライバシー侵害が生じた場合、時の経過が問題となることがある。これは過去に著名人になり、現在は一般人になっている者につき、その者の過去を公表する行為に起因する。過去についての公表は、内容によってはある者の私生活の暴露であり、プライバシー侵害となり得る。その際、公開された者が過去に著名人だった場合、どの程度の時の経過があれば、私人に関する私生活の暴露として、プライバシー侵害を構成するかという問題である。[*15]

　時の経過理論は、その対象が著名人ないし公的人物であることが前提となるものではある。しかし個人の私的な事柄を暴露により個人に損害が生じていれば、一次的にはプライバシー侵害を構成しうるものと考えられる。そして、その者が過去に著名人であったか、さらにそれはどの程度過去であるか（著名人であった時期からどの程度時間が経過しているか）により、暴露者の違法性が判断されるものであろう。

　「忘れられる権利」を、世間の記憶から消される利益というようにとらえれば、時の経過の理論も検討する余地があると思われる。時の経過理論は、あくまでもプライバシー侵害を前提であるとするのであれば、「忘れられる権利」は、プライバシー侵害を前提とし、その効果として存在するものといえるのではなかろうか。

　このように考えれば「忘れられる権利」自体が、人格権の一類型に包含されるとはいい難いということになる。すなわち「忘れられる権利」は、削除という効果が生じることにより実現するものであり、他者から忘れられるという意味での権利ないし利益は、現段階では確立していると断言はできないもとなるであろう。仮に「忘れられる権利」が存在するとするならば、それは私的な事柄の公表といった、プライバシー侵害があることを前提とする必要があるということになろう。

(2) 判例にみる人格権侵害に対する差止め

「忘れられる権利」の実現には、プライバシー侵害に対する救済方法として、公表された私的な事柄の削除という効果を要することになる。削除は、私的な事柄が公表されているという状態を停止させるものである。すなわち、検索結果について人格権ないしプライバシー侵害があるとき、その状態をやめさせることが削除となるため、検索結果の掲示の差止めととらえることができよう。

プライバシー侵害ないし、人格権侵害に対する差止めの可能性については、不法行為に対する救済が原則として金銭賠償のみが認められるわが国において、長らく議論の対象となっている。古くから多くのプライバシー侵害をめぐる訴訟において、原告は損害賠償とともに差止めを請求している。[*16]

たとえばわが国で初めてプライバシー侵害を認めたとされる『宴のあと』事件の原告は、損害賠償のほか、謝罪広告の掲載を請求し、その内容として出版差止めについても触れている。[*17] その後、1970（昭45）年、映画「エロス＋虐殺」の上映禁止仮処分申請事件において、映画上映によるプライバシー侵害に対し、「人格的利益を侵害された被害者は、また、加害者に対して現に行われている侵害行為の排除を求め、或は将来生ずべき侵害の予防を求める請求権をも有する」として、差止めが可能であるとした。[*18]

名誉権の侵害については、『北方ジャーナル』事件の最高裁判決において「名誉を違法に侵害された者は、（中略）人格権としての名誉権に基づき、加害者に対し、現に行われている侵害行為を排除し、又は将来生ずべき侵害を予防するため、侵害行為の差止めを求めることができる」とした。[*19] そして、差止めをするための要件として「被害者が排除ないし予防の措置がなされないままで放置されることによって蒙る不利益の態様、程度と、侵害者が右の措置によってその活動の自由を制約されることによって受ける不利益」の比較衡量を要するとした。

この判決は、人格権の効果として差止めを認めたものであるとされる。しかし『北方ジャーナル』事件は、「人格権としての名誉権」について差止めを認めたものであって、厳密にはプライバシーの効果として差止めを認めたものとはいえない。

すなわち判決は、「人格権としての名誉権は、物権と同様に排他性を有する権利」とし、名誉権が絶対権的な性質を有することから、物権的請求権と

第3章　不法行為法と「忘れられる権利」　49

して侵害行為に対し、名誉権の侵害について差止請求権を認めている。名誉とプライバシーは別個の人格的利益ないし権利であり、これを同視することは難しい。プライバシーは名誉と異なり、権利概念が不明確である。このことから、『北方ジャーナル』事件判決における差止請求の可能性を、直接的にプライバシー侵害に導入するには未だ困難があるといえよう。

他方、『北方ジャーナル』事件以降、下級審を中心にプライバシー侵害に対する差止めが認められている。しかし差止めを認める場合、『北方ジャーナル』事件判決における差止めの要件論が必ずしも踏襲されてはいない。たとえばタレントの出身地、自宅住所などが書かれた書籍『ジャニーズ・ゴールド・マップ』事件では、出版の継続により、タレントらの私生活上の平穏（人格的利益）の侵害により重大な被害の発生の可能性が高いことから差止めを認めた[*20]。また、『ジャニーズおっかけマップ・スペシャル』事件では、プライバシー侵害のある表現について「その表現行為が専ら公益を図る目的のものではないことが明白」「かつ、被害者が重大にして著しく回復困難な損害を被るおそれがある場合」に限定し、「例外的にその事前差止めが許されるもの」とし、プライバシー侵害についても差止めを認める可能性を示唆している[*21][*22]。

さらに2002（平成14）年の『石に泳ぐ魚』事件では、プライバシー侵害のほか名誉毀損、名誉感情侵害に基づく出版差止め請求が認められた。判決は差止めについて、「侵害行為の対象となった人物の社会的地位や侵害行為の性質に留意しつつ、予想される侵害行為によって受ける被害者側の不利益と侵害行為を差し止めることによって受ける侵害者側の不利益」との比較衡量による判断が必要であるとした。そのうえで「侵害行為が明らかに予想され、その侵害行為によって被害者が重大な損失を受けるおそれがあり、かつ、その回復を事後に図るのが不可能ないし著しく困難になると認められるとき」において事前差止めが認められるとした[*23]。

(3) 「忘れられる権利」と差止め

人格権侵害に対する差止めの判例の変遷から、3つの差止めの類型を見出すことができる。それは①名誉権侵害型、②プライバシー型、③人格的利益混合型である。各類型において「忘れられる権利」による削除はどのように作用することになるであろうか。

まず名誉権侵害型は、『北方ジャーナル』事件における差止めの要件に基

づくものである。不法行為上の名誉とは「各人カ其品性徳行名声信用等ニ付キ世人ヨリ相当ニ受クヘキ声価」である。[*24]

　たとえば検索サイトの検索結果のなかに名誉を毀損するような語句や文章がある場合、ないしはそれが放置されている場合、それ自体は名誉権の侵害を構成しうるということになる。他方検索サイト（侵害者）において、名誉を毀損するような語句や文章を削除された場合、検索結果を表示するという活動の自由が制約されるということになるであろうか。

　検索結果は機械的に作出されるものであり、該当する語句や文章を削除したとしても、また別の語句により検索結果が作出されることになる。そのため検索サイト運営者について、自由が制限される可能性は低いといえよう。またDa Cunha Virginia v. Yahoo and Google後、Yahoo ArgentinaやGoogleが原告の氏名の検索結果が０件になるように対処したが、このような状況であっても、運営者自身の自由が制約されたことにはならないであろう。検索結果が出ないことにより不自由を受けるのは、検索サイトの利用者であるからである。

　このことから、インターネット上で名誉権が侵害されるような場合には、「忘れられる権利」による削除請求の余地があるといえるかもしれない。

　プライバシー型の基準となるのは、『ジャニーズおっかけマップスペシャル』事件における要件であろう。すなわち、表現に公益性があるか否か、公表により被害者に重大かつ著しい回復困難な損害が生じているか否かということである。

　「忘れられる権利」が個人識別情報の削除に作用すると仮定した場合、個人の住所氏名などがインターネット上に公表されたならば、私的な事柄の公開として、プライバシー侵害を構成しうるであろう。このような状況があれば、個人に重大な損害が生じることは想定できる。個人情報保護法などからも理解できるように、現在では個人の住所、氏名の公益性は否定されつつあるものである。このことから、私的な事柄の公表に対し、削除が有効であると考えられよう。

　他方この要件をみる以前に、プライバシー侵害の有無が必要となることはいうまでもない。前述の名誉と異なり、プライバシーはその権利性が不明確であることから、たとえ有用であるとしても、削除を導くことを容易にするべきではないと考える。

　人格的利益混合型は、『石に泳ぐ魚』事件判決を基準とするものである。

本事件では、名誉権侵害に基づく差止めが含まれるため、結果的には名誉権侵害型とほぼ同様の理論により、削除の可能性を導くことができよう。インターネット上の問題に焦点を絞れば、このような混合型は、検索結果や個人情報の流出といった場合よりも、むしろ各インターネットサイト上で生じるものである。たとえば、インターネット掲示板における人格権侵害をめぐる問題では、直接の侵害者、侵害者が不明の場合にはサイト運営者等に対し、不法行為に基づく損害賠償請求をすることが多い。

「忘れられる権利」が個人情報の取扱いや検索結果をめぐる問題を中心としている現段階において、人格的利益混合型は、今後の「忘れられる権利」の権利生成いかんにより台頭する可能性のある問題といえよう。

いくつかの視点から、「忘れられる権利」の作用としての削除の可能性を検討した。しかし人格権侵害に対する救済方法として、差止めが未だ確立途中にあるわが国において、このような削除を認めることは容易ではない。特に、プライバシー侵害については、プライバシー保護のあり方についての議論が継続しているなかにおいて差止めないし削除を容易に認めることは難しいといえるのではなかろうか。

4. 検索サイト運営者の責任

不法行為に基づく救済請求は、原則として侵害者本人に対しなされるものである。しかし削除請求は、侵害者本人ではない者に対しなされることもある。たとえば検索結果について削除を請求する場合、被害者は、検索結果により導かれるサイト内において人格権が侵害されたとして、いわばそのきっかけを作った検索サイトを削除請求の相手方とすることがある。

このように、一見すれば直接の加害者とは見難い者に対し、不法行為に基づく請求をすることは可能であろうか。

(1) 第三者による人格権侵害

検索サイトでは、ある者の氏名の検索をすると、その者に関する情報が検索結果として表示される。検索サービス提供者は独自のソフトウェアを用い、公開されているウェブサイトの情報を収集する。その後、収集した情報に見出しを付ける。検索対象の語が入力されると、見出しのなかから検索対象の語に適合するサイトを、検索結果として表示する。適合するサイトは、各ソ

フトウェアの計算手順（アルゴリズム）に従い選出されるもので、サービス提供者自身の手は加えられない。[*25]

　検索結果には、タイトルのような見出し（標題）のほか、当該サイトに書かれている情報の内容の一部の抜粋が表示される。前述した2010（平22）年の東京地判の原告は検索結果に表示された、当該サイトの抜粋箇所について、名誉毀損を助長するものであると主張したが、判決はそれを否定している。

　民法709条に基づく損害賠償責任は、原則として故意過失のある加害者が負うことはいうまでもない。他方、無過失責任が生じるのは、特殊不法行為ないしは特別法によるところである。ここにふたつの論点がある。

　まず検索サイト管理者は、直接の不法行為者となり得るかということである。前述のとおり、検索結果はアルゴリズムにより選出されるものであって、検索サイト管理者など、人間の手により恣意的に選出されるものではない。この点に着目すれば、検索サイト管理者が意図的にプライバシー侵害ないし名誉毀損を為しているものとはいえないであろう。

　他方検索サイトによっては、個人からの削除請求に対し独自の削除システムを設けている。個人が削除請求をした際、自動的に削除されるものではなく、各検索サイトのガイドラインに沿うこととなる。削除行為に人間の手が加えられることから、恣意的な行為の可能性も否定できない。このことを考慮すれば、個人からの削除請求に対し、意図的な遅滞をするなどの行為があった場合、削除請求が認められるべきであろう。

　不法行為における立証責任は賠償請求者側にあることから、検索サイトによる削除請求に対する懈怠の立証は、請求者側にある。しかし、このような懈怠を立証することは極めて困難である。立証が不可能であることで削除がかなわないとなれば、請求者側の損害が拡大することも予想されよう。今後の判例の展開を見守りたいところである。

　さらに、検索サイト管理者と検索結果で表示される各サイトとの関係をどう見るかという問題がある。2010（平22）年の東京地裁判決における原告のいうように、名誉毀損などの助長をする行為は、不法行為を成立しうるであろうか。

　たとえば小説による名誉プライバシー侵害において、被害者（原告）は、小説の作者のほか、編集者やその使用者である出版社に対しても損害賠償請求をすることがある。アメリカにおいて編集者は、作者の原稿に手を加えないまでも、手を入れなければ出版しないというほどの強い編集権を持つ。直

第3章　不法行為法と「忘れられる権利」　53

接の侵害者は作者本人であるが、編集者は表現に手を加えることで、ときとして、他者の名誉やプライバシーを侵害する表現を「助長」することにもなり得よう。このような場合、編集者ないしはその出版社に対し、懲罰的損害賠償が命じられることがある。[*26] 作者と編集者は、出版という同一の目的のために、時として相互に「助長」し、原稿に手を加える行為をしているとみることができる。

　検索サイトにおいて検索結果として表示されるサイトは、それぞれ異なった目的で運営されているものである。また検索結果として表示される、各サイトの内容の一部抜粋についても、検索サイトにより加筆されるものではなく、自動的な作出であるとするならば、編集者のような立場とは異なる。このようにみれば、検索サイトなどについては、「助長」という形の不法行為はないといえよう。

　第三者による名誉プライバシー侵害の成立が困難であるとすれば、少なくとも、検索サイトに対する削除請求は、理論的には難しいのではないかと考える。

(2) プロバイダ責任制限法

　インターネット上の情報の削除請求の根拠となりうる法として、プロバイダ責任制限法が挙げられる。プロバイダ責任制限法上の削除請求は、送信防止措置を意味するものである。[*27] いかなる情報が削除対象となるかについては、本法の成立直前に公表された、「プロバイダ責任制限法名誉毀損・プライバシー関係ガイドライン」に依拠する。そのため、ガイドラインからは判別し難い事柄に関しては、専門家に対処することが望ましいとされている。

　たとえば一般私人の氏名や連絡先などが掲載された場合は、原則としてプロバイダ側が削除をすることとなる。また病歴や犯罪歴などについては、情報が開示された本人の削除要請をプロバイダ等に伝え、プロバイダ等から発信者に削除を要請する。発信者が削除に応じない場合、プロバイダ等が削除することとなる。

　肖像の削除の場合、肖像の無断公表であることがプロバイダ側から見て明白なときは、公開者や本人へ事実の照会をせずとも、プロバイダ側が自主的に削除できる。

　プロバイダ責任制限法に基づく削除は、名誉プライバシー侵害のあるサイトについては有効である。しかし、ひとつのサイトに公開された情報は、コ

ピーされ他のサイトに拡散する。削除を請求する側からすれば、公開されたサイトすべてを見つけだし、削除請求をすることはほとんど困難である。このような拡散する情報に対しては、検索自体を不可能にしてしまうことが最も有効であろう。そうなれば、検索サイトについて違法性を問わず、削除請求を可能とする必要があるということとなる。「忘れられる権利」を根拠とせずとも、削除を有効とする法整備が必要ということになるであろう。

5．削除の限界

　削除請求を認めるような法整備がされた場合、問題となるのが削除の範囲である。「忘れられる権利」ないしは削除権を無条件に認めてしまえば、公表することによる利益を害すること可能性を生じさせるであろう。このバランスをいかに調整すべきであろうか。

　前述のプライバシー侵害や名誉権侵害における差止めにおいても、公表による損害と公益の比較衡量を指摘する。またインターネット上の表現によっては、憲法の表現の自由との調整を要することになるであろう。憲法上の権利との比較衡量については、他の著者の論考に委ねるところである。

　このような比較衡量の問題は、インターネット上のみならず、出版物における名誉プライバシー侵害においても多く議論されるところである。両者の違いは、情報の伝播の速さ、範囲、情報の保管方法にある。このうち保管方法とは、情報が残る場所、期間を意味する。保管方法は、インターネットの方が機能上は優秀である。しかし、公表された個人において感じるであろう不利益や損害は、出版物とインターネットのいずれにおいても強弱ないし優劣をつけることはできないであろう。

　被害者の保護救済の観点からみれば、インターネットの削除請求を認めるにあたっては、インターネット上の効用にのみ着目するのではなく、伝統的な名誉プライバシー理論における救済と利益衡量も注視するべきであろう。そのような検討が、結果的に現代における有効的な人格権保護を形成することになるであろう。

6．おわりに

　数年前にあらわれたばかりの「忘れられる権利」は、今や世界規模で議論

されるところである。わが国においてプライバシーが浸透するまでには、極めて長い時間を要したことを考えれば、非常に短期間に浸透しつつあるといえる。

　しかし、これまで検討したように、日本において「忘れられる権利」ないしは削除請求を正面から認めるには、もうしばらくの時間を要することになるであろう。この一因は、わが国のプライバシー保護の現状にあると思われる。他国と比較すると、プライバシー保護に関する法制度は未だ発展途上である。「忘れられる権利」をめぐる議論が、プライバシー保護の制度にも一石を投じることになるであろう。今後の発展に期待をする所である。[28]

　一方、インターネット上の情報について、より具体的実質的な保護が急務であることはいうまでもない。2015年7月に総務省が公表した「インターネット上の個人情報・利用者情報等の流通への対応について」という報告書において、現状のプライバシー侵害や名誉毀損に対する救済制度の有効性や削除を含めた法制度の在り方について検討の必要性があることが指摘されている。[29] また同年6月には、フランスの情報処理・自由全国委員会（CNIL）が、googleに対し、「忘れられる権利」の適用を世界規模に広げるよう命じたと報道された。[30]

　このような流れからは、最終的にわが国でも適用をすることが必須となるかもしれない。適用に際しては、単にインターネットの問題として処理するものではなく、同時に人格権保護も発展することを願いたい。

* 1　Jeffery Rosen, The Right to Be Forgotten, 64 Stan. L. Rev 91（Feb.2012）.
* 2　藤岡康宏『民法講義Ｖ不法行為法』（信山社、2013年）38頁。
* 3　五十嵐清『人格権法概説』（有斐閣、2003年）16頁。
* 4　Juzgabo de Primera Instancia [1a Inst.] [Court of First Instance],29/7/2009,"Da Cunha, Virginia c. Yahoo de Argentina s/ Daños y Perjuicos"
* 5　10/8/2010 National Court of Civil Appeals of Federal Capital（Argentina）
* 6　No provider or user of an interactive computer service shall be treated as the publisher or speaker of any information provided by another information content provider.
* 7　東京地判平成22年2月18日　Westlaw 2010WLJPCA02188010.
* 8　前掲注2書499頁。
* 9　石井夏生利＝神田知宏＝森亮二「検索結果削除の仮処分決定のとらえ方と企業を含むネット情報の削除実務」NBL1044号（2015年）8頁以下。

*10　毎日新聞2015年7月2日。
*11　宮下紘「『忘れられる権利』をめぐる攻防」比較法雑誌47巻4号（2014年）36頁。
*12　前掲注11論文32頁以下。
*13　伊藤英一「情報社会と忘却権——忘れることを忘れたネット上の記憶」慶應義塾大学法学研究84（6）号（2011年）183～185頁。
*14　前掲注3書20頁。
*15　時の経過について、上村都「「時の経過」——「絶対評価」と「相対評価」」名城法学57巻1・2号（2007年）183～205頁、吉野夏己「民事名誉毀損訴訟における「公的人物」と「時の経過」」岡山大学法学会雑誌60巻2号（2010年）19～62頁など。
*16　名誉、プライバシー侵害における差止めの歴史的経過について、前掲注2書、前掲注3書のほか、竹田稔『プライバシー侵害と民事責任』（日本評論社、1998年）225頁など。
*17　東京地判昭和39年9月28日下民集15巻9号2317頁。原告は、謝罪広告の文面に「直ちに絶版とし今後の発売を中止致します。」という文章を入れていた。
*18　東京高決昭和45年4月13日高民集23巻2号172頁。
*19　最判昭和61年6月11日民集40巻4号872頁。
*20　前掲注3書278頁
*21　東京地判平成9年6月23日判時1618号97頁。
*22　東京地判平成10年11月30日判時1686号68頁。
*23　最判平成14年9月24日判時1802号60頁。
*24　大判明治39年2月19日民録12輯226頁。
*25　検索サイトの仕組みについて、グーグル社ではホームページ上に文章と動画で解説がされている。
*26　山田卓生・上机美穂「モデル小説におけるプライバシーと名誉」日本法学71巻4号（2006年）97（1193）頁。
*27　堀部政男監修『プロバイダ責任制限法実務と理論——施行10年の軌跡と展望』別冊NBLNo141（2012年）36～42頁。
*28　プライバシー法の構築につき、前掲注2書231頁。
*29　総務省ICTサービス安心・安全研究会報告書「インターネット上の個人情報・利用者情報等の流通への対応について」
http://www.soumu.go.jp/menu_news/s-news/01kiban08_02000184.html
*30　http://www.wsj.com/articles/french-privacy-watchdog-orders-google-to-expand-right-to-be-forgotten-1434098033

（かみつくえ・みほ）

第4章

「忘れられる権利」の憲法的基礎としての「個人の尊厳」「幸福追求権」

飯島滋明

名古屋学院大学准教授

1．はじめに

　最近、いわゆる「忘れられる権利」の問題がメディアで取り上げられるようになっている。インターネットの普及は情報収集に関して極めて利便的な反面、ひとたび出回った個人情報が永続的に存在し、しかもその個人情報に誰でも簡単にアクセスできるという、情報を流された本人や家族、関係者からすれば極めて憂慮すべき事態が継続することになる。そこで最近、ネットの検索に関して削除を求める訴訟などが相次いで起こされている。日本での代表的な事例に関しては、本書で実際に訴訟を担当した弁護士から詳細な紹介と問題提起がされている。そうした事例以外でも、最近ではGoogleやYahooなどに削除を求める事例が出ている。グーグルが提供する「グーグルマップ」に事実無根の「口コミ」が掲載され、名誉を傷つけられたとして、関東の医療機関がアメリカのグーグルに対して削除を求めた事例で、千葉地裁松戸支部は2015年4月7日付で、医療機関の訴えを認める仮処分決定を出した。[*1] 3年前の逮捕報道が表示され続けるのは人格権の侵害だとして男性がアメリカのグーグルに検索結果の削除を求めた仮処分でも、さいたま地方裁判所は2015年6月25日付の決定で、逮捕報道の削除を命じる決定を出していた。[*2]

　実は私自身も冤罪とはいえ、2011年5月3日、広島駅ビル内で「迷惑防止条例」違反、端的に言えば「痴漢」の現行犯という理由で逮捕された。3日間の身体拘束の後に釈放され、3ヶ月後には不起訴処分になった。とはいえ、

時事通信が発信し、新聞やテレビで私が逮捕されたことは大々的に報道され、しかも事実でなく、私を犯人だと思わせる「犯人視報道」がされたことで、さまざまな不利益を被った。逮捕当初は「痴漢」という検索をすると、私の名前が真っ先に出てくるような状況であった。その後もしばらくは、ネット上で私の名前を入れると、「飯島滋明　逮捕」「飯島滋明　釈放」などという「サジェスト」、私の逮捕を報じた記事が真っ先に出てきた。そうした記事が簡単にネットで検索できる関係で、2011年の逮捕以降に知り合った人から私が完全に疑われ、事情を説明するのに数時間、話をせざるを得ない状況になったこともあった。現在はさすがにそこまで大きくネットで取り上げられているわけではない。ただ、私の逮捕に関わる記事が完全になくなったわけでもない。2015年8月にも、ほとんど初対面の人から私の逮捕にかかわる話をされたこともある。このように、不起訴処分から4年たっても、私の逮捕の事実は「忘れられ」ておらず、ネットで簡単にアクセスできる状況が今も続いている。

　捜査機関やメディアによる人権侵害の深刻さを逮捕という経験を通じて実感した私は、その問題を憲法学的に日本社会に提起することが必要だと考え、いろいろな冤罪被害者にも接する機会を持った。この原稿を書くにあたり、そうした冤罪被害者の氏名をネットで検索してみたが、依然として逮捕された記事がすぐに出てきて、しかも2チャンネルなどによる心ない書き込みにあふれた状況が現在進行形となっている。

　私自身のこうした体験に基づき、まだ刑事手続の最初の段階である「逮捕」時に実名報道することは、憲法上のさまざまな原則や権利を侵害することを実感した。その上、新聞やテレビだけの時代であれば、「人の噂も75日」ではないが、徐々に風化し、人々の記憶から消し去られるが、ネット時代の現在、本人や家族、関係者にとって極めて不都合な事実がネット上で永続的に残されるにいたっている。こうした現実から、現在では「忘れられる権利」が問題となる状況が生じている。「忘れられる権利」の法的根拠だが、「EUが推し進める『忘れられる権利』の根源は、明らかに『人間の尊厳』の重視です」と宮下紘中央大学准教授は指摘する（『朝日新聞』2015年8月28日付）。私自身の経験からしても、「忘れられる権利」の法的根拠として憲法13条の「個人の尊厳」が挙げられることは同感である。のみならず、「幸福追求権」も最も重要な法的根拠であると考えている。では、「個人の尊厳」や「幸福追求権」はどのような内容を有し、なぜ「個人の尊厳」「幸福追求権」

が「忘れられる権利」の根拠となるのか。宮下紘中央大学准教授は「なぜ、何のために『忘れられる』べきなのか、その議論を深めていくことが必要です」と述べているが（『朝日新聞』同上）、本稿では、「忘れられる」べき理由は、「個人の尊厳」を回復し、「幸福追求権」の実現のためであることを、私自身の体験も関連させながら論じる。

なお、「忘れられる権利」だが、人間である以上、忘れてもらいたい「過去」はいくらでもあるかもしれない。たとえば最近、「『AV出演』が知人にバレた！『恥ずかしくて死にたい』…回収や削除は可能か？」といった記事が出ていた。このように、知られたくない過去、そうした過去に関わる情報を検索できないようにすることなど、さまざまな形の「忘れられる権利」が問題とされる可能性がある。ブログやFacebookの書き込みなどが思わぬ反応、「大炎上」を呼び、そうした書き込み情報を削除したいという要求も増えることが予測されよう。

ただ、先に簡単に紹介したように、私自身、冤罪とはいえ痴漢で逮捕され、実名で報道されるという経験をした。そうした経験を踏まえ、本稿では被疑者、被告人の「忘れられる権利」に限定して、「忘れられる権利」と「個人の尊厳」「幸福追求権」の関係について論じることにしたい。

2．「個人の尊厳」と「幸福追求権」の関係について

憲法13条では、「すべて国民は、個人として尊重される。生命、自由及び幸福追求に対する国民の権利については、公共の福祉に反しない限り、立法その他の国政の上で、最大の尊重を必要とする」と定められている。前段には「個人の尊厳」、後段では「幸福追求権」が定められている。「忘れられる権利」のもっとも重要な根拠としては、「個人の尊厳」と「幸福追求権」を挙げることができると思われる。では、「個人の尊厳」と「幸福追求権」とはいかなる内容を有するのか。

日本国憲法前段の「個人の尊厳」と後段の「幸福追求権」の関係については、たとえば長谷部恭男教授のように個別の権利としてとらえる見解も存在する。ただ一方、両者を一体の権利と考える学説が通説と言える。たとえば芦部信喜先生は、前段と後段を分離して解釈する見解に関して以下のように述べている。

「前段から導かれる権利と後段から導かれる権利とを区別することが果たして可能かどうか、どのような基準によって区別するのか、など、この説には疑問も少なくなく、解釈論としてはなお問題が残されていると思われる。その意味で、前段と後段を一体として捉え、幸福追求権とは、「『個人の尊厳』原理と結びつきで生ずる、人格的生存に不可欠の権利・自由を包摂する包括的な権利である」と解し、人間として自律的に存在する上で欠くべからず権利・自由の内容を具体的に明らかにすることを試みる通説的見解のほうが、妥当であると考える[*5]」。

このほかにも、「本条〔13条〕の前段と後段とは連続的・統一的に理解すべきであると思われる[*6]」とのように、「個人の尊厳」と「幸福追求権」は一体的にとらえる見解は少なくない。しかし、広島県警に逮捕され、しかもメディアで実名で報道された経験を通じて、私は「個人の尊厳」と「幸福追求権」とは質的にも内容も違うものと実感している。結論から言えば、「個人の尊厳」は他者から侵害されないことを求める「防御的」なものであるのに対し、「幸福追求権」も、主に国家からの干渉を排除するという側面を持ちつつ、その実現は自らが積極的に行使することで達成される「積極的」な権利であると考えている。以下、本書の主題である「忘れられる権利」に関連する範囲で、「個人の尊厳」と「幸福追求権」の内容を確認する。

3．「個人の尊厳」について

宮澤俊義教授は、「すべて国民は、個人として尊重される」という13条の意味について「個人主義の原理ないし人間主義を表現したもの[*7]」とする。では、「個人主義」とはどのような内容を持つのか。宮澤俊義先生は以下のように述べる。

「個人主義とは、人間社会における価値の根元が個々人にあるとし、何よりも先に個人を尊重しようとする原理をいう。個人主義は、一方において、他人の犠牲において自己の利益のみを追求しようとするエゴイズムに反対し、他方において『全体』というような個人を超えた価値のために個人を犠牲にしてかえりみない全体主義に反対し、すべての個々の人間を自主的な人格として平等に尊重しようとする。西ドイツ憲法

（1949年）が、その人権宣言のはじめで、「人間の尊厳は侵されない。これを尊重し、保護することは、すべての国家権力の義務である」（1条）というのも、同じ趣旨である」[*8]。

　上記のような宮澤俊義教授の見解以降、日本国憲法13条の「個人の尊厳」と、ドイツ連邦共和国基本法1条の「人間の尊厳」は同じ内容という理解が一般的になっている。こうした見解に対しては、言語学的分析や成立史的背景[*9]、人間像の違い[*10]などを指摘した上で、日本国憲法13条の「個人の尊厳」と、ドイツ連邦共和国基本法1条の「人間の尊厳」は異なる内容もつという、ホセ・ヨンパルト教授による有力な批判がある[*11]。ヨンパルト教授の指摘はとても重要であるが、こうしたヨンパルト教授の見解を踏まえても、やはり「個人の尊厳」と「人間の尊重」は同じような内容を持つと青柳幸一教授[*12]や佐藤幸治教授[*13]は指摘する。私自身も、日本国憲法13条の「個人の尊厳」と、ドイツ連邦共和国憲法1条1項の「人間の尊厳」が全く同じ内容を持つとは言えない——とりわけ人間像に関して[*14]——とは思っているが、両者が質的に異なるというよりも、かなり類似した内容を有していると考えている。そこで、「個人の尊厳」の内容を紹介するに当たっては、ドイツの議論は極めて有益であると考えている。憲法13条の「個人の尊厳」、「人権主体としての個人の尊厳という究極的価値」[*15]と紹介されているように、憲法の最も重要な規定と言えるが、「憲法制定過程」でも、「『個人の尊重』や『個人の尊厳』という文言自体に関してはあまり議論がなされなかった」[*16]。現在でも、「憲法13条は、わが国の憲法学界において活発な議論を呼び起こし続けているポレミッシュな条文である。しかし、そこで論争されてきているのは、『個人の尊厳』に関してではなかった……13条に関する論稿は多いが、『個人の尊重』について正面から論じたものは少ない」[*17]。

　この点、ドイツでは「人間の尊厳」について多くの議論がなされてきた。確かに「人間の尊厳とは2500年の哲学歴史を背負っている概念である。人間の尊厳に言及すれば、直ちに一定の哲学的伝統に身を置くことになる」[*18]といったような、極めて難問であり「ドイツにおいても、人間の尊厳の具体的内容に関して、「判例・学説の間でコンセンサスが得られているとは言いがたいように思われる」[*19]。さらには、「人間の尊厳の内容は時代の経過に応じて変わりうる」[*20]ものであり、「ナチスのよう野蛮な行為の禁止だけで、今日の生命をめぐる科学／技術の進歩がもたらす問題を解決することは、極めて困

難である」[21]。ただ、ドイツ連邦憲法裁判所は、何が人間の尊厳を侵害する行為になるかについても判示してきた。日本国憲法13条の「個人の尊厳」と同様の内容を持ち、さまざまな判決や議論が積み重ねられてきた議論は、なにが「個人の尊厳」を侵害することになるのかについて、有益な議論を提供しうると考えている。

連邦憲法裁判所は、人間を「国家の単なる客体」にすることが「人間の尊厳」を侵害するという、いわゆる「客体定式 Objektformel」を用いている。そして、「辱め（Erniedrigung）」「烙印（Brandmarkung）」「迫害（Verfolgung）」「追放（Ächtung）」などの行為が人間の尊厳と矛盾するとしている。さらには、「拷問」、「重労働」、「奴隷状態」なども「人間の尊厳」を侵害する行為と捉えている[22]。

このように、ドイツ連邦憲法裁判所では、個人を「単なる客体」として扱い、人間を貶める行為を「人間の尊厳」への侵害と見做していると言える。こうしたドイツ連邦憲法裁判所の判示は、日本国憲法13条の「個人の尊厳」についてもあてはまると言えよう。

4．「幸福追求権」について

「幸福追求権」に関しては、憲法学説上、あらゆる生活領域に関する行為の自由という「一般的行為自由説」（ドイツでの通説、判例の立場）と、個人の人格的生存に不可欠な利益を内容とする権利の総体であるという「人格的利益説」（日本での通説）の対立がある。本稿で両学説の本格的な検討をすることは考えていないが、一つだけ確認したい。

「一般的行為自由説」だが、「幸福追求権という人権として保障されるのは、個人の自由な行為という意味での『一般的行為自由』であり」、「個人の自由は広く保護されなければならないとの観点から、たとえば服装、飲酒、散歩、登山、海水浴、自動車ないしオートバイ（バイク）の運転などの行為にも憲法の保障が及ぶという説」[23]である。「一般的行為自由説」のような考えでは「人権のインフレ化」が生じ、ほんらい高度に保障されるべき憲法上の権利の価値が相対的に下がるなどの理由で、「人格的利益説」が日本では通説とされている。

ただ、ここで確認したいのは、「人格的利益説をとっても、これらの行為を行う自由が保護されなくなるわけではない。それを一部の人について制限

ないし剥奪するには、もとより十分に実質的な合理的理由がなければならない[*24]」とのように、「人格的利益説」でも、「個人の人格的生存に不可欠な利益」とは必ずしも言えない行為が憲法上の保障の枠外にあるわけではないことである。いわゆる1789年のフランス人権宣言４条で、「自由とは、他人を害さないあらゆることをなしうることである」と規定されているように、「他人を害さないあらゆること」は「自由」として保護される。にもかかわらず、さまざまな行為を制約せざるを得ないような状況に置かれれば、「幸福追求権」が侵害されている状況と評価できるように思われる。

５．「忘れられる権利」の根拠としての「個人の尊厳」「幸福追求権」

　多くのヨーロッパ国家では、犯罪報道が日本ほどにテレビや新聞で取り上げられず、逮捕された場合に実名で報道されることはほとんどない。こうしたヨーロッパの状況とは異なり、日本では逮捕されたら実名で報道され、プライバシーに関わる情報もさんざん報道されることが少なくない。ただ、逮捕された者で実際に起訴されるのはそのうち６〜７割である。３割〜４割の事例は、起訴するまでもない事例か、逮捕自体が違法、間違いの場合すらある。にもかかわらず、日本の場合、逮捕という、刑事手続の比較的初歩の段階で実名で報道されることが少なくない。逮捕の際の実名報道は、社会的には「犯罪者」の烙印を押すことに他ならない。実際に実名報道された人でなければこの重圧感は分からないかもしれないが、実名で報道されることで、本当に「お先真っ暗」、生きていくのも嫌になるくらい、精神的に追い込まれる。逮捕されたという報道は、「辱め（Erniedrigung）」「烙印（Brandmarkung）」に他ならず、こうした情報が世間にあふれている状況が「個人の尊厳」を否定されている状況だと私は感じた。

　さらには、友人と話したり、外出したりしようするなど、さまざまな行動をしようという気持ちにもなれなくなる。それまで仲の良かった人でも、私に対する見方を変えるかもしれない。そう感じると、私から知人に連絡するのに躊躇するようになる。犯罪者であるかのような、「辱め（Erniedrigung）」「烙印（Brandmarkung）」を受けることで、さまざまな行為をする際の制約となる。外出することすら嫌になる。たとえば、近所から物などを郵送する際、当然自分の名前と住所を書くことになるが、私自身、実名報道がなされた直

後、荷物の郵送などの際に書類に名前と住所を書くのすら躊躇した。こうした状況は、「幸福追求権」が毀損されている状況だと感じた。現在でも、全く初対面の人に名刺などを渡す際、あとでネットで私の名前が検索されると思うと、時に名刺などを渡すのをためらうことがある。うまく私の気持ちと法理論を連結できたか、私自身も自信がないが、「個人の尊厳」は他者から物理的、精神的に不当な扱いを受けることで精神的な自尊心を毀損されない権利、いわば「防御的」性質を持つのに対し、「幸福追求権」も他者からの干渉を排除するという側面を持ちつつ、その実現は自らが積極的に行使することで達成される「積極的」な権利であると考えている。この点、「日本国憲法のよって立つところである個人の尊厳と言う思想は、相互の人格が尊重され、不当な干渉から自我が保護されることによってはじめて確実なものとなる」という「宴のあと事件」(東京地判昭和39年9月28日下民集15巻9号2317頁)との論旨は、「個人の尊厳」の防御的性質を適切に示していると考えている。

　また、最高裁判所も、「『逆転』事件」判決(最判平成6年2月8日民集48巻2号149頁)で、(A)「ある者が刑事事件について被疑者とされ、さらには被告人として公訴を提起されて判決を受け、とりわけ有罪判決を受け、服役したという事実は、その者の名誉あるいは信用に直接かかわる事項であるから、その者は、みだりに右の前科等に関わる事実を公表されないことにつき、法的保護に値する利益を有するものというべきである」、(B)「その者が有罪判決を受けた後あるいは服役を終えた後においては、一市民として社会に復帰することが期待されるのであるから、その者は、前科等に関わる事実の公表によって、新しく形成している社会生活の平穏を害されその更生を妨げられない利益を有するというべきである」と判示している。上記(A)の箇所は「個人の尊厳」に関わる判示、(B)の箇所は「幸福追求権」に関わる判示と言えよう。

　なお、ここで実際に逮捕された者として声を大にして強調したいのは、「個人の尊厳」が侵害され、「幸福追求権」が画餅に帰せられるのは、ネットで名指しされた本人だけではないということである。妻や夫、子どもなどの家族や関係者も同じように精神的に追い込まれ、さまざまな活動が制約される状況に置かれる。家族や関係者も「犯罪者の家族」との烙印を押され、さまざまな活動を制約せざるを得ない状況に置かれることで、「個人の尊厳」や「幸福追求権」が侵害される。新聞やテレビだけの時代であれば、時がた

ち、たとえば転居することなどで「忘れられる」ことがありえた。しかし、インターネットが普及し、検索サイトなどで個人の名前を検索すれば過去の情報が極めて容易に入手できる現在、「個人の尊厳」が侵害され、「幸福追求権」の実現にも障害となる、逮捕や前科などの個人情報の極めて容易な入手・拡散を防ぐためにも、「忘れられる権利」の重要性は十分に認識されるべきである。

　とはいえ、検索エンジンなどの削除は個人の自己実現や、健全な民主政にとって必須と言える「表現の自由」への制約となる側面を有する。また、「知る権利」との関係でも、無条件に「忘れられる権利」に軍配を挙げることが問題視されている。確かに、国会議員や自治体の首長などの「公人」の場合、本当に政治を委ねても良い人物かどうかを選挙などの際に判断する重要な材料として、そうした人物の過去の犯罪歴などは忘れられてはならない。「忘れられる権利」などを根拠に、権力者にとって都合の悪い過去の経歴などが削除されるような濫用については、私たちは十分警戒的でなくてはならない。

　しかし一方で、ネットなどで実際に犯罪をしていない冤罪被害者などに関しては、できるだけネットで逮捕の情報などが拡散されないようにする必要性が高いと言えるだろう。また、犯罪行為自体は決して許されるべきものではないが、刑に服した一般の人についても、「平穏に生活する人の前科を不必要にあげつらうことの不当性については、おそらく異論がないだろう」[*25]。最高裁判所も、「前科及び犯罪歴……は、人の名誉、信用に直接かかわる事項であり……みだりに公開されないという法律上の保護に値する利益を有する」（[前科照会事件]〔最判昭和56年４月14日民集35巻３号620頁〕）と指摘している。ネット検索で過去の前科が容易に他人に知られることにより、「犯罪者」という烙印が人々の記憶から消し去られない状況が永久的に続くのでは、「個人の尊厳」が侵害され続け、「幸福追求権」も制約される。「前科の実名公表については、それに人の平穏な生活に悪影響を及ぼしてまで行うほどの公共性・公益性が認められるか、疑問であると言わざるを得ない」[*26]場合もあり得よう。そこで「忘れられる権利」が必要となる。ましては犯罪を犯した本人でない、家族や関係者の「個人の尊厳」が侵害され、「幸福追求権」が制約されるような状況が永久に続かないためにも、「忘れられる権利」の重要性が正確に認識される必要がある。

*1　グーグル側は「不適切なものは自主的に削除している。安易に書き込みを削除すればサービスが成立しない」などと主張した。一方、医療機関側は「名前を検索すると、うその内容で医療機関を中傷する口コミが表示される」と訴えた。決定では2件の「口コミ」を削除するように命じられたという。『日経新聞』2015年4月14日付（夕刊）。

*2　この男性は児童買春禁止法違反で罰金50万円の略式命令が確定していた。しかし、約3年経過しても、グーグルの検索で自分の名前や住所を入力すると、逮捕を報じる記事が表示されていた。男性側は「事件を反省して新しい生活を送っており、更生が妨げられる。過去の犯罪情報を実名掲載する公共性は高くなく、違法」と主張した。一方、グーグル側は「性的要求を満たすため児童を利用した悪質な犯罪。国際的にも批判が大きく、子を持つ親らの関心も高い」と主張した。

さいたま地裁は、検索サイトが国民の「知る権利」を助ける公共的な役割を果たしていることは認めた。しかし、さいたま地裁は、検索サイトに表示される逮捕報道について、「事件後の時間の経過や歴史的・社会的意義、当事者の影響力などを考慮し、逮捕歴を公表されない利益が上回る場合は、削除が認められる」との基準を示した。

その上で、今回の事件は、歴史的・社会的な意義はない、男性は公職の立場にはない、罪は比較的軽微だったなどと認定した。そして、事件から3年経過後もネットに表示され続ける公益性は低いとし、「男性が受けた不利益は重大。平穏な社会生活が阻害される恐れがある」として、さいたま地裁は検索サイトの削除を命じた。『毎日新聞』2015年7月2日付。

*3　この件に関しては、飯島滋明『痴漢冤罪に巻き込まれた憲法学者』（高文研、2012年）、飯島滋明「冤罪と国家権力・メディア」『法と民主主義』462号参照。

*4　実名犯罪報道が「個人の尊厳」「幸福追求権」「無罪推定の原則」などの原則と抵触することの問題性については、飯島滋明編著『憲法から考える実名犯罪報道』（現代人文社、2013年）参照。

*5　芦部信喜『憲法学Ⅱ　人権総論』（有斐閣、1996年）339頁。

*6　佐藤幸治『日本国憲法論』（成文堂、2011年）174頁。

*7　宮澤俊義『憲法Ⅱ　法律学全集4』（有斐閣、1973年）213頁。

*8　宮澤・前掲注7書213－214頁。

*9　ホセ・ヨンパルト教授の見解を紹介する（頁はホセ・ヨンパルト『人間の尊厳と国家の権力』〔成文堂、1997年〕の頁である）。

まず、「個人」と「人間」という用語だが、「「個（別）性」(individualitas)という要素又はその特徴は、決して人間に限ったものではなく、すべての現に存在するものについてあてはまるということである（動物、植物、無機物すべてについても）。従って個性を有するものは人間だけの特徴ではない」（29頁）。その結果、「人間の最大の特徴であるいわゆる『尊厳』は、個性だけで根拠づけ

ることはできない」(30頁) とする。

「尊厳」と「尊重」という用語に関しても、「『尊厳』は『尊敬』ではないし(尊敬できない人も、人間としての尊厳をもっている)」(66頁)として、日本国憲法13条で用いられている「尊敬」と、ドイツ連邦共和国基本法で用いられている「尊厳」とは異なる意味をもつとしている。

*10　ホセ・ヨンパルト教授はまず、「現行法としての法は、イデア界から生まれたものではなく、歴史の中で成立し、かつ変動したものであるとすれば、(法)学に関するすべての概念の意味内容を理解するには、やはり歴史は無視できない」とする (ホセ・ヨンパルト前掲注9書2頁)。

その上で、日本国憲法13条で「個人の尊厳」が規定された歴史的背景には、日本の封建的「家」制度があるのに対し、ドイツ連邦共和国基本法1条で「人間の尊厳」が規定された背景には、ナチスの虐殺があると指摘する。ホセ・ヨンパルト「日本国憲法の解釈の問題としての『個人の尊重』と『個人の尊厳』(下)」判タ378号10頁。

*11　ホセ・ヨンパルト教授は、「個人の尊重」は「人間社会にある価値の根元が個人にあるとし、何にもまして個人を尊重しようとする原理」というアメリカ型の「個人主義」であるが、それはなににもまさるドイツ型の「人格 (人間尊厳)主義」ではないとする。ホセ・ヨンパルト前掲注9書84-85頁。

*12　日本国憲法の個人の尊厳とドイツ連邦共和国基本法の「人間の尊厳」の成立背景的な違いを指摘するヨンパルト教授の指摘に対し、青柳教授は以下のように指摘する (青柳幸一『憲法における人間の尊厳』〔尚学社、2009年〕35-36頁)。

「日本国憲法13条の『個人主義』の原理は……人権の基礎であるばかりでなく、憲法全体の基礎として宣言されたものである。それは、『家』制度の廃止だけに限定されるものではない。日本国憲法13条の『個人の尊重』条項は、正に、天皇制ファシズムに対する『反作用』としての意味を有するのであり、個々の人間の国家に対する優越を明言する規定である。わが国には、アウシュビッツ強制収容所はなかったかもしれない。しかし、名誉を毀損され、差別され、権利を剥奪され、隔離され、威嚇され、ひどく苦しめられ、拷問にかけられ、あるいは廃絶されるとき人間の尊厳が侵害されるならば、わが国でも、そのような『人間の尊厳』を傷つける行為があったのである。治安維持法による思想犯の予防拘束、彼らに対する拷問がそれを示している。この点、日本国憲法の『個人の尊重』は、家制度の廃止という特殊日本的な要素がさらに加えられるが、ドイツ基本法の『人間の尊厳』……と同じ内容を持つ。つまり、国家に対する個人の優越である。人間である個人があって、はじめて国家があるのである。この価値決定が、ドイツ基本法においても、日本国憲法においても、国家の存立基盤である」。

また、日本国憲法13条の「個人の尊厳」と、ドイツ連邦共和国基本法1条1項の「人間の尊厳」で規定されている「人間像」の違いについても、「ド

イツ基本法の「人格主義」のもとで排除されているのは、「極端な個人主義（extremes Individualismus）」であり、「無制約的な個人主義（schrankenloses Individualismus）」である。つまり、利己的であり、17・18世紀の自然法・社会契約論における孤立した原子論的個人主義」であるが、「日本国憲法における人間像はどのようなものなのであろうか。それは、25条の生存権条項が明確に示すように、社会における人間である。それゆえ、日本国憲法においても、全体主義ばかりでなく、利己主義も否定される。したがって、人間像に関しても、ドイツ基本法と日本国憲法には違いがない」と指摘する。青柳幸一前掲注12書38頁。

＊13　佐藤幸治教授も歴史的背景について、「本条が『封建制度ノ終止』の課題を担って生まれたものであることは否定しがたく、他方、ドイツでは『家』の制度のようなものは存在しなかった。しかし、このことから、一方は『個人主義』に、他方は『人格主義』に、行きついたというように説明されるのであろうか。少なくとも敗戦に至る昭和の一時期は、『封建制度』のみによって説明されうるのであろうか」、「ドイツにいわれる『人格主義』も、既にみたように、個人絶対主義と全体主義の両極端を排しようとするものであるとすれば、日本国憲法13条に関連し言われる『個人主義』と果たしてどう異なるのであろうか」、「両者〔個人主義と人格主義〕の間に違いがあるとしても、その違いは非本質的なものであるとの見方もできるからである」と指摘する。樋口陽一・佐藤幸治・中村睦男・浦部法穂『注解　法律学全1　憲法Ⅰ』（青林書院、1994年）252-253頁。

＊14　芦部信喜教授は以下のように指摘している（芦部・前掲注5書336頁）。
　「ドイツ憲法に言う『人格』は、『共同社会拘束性』のもとにあり、『国家を形成する力』でなければならない点で、日本国憲法に言う、国家権力からの自由な自律的存在としての『個人』と異なることに注意しなければならない」。
　「人格主義」に関しては、以下の指摘を参照（コンラート・ヘッセ著、初宿正典・赤坂幸一訳『ドイツ憲法の基本的特質』（成文堂、2006年）78頁。
　この基本法第1条が前提としている人間像は、個人主義的にも集団主義的にも誤解したり曲解してはならない。基本法の憲法的秩序にとって、人間は歴史的な制約性を免れた孤立した個人ではない。現代的《大衆》を構成する実体なき小片でもない。人間はむしろ《人格》として理解される。すなわち、人間は、意のままになし得ない独自の価値を持ち、自由な発展をなすべく規定されていると同時に、共同体、婚姻および政治的諸集団（基本法9条、21条）の一員であり、こうして、人間相互間の実にさまざまな関係の中に置かれている。人間は、こうした諸関係を通じて、自己の具体的個性を形作るのであり、そればかりかまた、人間の共同体を、責任を持ってともに形成する使命をも有しているのである」（傍点は、飯島による強調）。

＊15　樋口陽一『現代法律学全集2　憲法Ⅰ』（青林書院、1998年）22頁。

*16　青柳・前掲注12書16頁。
*17　青柳・前掲注12書25-26頁。
*18　ボード・ピエロート、ベルンハルト・シュリンク著、永田秀樹・松本和彦・倉田原志訳『現代ドイツ基本権』（法律文化社、2001年）116頁。
*19　青柳幸一『人間・社会・国家』（尚学社、2002年）108頁。
*20　Hans D. Jarass/Bodo Pieroth, *Grundgesetz für die Bundesrepublik Deutschland kommentar,* 9. Aufl. C. H. Beck, München, 2007, S.43.
*21　青柳・前掲注12書53頁。
*22　Hans D. Jarass / Bodo Pieroth a. a. O., S. 45.
*23　芦部信喜著・高橋和之補訂『憲法　第6版』（岩波書店、2015年）121頁。
*24　同上書121頁。辻村みよ子『憲法　第2版』（日本評論社、2005年）190頁も、「実際には、人格的利益説にたった場合でも、『個人の人格的存在に不可欠な利益』と言えない一般的自由にも憲法上の制約が及び、不当な制約は許されないと解される」と指摘する。
*25　大石泰彦「ノンフィクション作品における前科等事実の公表　『逆転』事件」堀部政男・長谷部恭男編『メディア判例百選』（有斐閣、2005年）93頁。
*26　同上93頁。

(いいじま・しげあき)

第 2 部

事例報告
日本の
「忘れられる権利」

第5章

グーグルサジェスト削除請求等事件
サジェスト機能と「忘れられる権利」

富田寛之
弁護士

髙橋未紗
弁護士

1. 事例の概要（裁判の経過）

(1) 本件訴訟・仮処分提起までの経緯

　X（債権者・原告・被控訴人・上告人）は、犯罪の前科・前歴はなく、犯罪行為に加担したこともない、一私人である。しかしながら、ある時から、あたかもXが犯罪に加担したかのような中傷記事がインターネット上に多数掲載されるようになり、大手検索サイト「Google」で氏名を検索すると誹謗中傷記事が上位を占めるようになった。

　そこでXは、記事の一部について、記事を管理していたコンテンツプロバイダに対し、投稿記事削除請求訴訟を提起し、当該記事の内容が違法であるとの確定判決を得た。

　しかし、中傷記事の件数は膨大であり、すべてについて投稿記事削除請求訴訟を提起することは経済的にも物理的にも困難であった。そのため、中傷記事の中心となる記事については上記削除請求を行うとともに、X自らSNS等を利用して情報を発信することにより、X発信の情報が検索結果の上位に表示されて、誹謗中傷記事が相対的に下位に表示され第三者が閲覧しにくくなるように対策を講じていた。

　ところが、2004年12月に、Google Inc.（以下、「グーグル米国法人」という。）は、アメリカ国内で「Google suggest」の試行版を公開し、2005年3月には「Googleサジェスト日本語版」試行版を公開した。以降、度重なる改善を繰り返し、2008年8月27日に「Googleサジェスト日本語版」は正式なサービス

として提供が開始された。[*1]

「Googleサジェスト」機能[*2]（以下、「サジェスト」という。）により、Ｘの氏名を検索した検索結果は大きく変動した。Ｘの氏名を入力しようとすると途中からフルネームとともに犯罪行為を連想させる単語が検索候補の一つとして表示され、それを選択すると、Ｘの氏名のみでは上位に表示されることのなかった違法な記事が、検索結果の上位記事として表示されるようになったのである。

Ｘは就職活動をしていたところ、突如採用を断られたり、投稿記事を閲覧した会社から内定を取り消されるといった事態が相次いだ。Ｘは、サジェストの内容とサジェストにより違法な記事を閲覧されることが原因であることは明らかだとして、グーグル側に対し、当該サジェストを削除するよう求めた。しかしグーグル側は削除請求に応じなかったため、やむを得ず、本件サジェストの削除を求め法的手続を選択することとなったものである。

(2) サジェスト表示差止め仮処分命令申立事件

2011年、Ｘはグーグル米国法人及びグーグル株式会社（以下、「グーグル日本法人」という。）に対し、人格権（名誉権及びプライバシー権）に基づく妨害排除請求権としてのサジェスト表示差止めを求める仮処分命令申立てを行った（なお、グーグル日本法人は、グーグルのウェブサイト内の表示を削除する権限がないと主張したため、その後取下げをしている）。

2012年3月19日、東京地方裁判所は、本件サジェストの表示そのものが人格権を侵害しているとして、Ｘの請求を認容し、グーグルのウェブサイトである「google.com」「google.co.jp」において、サジェストを表示してはならないとする仮処分決定をした。[*3]

なお、グーグル米国法人が仮処分決定の主文すべてに従わなかったことから、Ｘは間接強制の申立てを行い、裁判所は制裁金を科す間接強制決定をしている。

他方、グーグル米国法人は裁判所に対し、本件仮処分事件についての本案訴訟を提起するよう起訴命令申立てを行った。

(3) サジェスト表示差止め等請求本案事件

2012年、Ｘはグーグル米国法人に対し、サジェストの表示差止め請求（なお、仮処分決定後に新たに表示されたサジェストも表示差止め対象に追加している。）

に加え、違法なサジェスト表示により就職機会を逃した逸失利益と精神的苦痛による慰謝料の損害賠償請求を合わせて行った。

第1審の東京地方裁判所は、2013年4月15日、本件サジェストが、インターネット上の違法な記事を閲覧しやすい状況を作り出しており、人格権（名誉権及びプライバシー権）を侵害しているとして、サジェストの表示差止請求についてはXの請求をすべて認容し、損害については精神的苦痛の慰謝料として30万円を認容した。[*4]

グーグル米国法人は控訴し、東京高等裁判所は、2014年1月15日、本件サジェストは違法な記事を閲覧しやすくしており人格権を侵害していると認定したものの、侵害行為の差止めまでを認めることはできないとしたうえで、Xの請求をすべて棄却するとの判決をした。[*5]

これに対し、Xは上告し、現在（2015年6月30日時点）も最高裁判所に係属中である。

2．争点（原告の主張　被告の主張）

本件の論点は多岐にわたるため、本案で主張された主要な論点のみ挙げる。

(1) サジェスト表示それ自体が権利侵害といえるか（争点1）
1) X（原告、被控訴人、上告人）の主張

Xの氏名と犯罪行為を連想させる単語が同時に表示されれば、利用者においては人物の氏名に続けてキーワードとして表示された単語をその人の属性を表すものと認識するから、本件サジェストは当該事実を摘示したものと評価でき、違法である。

2) グーグル米国法人（被告、控訴人、被上告人）の主張

サジェストは、そのキーワードの組合せで頻繁に検索されているという客観的な事実としての統計データを示しているだけであり、単語の羅列でしかないから、表示された二つの単語の関係までを読み取ることはできない。利用者は、サジェスト表示を見ても、本件検索サービスでは本件サジェスト表示の組合せで頻繁に検索されている、あるいは世間ではこの二つの単語を関連づけて議論されているウェブサイトがあるらしいという情報を入手できるだけである。

(2) サジェストの効果として、違法な記事を閲覧しやすい状況を作出していることが、権利侵害といえるか（争点２）

1）　X（原告、被控訴人、上告人）の主張

サジェストは、利用者が関連語として認識していなかったキーワードを表示し、利用者に新たな興味を惹起させ、検索行動に変化を与えるから、その目的はサジェストを利用した検索を促すことにある。

サジェストの違法性を検討するにあたっては、サジェストを利用した場合に表示される検索結果、及びその検索結果により閲覧されるウェブサイトの内容を考慮すべきである。

2）　グーグル米国法人（被告、控訴人、被上告人）の主張

サジェストを利用して、２語の検索キーワードで絞りをかけた検索において、１語で絞りをかけた場合に比べて２語のいずれにも関連するウェブページが検索結果の上位に表示されるのは、１語での検索結果がさらに淘汰されるという検索機能そのものの当然の結果である。これは利用者が２語による検索を選択した行為に起因するから、サジェスト表示に起因する結果ではない。利用者が実際にサジェストを利用した検索結果によって、違法な記事がどのように表示されるかをもってサジェスト表示の違法性を判断するべきではない。

(3) サジェストが権利侵害をしている場合、差止め請求は認められるのか（争点３）

1）　X（原告、被控訴人、上告人）の主張

サジェストは、アルゴリズムを使用して抽出され、人為的な操作によって修正されているから、単なる統計的な結果ではなく、控訴人の意思が介在したものである。

検索サービス提供者は、特定の記事が違法であることを認識した場合、利用者に違法な投稿記事を閲覧させない措置を講ずる義務を負う。したがって、違法な記事内容に基づくサジェストを表示してはならないし、サジェストにより利用者に違法な投稿記事を閲覧させやすくしてはならない。

違法な投稿記事の発信者またはウェブサイト管理者に対する直接の削除請求には一定の限界があり、本件では削除は事実上不可能である。

Xは、サジェスト自体の禁止を求めているのではなく、個別のキーワードを表示しないように求めているに過ぎず、検索サービスの利用自体を妨げる

ものではないし、違法な記事そのものが検索結果から削除されるわけではないから、利用者の表現の自由及び知る権利の不当な制約にはあたりえない。にもかかわらず、これを許さないとするのは、個人であるXの重大な権利侵害に対する救済を閉ざすことになり、不当である。

2) グーグル米国法人（被告、控訴人、被上告人）の主張

サジェストは、自動的・統計的・機械的に集約されて表示されているもので控訴人の意思による行為は介在しない。

利用者がサジェストを選択した結果、原告の権利を侵害する違法な記事が検索結果に表示されたとしても、当該記事の内容については、インターネット検索サービスの提供者が法的責任を負うものとされるべきではないから、その検索結果を導くためのツールに過ぎないサジェストの表示について、検索サービスの提供者が法的責任を負う理由はない。

インターネット検索サービスは国民の知る権利に資するものとして、社会的有用性があり極めて重要な役割を果たしている。特定の記事に関する検索結果の表示を禁止することは、表現の自由及び知る権利の観点からも認められるべきではない。サジェストの表示が許されないとすれば、利用者はウェブサイトを閲覧する機会を不当に制約されることになる。特定の記事が違法である場合は、権利を侵害された者は、当該表現を行ったものに対し、またはその記事の運営・管理者に対し、その特定の表現の削除を求める等の方法により、責任を追及すべきものであり、それが根本的解決になる。

3. 裁判所の判断内容

(1) 第1審判決

1) 争点1について

「サジェスト表示そのものが、原告の社会的評価を低下させ、プライバシーを侵害する面もある。もっとも、本件においてはサジェスト表示によって違法な投稿記事のコピーが閲覧しやすい状況を作り出していることによる権利侵害が認められるから、サジェスト表示そのものによる権利侵害について検討するまでもない」。

2) 争点2について

被告が本件サジェストを表示することにより、多数のインターネット検索者に対し、「名誉毀損及びプライバシー侵害にあたる違法な投稿記事のコ

ピーが容易に閲覧しやすい状況を作り出しており、被告のサジェスト表示によって実際にこれを閲覧するに至る者があり、そのような閲覧者に対する関係で、社会的評価が低下し、プライバシーが害されることが認められる。したがって、被告は、サジェスト表示によって、名誉毀損及びプライバシー侵害にあたる違法な投稿記事のコピーが容易に閲覧しやすい状況を作り出し、これにより原告の名誉を毀損し、プライバシーを侵害しているものと認められる」。

3) **争点3について**

「サジェスト表示が機械的自動的な表示であることや、(被告が仮処分決定後一部を表示しないようにしていること——以下の( )内は判決文の内容を筆者が要約したものである)を考慮しても、仮処分の申立て及び決定にかかわらず、被告がサジェスト表示を放置していることにより、原告は、更なるインターネット検索者の増加による名誉毀損及びプライバシー権利侵害を受け続けており、将来にわたって更にこのような権利侵害が拡大するおそれがある状態に置かれていると認められる。したがって、原告は、名誉権及びプライバシー権に基づく妨害排除ないし妨害予防の請求権として、被告に対し、(本件サジェストを)表示しないようにすることを求めることができるというべきである」。

「たしかに、被告の主張するとおり、膨大なインターネット上の情報を効率的に検索するシステムは、社会的に極めて重要な役割を果たしており、(サジェスト機能)も、この効率性を高める機能を果たしており、同様に重要な役割を果たしている。しかし、一般的には社会的に有用な制度であるとしても、その結果として個人の重大な権利侵害の事態が生じていることが明らかになったときは、個別的にそのような権利侵害を防止する措置を講ずるべきこともある」。

「しかも、本件で原告が差止めを求めているのは、被告が提供している検索サービスにおける検索結果の表示ではなく、検索を容易にするサジェストの表示にすぎない。サジェスト表示がされなくても、検索が不可能になるわけではない。サジェスト表示の差止めがされたからといって表現の自由や知る権利が重大な制約を受けるとはいえない。

したがって、インターネット検索及びサジェスト機能の社会的有用性や、これによる表現の自由や知る権利の保護の観点から、本件サジェストの差止めを求める原告の請求を否定すべきことにはならない。

また、被告が提供しているのはあくまで検索サービスであって、検索結果を機械的に表示しているにすぎず、仮にサジェスト表示をやめても検索結果が検索しにくく表示されにくくなるだけであって、多数の検索結果の中から全く除外されるわけではないし、原告としては、権利侵害の実現を含むウェブページの運営・管理者に対し、その表現の削除を求めることが、根本的な解決になるという点も、被告の主張のとおりである。しかし、それだからといって、権利を侵害し、また将来にわたって侵害するおそれがあるサジェスト表示を放置することが許されるわけではない」。

(2) 控訴審判決
1) 争点1について
　「本件サジェスト表示は、Xの氏名と（犯罪行為を連想させる単語）との2語を空白を挟んで組み合わせて表示するものであり、その2語の間の関係は表示されず、その関係を特定できる情報も何ら表示されていない。

　そして、（サジェスト機能は）利用者による検索の実績を反映し、一定のアルゴリズムによって検索候補キーワードとなる単語を機械的かつ自動的に表示するものであって、データセットの定期的な更新作業により、サジェスト表示の結果は、その時々の他の利用者による検索内容や頻度を反映して変動するから、控訴人が特定の内容を意図して表示するものでは無く、控訴人において利用者にサジェストに従った検索を行わせる目的があるとも認められない。このような仕組みの概要は、本件検索サービスの通常の利用者にも認識されているとみられる。

　そうすると、本件サジェスト表示から通常の利用者が認識し得ることは、その時点で表示された単語が他の多くの利用者によって関連性のあるものとして検索に利用されていることにとどまり、それら単語の間の関連性の内容がどのようなものであるかまで直ちに認識できるものではない」。

　「したがって、本件サジェスト表示が、それ自体によって被控訴人のプライバシー又は名誉を害すると認めることはできない」。

2) 争点2について
　本件サジェスト表示により「利用者の中に、そのサジェスト表示に従って実際に検索を行う者が生じることは容易に推認できる。したがって、そのような効果を含めて本件サジェストの違法性を評価すべきである」。
「本件サジェストは、利用者をして被控訴人の人格権を害する記事を閲覧し

やすくしているということができ、この意味で被控訴人の人格権を侵害しているということができる。そして、本件サジェスト表示は、自動的かつ機械的に処理された結果ではあるものの、その処理の仕組みは控訴人が作成し管理運営しているから、本件サジェストは控訴人の行為ということができる」。

3) 争点3について

「人格権を侵害された者は、加害者に対し、人格権に基づいて侵害を排除し又は予防するため、侵害行為の差止めを求めることができる。その差止請求は、被害者の社会的地位や侵害行為の性質等を考慮し、侵害行為による被害者の不利益と侵害行為の差止めによる侵害者側の不利益とを比較衡量して、更なる侵害行為が明らかに予想され、その侵害行為によって被害者が重大な損失を受けるおそれがあり、かつ、その回復を事後に図るのが不可能ないし著しく困難になると認められる場合に許されるというべきである」。

（被控訴人の地位及び侵害による不利益等）「被控訴人は、一私人であり、犯罪に関与していたとは認められないから、その私生活上の事柄を公表されない法的利益を有しているところ、（違法な記事）がインターネット上で公表されることによって、その人格的利益が害されている」。「本件検索サービスは、インターネット利用者であれば誰でも利用できるものであるから、本件サジェストの効果が及ぶ範囲は広範に及ぶ可能性があ」る。また「本件サジェスト表示の削除は技術的に可能と認められ、これが困難であることをうかがわせる証拠はない」。しかしながら、「インターネット利用者は、本件サジェスト又は本件検索サービスを介さなくとも当該ウェブページを閲覧することができる」し、本件サジェストがなくても、違法な記事を「閲覧することとなる可能性が高いと考えられる。さらに本件サジェスト表示自体は被控訴人の権利を侵害する内容ではな」く、サジェストにより表示される検索結果は、検索キーワードを含むその抜粋（スニペット）等に過ぎず、その内容は当該記事を閲覧することによりはじめて明らかになる。「したがって、本件サジェストによる被控訴人の権利侵害は副次的なもので、大きなものとはいえない」。

（侵害行為の性質、差止めによる控訴人側の不利益等）「本件サジェストが、（違法な記事）の閲覧をしやすくし、被控訴人の権利を侵害する効果をもつとしても、それは、当該記事を含むウェブページが既に存在し、多数の利用者に閲覧されている事実を反映した自動的かつ機械的な処理の結果であって、控訴人が特定の内容を表示する意思をもってしたものではない。また、控訴人

において、サジェスト表示や検索結果の表示、さらにそのリンク先のウェブページの内容を確認してはおらず、そのような確認や注意を払うことはおよそ不可能でもある。したがって、本件サジェストをもって控訴人の意思に基づく侵害行為であるということはできない。そして、被控訴人の人格権を侵害したことによる責任は、第一次的にはその人格権を侵害する内容の記事を含むウェブページの作成者又は管理者に帰すべきものであり」、控訴人は、「本件サジェストにより、人格権を侵害する内容の記事への第三者の接近を容易にする点で、副次的に被控訴人の権利を害しているに過ぎない」。

「また、本件サジェスト表示がなくとも、（違法な記事）は存在し、公表されていることは変わらない。さらに、本件サジェスト表示がなくとも、利用者において任意にその表示と同じ検索語を入力して検索することができるから、（違法な記事）の閲覧を完全に防止することはできない、控訴人の権利侵害を防止するには（違法な記事）の作成者又は管理者に対し、権利を侵害する表現の削除を求めることがより根本的な解決となるというべきである」。

「他方、今日、インターネットは社会生活上広く利用されており、インターネット上の膨大な情報を効率的に利用するために、本件検索サービスを含むインターネット検索サービスは、極めて重要な役割を果たしている。そして、サジェスト機能は、利用者の入力を補助し、かつ、情報収集の幅を広げるなど、インターネット検索サービスを効率的に利用するための手段として有益であることが多数の利用者に認められている。また、本件検索サービスにおいては、検索システム及びサジェスト機能の概要が公開されており、サジェスト表示および検索結果の表示は一定のアルゴリズムにより自動的かつ機械的に処理された結果であって、原則として特定の表示結果をもたらすような人為的操作は加えられていないものとして、利用者に認識されている」。

以上のとおりであるから、「（被控訴人の）本件サジェスト表示による権利侵害を否定することはできないものの、その権利侵害は副次的なもので、その程度が大きいものとはいえないこと、本件検索サービスの重要性や本件サジェスト表示の削除は被控訴人の権利侵害の防止を超えて他の利用者の利益を制約する人為的操作となること等からすると、本件サジェストにより受ける被控訴人の不利益が本件サジェストを削除することによる控訴人や本件検索サービス利用者の不利益を上回り、本件サジェスト表示の削除を認めるのが相当であるとはいえない」。また、サジェスト表示の削除によっても違法

な記事の閲覧を完全に防止することはできず、違法な記事の作成者又は管理者に削除請求することで根本的に解決できるから、「本件サジェストを削除しなければ被控訴人に回復し難い重大な損失を生じるということもできない。したがって、被控訴人が本件サジェスト表示の削除を求めることはできないというべきである」。

4. 裁判所の判断に対する評価

(1) 権利侵害について（争点1・争点2）

本件では仮処分・本案事件（第1審・控訴審）を通じて、本件サジェストによりXの人格権が侵害されていると認定されたが、何をもって権利侵害と評価したか、その依拠した事実は異なる。

Xは、争点1及び2のとおり、サジェスト表示そのものが権利侵害であり、かつサジェストの効果として違法な記事を閲覧しやすい状況を作出していることが、権利侵害であるとの主張を行った。

裁判所は、仮処分事件において、「Xの氏名　犯罪を連想させる単語」というサジェストは、通常人の判断を基準として読めば、Xがサジェストに表示されているキーワードと関係しているという事実を摘示しており、サジェスト表示そのものが原告の人格権を侵害していると判断した[*6]。これに対し、第1審判決は、争点1につき、Xの権利を侵害する「面」もあるとしたものの、争点2による権利侵害が認められるので検討するまでもないと判断を回避した。控訴審判決は、争点1につき、何らかの関連性があるものの関連性の内容までは直ちに認識できないとして権利侵害を否定し、争点2において権利侵害を認めた。

サジェスト表示そのものが権利侵害といえるか（争点1）については、サジェストの内容にも大きく左右されるため事案ごとに判断は異なりうるものの、通常人の判断を基準とした場合、サジェスト表示を「事実」と捉えるか、ただの記事件数や検索回数が多い統計上の表記と捉えるかという点は議論があると思われる。私人は記事や検索回数が少ないため、サジェストが表示されるケースは少ない。一私人について、サジェストが表示された場合、氏名とキーワードが表示されれば、当該人物が当該キーワードの属性を有すると捉えることは利用者の一般感覚であると考える（例えば、「氏名　弁護士」とサジェストが表示されれば、通常はその者が弁護士であると認識すると思われる。）。

「5．今後の課題」で詳述するが、今や利用者に対するサジェストの影響力は絶大であり、控訴審判決は、検索サービス最大手であるグーグルが表示するサジェストに対する利用者の信頼度を理解しているのか疑問を禁じ得ない。

(2) 差止め請求について（争点３）

ア　第１審は、明確な規範を立てることはなかったが、被害者の差止めが認められない場合の不利益と侵害者の差止めによる不利益との利益衡量を行い、Ｘに将来にわたって権利侵害が拡大するおそれがあるとして、Ｘの差止め請求を認容した。

これに対し、控訴審は、プライバシー権侵害事案における事前差止め「石に泳ぐ魚」控訴審判決[*7]と同様の規範を立て[*8]、Ｘの差止め請求を棄却した。

イ　差止め要件について

プライバシー権に基づく事前差止め請求の実体的要件については、公人に対する名誉毀損事案である「北方ジャーナル事件」[*9]で示された基準をプライバシーに適用し、①公共性がない、②真実性がない又は公益目的でないことが明白、③被害者が著しく回復困難な損害を被るおそれがある（保全の必要性）、という三基準を挙げる説、個別的な利益衡量による説（モデル小説による私人に対するプライバシー権侵害事案である「石に泳ぐ魚」事件控訴審判決）、ほか諸説ある。

私見になるが、表現内容そのものには、自己実現・自己統治という表現価値とどの程度密接に関連するかを基準とした内容価値の高低があると考えられ[*10]、厳格な差止め要件を用いるか、緩やかな差止め要件を用いるかは、差止めの対象となる表現内容に応じて検討されるべきであり、また差止めが事前であるか事後であるかによっても、用いる要件は自ずから異なるはずである。特に、表現の自由が、民主主義の基礎を支える権利であるとする自己統治の観点から、基本的人権において特別な価値を与えられていることに鑑みれば、当該表現内容に公共性、公益性があるか否かの観点から差止め要件は大きく異なるべきである。

さらに、対立する利益との関係でも、控訴審判決が用いた要件は、過去の裁判例の流れにそぐわないものであると思われる。「石に泳ぐ魚」事件控訴審判決が、差止めの要件として「（重大な損失の）回復を事後に図るのが不可能ないし著しく困難になると認められるとき」としていたのを、最高裁判決[*11]では当該事案の公共性・公益性を否定したうえで、

「重大で回復困難な損害を被るおそれがある」と緩やかに判断し、「北方ジャーナル事件」最高裁判決を引用判例として挙げている。その差は、「石に泳ぐ魚」事件が一私人のプライバシー侵害事案であり、公人の名誉毀損に比して、自己統治という観点で低価値であると評価されたものによると考える。

　また、匿名掲示板における私人への誹謗中傷投稿の削除を求めた（すなわち事後に差止めた）「動物病院対2ちゃんねる」事件控訴審判決では、違法な投稿が削除されない限り、被害者に「更なる損害が発生し続けると予想される」と、差止めが許される場合の要件をより緩やかに解している。判断において、同裁判例は投稿の「内容」及び「匿名であること」を指摘しており、表現の低価値性をも考慮した判断である。

　本件は、サジェストの事後的な差止めを請求した事案であるが、控訴審判決では、「石に泳ぐ魚」事件控訴審判決が立てた事前差止めの要件を用い厳格な判断を行っていることは疑問である。またXは一私人であり、サジェスト、検索結果において表示されるスニペット、ウェブページの内容に公共性・公益目的がなく、サジェストにより表示される違法な投稿も同様である。したがって、本件サジェストは表現内容からして価値が低く、「動物病院対2ちゃんねる」事件同様緩やかな差止め基準を用いるべきであったと思料する。

ウ　利益衡量の要素について

　控訴審判決は、グーグルの事情（利益）として、検索サービスの重要性や利用者の利益を挙げるが、表現の差止めにおける利益衡量の要素として、過去の判例に照らして不適切である（控訴審判決に基づけば、例えば「石に泳ぐ魚」事件では、出版社の果たす社会的役割の重要性、小説の社会的意義、小説を読みたいという読者の利益、出版停止による出版社や作者の経済的損失といった不利益等を考慮することになるが、これが妥当でないことは明らかであろう）。

　比較衡量は、あくまで、当該差止めの対象となっている表現について、当該表現を差止められることによって表現者の表現の自由に制約を与えられることの不利益と、名誉毀損、プライバシー侵害によって被る被害者の精神的、経済的、生活上の実質的不利益の比較でなくてはならない。

　本件のサジェストは、Xと犯罪を連想させる単語が記載された記事へのアクセスを容易にするためのツールに過ぎないのであるから、当該サ

ジェストが削除されることにより被る不利益とは、当該記事へのアクセスが不便になることにより、違法な記事の発信者の表現の自由が制約されることか、利用者が当該記事へのアクセスが不便になることによる知る権利の制約にほかならない。

しかしながら、当該記事は多くが違法であり、違法な記事による表現や、違法な記事の閲覧を法的に保護する価値は低く、権利制約の不利益は相当低いというべきである。控訴審は、違法なコンテンツへのアクセスが不便になることの不利益が、Xの被る不利益を上回ると判断しているものであり、疑問を禁じ得ない。

また、サジェストによる権利侵害が副次的とするが、今日の検索サービスの発展状況に照らせば、違法な記事を閲覧するよう誘導するサジェストの権利侵害が副次的であるとの判断は是認しがたい。

エ　その他の考慮（インターネットの特性）

そもそも旧来は、情報発信者が新聞社や出版社等のマスメディアに限定されていたことから、発信者の表現への一定の信頼感があり、また権利侵害者への事後的な責任追及が簡易であった。また侵害客体は公人や公人に類する者であり表現の自由に一定の配慮をすべきと考えられていた、新聞や雑誌は転載が困難であり風化も早かったといった、事情があった。

しかし、インターネットが急速に発達し、マスメディアに限らず一般人が自由に情報発信ができるようになり、逆に情報の信頼度が低下した。また匿名での投稿が可能になり事後的な責任追及が困難となった上、侵害客体は一私人となり、表現として保護すべき表現価値が相対的に低下し、コピーアンドペーストにより違法な記事が拡散すると、ある程度の時間が経過した後も第三者による閲覧が可能で、いつまでたっても忘れられないという状況に変化した。

このような時代の変化にもかかわらず、旧来の裁判例の要件を用いて差止めの判断をすることは実態にそぐわず、被害者の権利救済の道を閉ざしてしまうこととなる。差止めの要件はこのような時代の変化を考慮すべきであるだろう。

(3) ＥＵ司法裁判所判決との比較

「忘れられる権利」を認めたＥＵ司法裁判所判決[*13]（以下、「ＥＵ判決」という。）は、グーグルの検索エンジン活動が、個人データを収集し、読み込み、記録し、体系づけて、サーバーに保存し、検索結果を公表しているとして、個人データの管理者にあたると判断した。その上で、データ主体の権利は、パブリックアクセスや検索エンジン事業者の経済的権利に優越するとして、グーグルは当事者の氏名で検索した際の検索結果から問題のページを削除する義務があるとした。

本件控訴審判決では差止要件の利益衡量において、検索サービスは自動的かつ機械的に処理しており、サジェストをもって控訴人の意思に基づく侵害行為であるということはいえないとして、Ｘに消極に解している。しかし、ＥＵ判決が指摘するとおり、検索エンジンの活動実態に着目すれば、グーグルはインターネット上の記事をいわば再編成して情報を提供しているのであり、特にサジェストは、リンク先の記事を紹介しただけの検索結果を越え、グーグルが自ら積極的に提供している行為と言えるのであるから、機械的処理であることをグーグルに有利な要素と解釈すべきではないだろう。

また、ＥＵ判決は、データ主体の権利は、市民の情報へアクセスする権利や検索事業者の経済的権利に優越すると判断した。本件控訴審判決も同じ要素を衡量しているが、逆の結論を導いている。忘れられる権利は個人情報保護の観点に基づく権利であり、わが国の人格権に基づく妨害排除請求権とは拠り所が異なるため、一概に比較はできないが、ＥＵ判決は判決中でインターネットにおける検索サービスの影響力と被害の大きさを指摘しており、この捉え方が、利益衡量における差となって生じたとも考えられるだろう。

ＥＵ判決は、本件上告後、上告理由書提出期間経過後のタイミングで出された。筆者は、追加の事情としてＥＵ判決を引用した。

上告審がどのような判断を示すか、判断が待たれるところである。

5．今後の課題

サジェストに関する仮処分、仮処分に基づく間接強制、本案訴訟を通じた経験、及び仮処分決定、本案訴訟第１審判決、第２審判決を経た実務的経験から、インターネットにおける法的規制、被害者の法的救済について今後の課題を挙げてみたい。

(1) サジェストの持つ重大な先入観の植え付け、権利侵害に対する危機感

1)　本件訴訟では、サジェストについて一定の表記を差止めの対象としている。本件仮処分、本件訴訟提起時において、検索結果の削除請求が認められた事例がなかった（検索結果の削除を求めた訴訟においては、全て（筆者の知る限り）請求が棄却されていた。本書第7章の仮処分決定がなされたのは、本件上告後のことである）こと、検索結果に対する裁判所の認識、理解が十分でなく、検索結果について削除請求が認められる可能性が極めて低かったことなどから、サジェストの削除に争点を絞って、仮処分の申立てを行ったという事情もあるが、それ以上に、「サジェスト」機能が検索サービスを利用するユーザーに与える多大な影響に着目した結果でもある。

2)　「サジェスト」は、その表記そのものでユーザーに重大な影響、先入観を与えるものである。「社名　ブラック」「社名　詐欺」などのサジェスト表記がなされれば、それだけで、ユーザーに極めてネガティブな情報を与え、このような会社への入社や会社サービスの利用を控えるというような効果を与えることが多い。レストランの名前を検索して、「レストラン名　食中毒」「レストラン名　食品偽装」といったサジェストが表示されたら、各ウェブページを見るまでもなく、そのレストランに訪れる気持ちがなくなるのではないだろうか（このようなサジェストを見て、「このレストランは食中毒を出さないように気を使っている立派なレストランである」とか、「このレストランは、食品偽装に反対する運動を行っている。」などと考える利用者はごく少数であろう）。ところが、このようなサジェストに対して、単なる単語の羅列に過ぎないとして、社会的評価を下げる名誉毀損等に当たらないなどと評価する者もおり、本件控訴審判決において、サジェストそのものによる名誉毀損の成立を否定し、サジェストによる権利侵害を「副次的だ」として差止めを否定した判断の背景にもこのような認識があるといえる。巨大な企業、有名人、政治家などであれば多くの検索キーワードでの検索が行われ、悪質なサジェストについても、多くの検索候補キーワードのひとつとして埋没し、あるいは、仮にそのようなサジェストが目立ったとしても、その立場ゆえの批判のひとつとして受け入れられる可能性もある。しかしながら、一私人、零細企業などにとっては、検索数自体が少ないため、一部の悪質なサジェスト、検索候補キーワードが致命的に社会的評価を低下させ、これらの個人、零細企業の活動に重大な支障を与えるのである。現在、「サジェスト汚染」[*14]「デジタ

ルタトゥー[*15]」なる言葉が生み出され、あるいは、インターネット上で、悪質なサジェストを生み出すような書き込みがなされていることなどに鑑みても、サジェストが一般人の心理に多大な影響を与え、ネガティブなサジェストが表示されることによる社会的評価の低下は著しいと言えるのである。

3)　また、サジェストには、前述したサジェスト自体の問題点以外に、違法・悪質なコンテンツへの誘引を極めて容易にするという問題点がある。何気なく他人の名前などを検索したときに、サジェストとして検索候補キーワードが表示されたら、（それがネガティブなキーワードであれば尚更）興味をそそられるのが人間であろう。そして、一旦そのサジェストを選択すれば、そこから導かれる検索結果は、違法・悪質なコンテンツが1頁目から羅列されることになるのである。そのような、スニペットの羅列を見ただけで、当該対象者への評価が一変することは想像に難くない。そして、その検索結果は、当該利用者を違法なコンテンツのウェブページへと容易に誘導するのである。このように、サジェストは、強力な誘導機能を持つものであり、ネガティブな検索候補キーワードによって、先入観のない利用者が対象者への評価を低下させる危険性を有しているのである。

4)　今後の課題として、検索結果表記に対する認識とともに、サジェストの持つ効果、意味に対する正しい認識を広めるとともに、裁判手続を通じた速やかな削除、差止めが認められねばならないと考えられる。また、それとともに、サジェスト表記に対する事前もしくは事後の規制（例えば、出自にまつわる差別的なサジェストや個人のプライバシー情報のサジェスト表記、先天性の病気その他差別の対象となるような病名に関する表記などの削除）を検索サービス業界のガイドライン等として設けるほか、検索結果表記とともに、削除、規制の法的規制の対象として法制化すべきではないだろうか。また、検索サービスを行う事業者にあっても、このような日本国内の社会的規範に反する表現について、サジェスト表記から事前に排除する自主的規制を行うべきではないだろうか。

5)　この点、このような規制は、本件控訴審でも指摘されている、利用者の利便性を阻害するとの反論も考えられるが、現在、検索サービスにおいて、ポリシーに違反するなど、一定の検索キーワードは、サジェストから除外されていることから、日本法において表示されるべきでない検索キーワードについて、事前ないし事後にこれを除外することを求めたとしても、特段に検索サービスに重大な影響を与え、利用者の利便性を阻害することにはつ

ながらないであろう。

6) なお、サジェストを含む検索結果で表示される記事自体は検索サービス事業者自身のコンテンツではないこと、違法な記事本体を削除すれば検索結果やサジェストも表記されなくなるという主張が検索サービス事業者からなされることがある。また、サジェストが機械的に抽出されており、検索サービス事業者の「表現」ではないというような主張もこのような主張の延長線上であろう。しかしながら、検索サービス事業者は、インターネット上の情報から一定のアルゴリズム等に従って、情報を収集、記録し、公表しているものであり、検索結果、サジェストは、検索サービス事業者の管理にかかるコンテンツそのものであると評価されるべきであり、上記のような反論は当たらないというべきであろう。この点、EU判決において、検索サービス事業者は、検索結果に関してEUデータ保護指令上の情報の管理者に当たることを指摘している。日本法においては、著作権法47条の6が、検索サービス事業者が主体となって著作物の記録媒体への記録または翻案を行っていること（すなわち、検索結果の表示が検索サービス事業者のコンテンツであること）を前提に、著作権の制限のひとつとして、検索結果の表示を認めていること、著作権侵害を知った時には、自動公衆送信を行ってはならないとされていることが参考になるのではないだろうか（なお、本件控訴審判決も、サジェスト、検索結果は、検索サービス事業者自身のコンテンツであることは認めているものと思われる）。

(2) **検索サービス事業者に対する差止め手続についての課題**

1) プロバイダ責任制限法施行から13年を経て、プロバイダ、掲示板管理者らについては、削除、発信者情報の開示についての理解がなされ、自主的な対応が進み、裁判上の仮処分手続等も含めて、ある程度簡易な手続による削除、発信者特定がなされている（発信者情報の開示手続については、プロバイダの発信者情報の保護期間、複数回の仮処分、訴訟を経なければならないなどの課題は残っているが）。しかしながら、検索サービスを提供する事業者においては、いまだ十分な対応がなされているとは言えない。名誉毀損、プライバシー侵害などを理由としての任意の検索結果削除には応じていないというのが実情であろう。

2) このようなことから、検索結果、サジェストを含め、削除等の救済を求めるにあたっては、現状、①裁判手続を要する、②（相手方によっては）

海外事業者に対して手続をしなければならないという重大なハードルが存在するのである。本件では、米国法人に対して、仮処分、（起訴命令に従った）本案訴訟の提起、仮処分決定に基づく間接強制を行っている。

3）　海外での、法人、個人を相手に訴訟手続を行う場合、国際司法共助により、領事館送達などによる送達手続が必要となる。この場合、訴状等の申立て書類、証拠について翻訳が必要になるほか、高等裁判所、最高裁事務総局、在外総領事館などを経て送達がなされるため、数か月の時間を要することが一般的である。このような翻訳作業、長期間にわたる訴訟手続は、被害者にとって金銭的に非常な負担となるばかりか、被害救済が遅れ、被害をいたずらに深刻化させるものである。仮処分手続においては、対象国によっては、簡易な呼び出し手続によって手続を進めることが可能である場合もあるが、翻訳を行わなければならないなどの負担は避けられないし、本件のように仮処分決定に対する「起訴命令の申立て」が行われた場合、正式送達を要する訴訟手続を行わなければならず、かつ、相手方が日本国内での送達を受けないなどの事情がある場合には、上記のような長期間の送達手続が必要となる。また、間接強制手続が必要となる場合においても、同様に、送達手続を経なければ権利実現されないという立場に追い込まれるのである。このような負担から、被害者が事実上救済を断念してしまうというケースも決して少なくはない。さらに、仮処分決定、判決を得た後の執行についての実効性、対象国における執行手続の実行については、さらに困難な問題があるであろう。

4）　今後の、課題として、日本国内での簡易、迅速な救済手続の創設が求められるのではないだろうか。現在、人権擁護局などによる対応や、裁判所による簡便、画一化された運用なども行われているものの、上記問題が解決されているとは言い難いであろう。2012年1月25日、欧州委員会は、「個人データ取扱いに係る個人の保護及び当該データの自由な移動に関する欧州議会及び理事会の規則（一般データ保護規則）提案」を示しているが、その中で、データ管理者はデータ保護管理者を配置し、ＥＵ域外の事業者の場合、ＥＵ域内にデータ保護管理者の代理人を配置しなければならない義務が課せられ（〈一般データ保護規則〉提案第25条）、また、独立の監督機関は被害者（当該データの主体）から苦情受付を行うことや、データ管理者ないし処理者への警告、場合によっては行政罰も課すことができるという規定の創設が提案されている。[16] 日本においても、インターネットにおける国をまたぐ問題に対

応するために、日本国内で営業を行い、あるいは日本国内からアクセスが可能なサービスを展開している事業者に対し、日本国内での受訴代理人を設置する義務を課すほか、簡易迅速な被害受付、プロバイダ、検索サービス事業者への警告、行政罰等の罰則による被害救済の実現などの法制化を急ぐべきであろう。

5) なお、jpドメインの登録管理を行っている株式会社日本レジストリサービスによれば、「co.jp」ドメインは、日本で登記された会社だけしか登録できない「日本の企業限定」のドメインであり、企業とドメイン名が1対1で結びついており、会社としての安心感をユーザーに与えることができるとしている。[17] そうであれば、少なくとも（現行法においても）co.jpドメインを使用しているウェブページにおけるトラブルについては、少なくとも、当該ドメイン登録を行っている企業が窓口となり、責任を負うべきではないであろうか。そのように解されなければ、jpドメインを信頼して、利用、取引を行った利用者の信頼を裏切ることになることになろう。現状で、「co.jp」を利用しながら、訴訟等において当該ドメインを登録した日本法人が何らの責任も負わず、訴訟当事者にさえならないような現状は、早急に改善されるべきである。

(3) 忘れられる権利

1) わが国では、人格権（憲法13条）としての、プライバシー権、名誉権が認められており、その権利の重要性に鑑みれば、検索サービス事業者に対するサジェスト、検索結果の削除は認められるべきものである。さらに、情報技術の発達により、企業やサービス事業者が個人に関する膨大なデータの収集を行い、それを管理運用しているという時代が到来したのであるから、人格権（憲法13条）として、一歩進んだ、自己の情報をコントロールする権利が認められるべきではないだろうか。

一方で、上記のような情報技術の発達により、情報の収集、運用は、利用者に多大な利便性を提供していることもまだ事実である。また、これまで情報の受け手であった一私人が情報の発信者になることにより、恩恵を受けていることも事実である。このような現代社会において、表現の自由、知る権利と、プライバシー、名誉権といった人格権の保護のバランスを図らなければならないことは困難な問題であるといえる。

2) しかしながら、表現の発信者が、マスメディアに限定されていた時

代から、一私人にまで広がった現在においては、公共性、公益性を有しない、一私人への人格攻撃ともいえる内容が発信されるようになっている。このような現状においては、これまでの表現の自由、知る権利と人格権のバランスに対する考え方を修正し、人格権侵害の被害の拡大防止、被害者の救済を早急に推し進める必要があるのではないだろうか。このような観点から、裁判手続を通じた解釈により、権利が創設される必要があるが、同時に、個人情報保護法がEUの「個人データの取り扱いにかかる個人の保護及び当該データの自由な移動に関する欧州議会及び理事会の指令」を受けて整備されたように、「忘れられる権利」を認めた上記EU判決を受け、「忘れられる権利」を含む法制度を早急に装備するべきであろう。

3）　なお、EU判決は、検索結果に関して判断されたものであるが、サジェストについても同様に、認められるものであろう[*18]。「忘れられる」権利という意味で、デジタルタゥーを消し去る権利はまさにその核心として認められるべきであるし、実際、違法なコンテンツが拡散した場合、個々のURLを特定して削除請求をすることは極めて困難な作業であるばかりか、削除請求を行った時点で顕在化していないウェブページが削除後に検索結果として表示されるというようなことも考えられる。したがってサジェストを削除するという意義は極めて大きいと言うべきであろう。

＊1　http://googlejapan.blogspot.jp/2008/08/google_27.html（最終閲覧日2015年6月22日）。
＊2　なお現在までに、オートコンプリート機能や、関連する検索候補キーワードの提案機能等、新たな機能が追加されているが、以下、サジェストとは利用者に検索候補となるキーワードを提案する機能全般を指すこととする。
＊3　毎日新聞2012年3月25日付朝刊にて報道。なお本件については、裁判所の決定、判決等はすべて公刊物未搭載である。判決中にXのプライバシー情報が随所に含まれるため、公表を控えているものであり何卒ご容赦いただきたい。本章では、今後の同種事例の参考になるよう、判決内容を可能な限り詳細に記述したつもりである。
＊4　2013年4月16日付朝刊にて新聞各紙で報道。
＊5　2014年1月16日付朝刊にて新聞各紙で報道。
＊6　本件仮処分決定に理由は付されていないが、発令前の双方審尋において裁判所から口頭で開示された見解である。なお、裁判所が争点1で権利侵害を認定したため、争点2についての見解は特に示されていない。
＊7　東京高裁平成13年2月15日判時1741号68頁。

*8 ただし、本件控訴審判決の規範定立部分は、「石に泳ぐ魚」事件を引用・参照等していない。

*9 最大判昭和61年6月11日民集40巻4号872頁。

*10 高橋和之『立憲主義と日本国憲法』(有斐閣、2005年) 参照。

*11 最小判平成14年9月24日判時1802号60頁、判タ1106号72頁。

*12 東京高裁平成14年12月25日判決高裁判例集第55巻3号15頁・判タ1110号92頁、最高裁平成15年(オ)第437号事件及び最高裁平成15年(受)第445事件(上告棄却・上告不受理で確定)。

*13 EU司法裁判所2014年5月13日判決。

*14 サジェストにネガティブな候補キーワードが表示されている状況を指す。

*15 インターネット上で一度情報が拡散すると事後に削除することが困難であることを入れ墨(タトゥ)に例えた表現である。

*16 消費者庁「個人情報保護制度における国際的水準に関する検討委員会・報告書」〔平成24年3月〕参照)。

*17 株式会社日本レジストリサービスホームページ(http://jprs.jp/about/use/business/)より抜粋(最終閲覧日2015年6月30日)。

*18 なお、EU判決前に、EU域内においてサジェストの削除を認めた判決として、次のものがある。パリ地方裁判所2010年9月8日判決では、自然人(A氏)につき、「A氏 強姦」「A氏 刑務所」「A氏 悪魔主義者」等のサジェストが名誉毀損にあたるとして、被告等を相手に当該サジェストの差止めと損害賠償を求めた事案で、同地裁は被告に対し、当該サジェストはX氏の名誉を毀損しており、「A氏」を検索する際に当該サジェストの表示がされるため、被告は責任を負うとして当該サジェストの差止めと損害賠償を認めた。

また、パリ地方裁判所2011年5月18日判決では、原告の法人名を検索すると「原告 詐欺者」等のサジェストが表示され、当該サジェストはグーグルのフランス版だけではなく、イギリス、ベルギー、カナダ、イタリア、スペインでも同様に表示され、当該サジェストが侮辱にあたるとして、被告等を相手に当該サジェストの差止めと損害賠償を求めた事案で、同地裁は被告に対し、当該サジェストは同法人の侮辱にあたり、同法人を検索する際に当該サジェストの表示がされるため、被告は責任を負うとして、(表示されるすべての国のサービスについて)当該サジェストの差止めと損害賠償を認めた。

当該地裁判決の控訴審であるパリ控訴院2011年12月14日判決は、被告が暴力的または猥褻な語句を含むサジェストの表示は除外していることに照らせば、侮辱的な内容のサジェスト表示も除外することができるといった理由を追記した上で、原判決を支持している。

(とみた・ひろゆき+たかはし・みさ)

第6章

ヤフー検索結果削除請求事件
名誉棄損、プライバシー侵害の法的責任を問う

島崎哲朗

弁護士

1．事例の概要

(1) 発端

「執行猶予判決を受けたのに、終身刑を食らったみたいです」。
これが依頼者の男性の第一声だった（2013年初夏）。

男性は民間企業に勤務していたが、2012年の12月に迷惑行為防止条例違反で逮捕され、新聞報道をされたこともあって、すぐに懲戒免職になったという。刑事事件としては、翌年4月に執行猶予判決が確定した。そこで、心機一転、再就職をして頑張ろうと思ったのだが、自分の名前をインターネットで検索すると、半年前の逮捕記事が載っているサイトが次から次へ出てきて愕然としたとのことだった。仮に再就職を試みてもネット検索されれば自分の素性を知られてしまい、採用されることなどあり得ないだろう、また、病院に行くにしても、実名を隠すことはできず、看護師さんがネット検索すれば、自分のことが分かってしまうだろう、自分は、一生、迷惑行為防止条例違反で逮捕された男という烙印から逃れることができないのか、そう思うと、自らの将来が全く閉ざされたものに感じられたという。

そこで、何とか、将来を切り拓いていくために、ネットで実名検索しても逮捕の事実が表示されないようにしてほしい、というのが、男性の依頼内容であった。

(2) 検索サービスの会社を訴えた理由

男性の話を聞いた私は、早速、グーグル、ヤフーで、本人の氏名を検索語として検索した。すると、次から次に、逮捕時の記事をコピーしたサイトが検索結果として表示された。中には、同姓同名の人のものもあったが、概ね、上位100件中90件が、この依頼者の男性の逮捕に関するものだった。

男性が逮捕された記事は、元々は新聞社のウェブサイトに掲載されたものであるが、当該記事そのものは検索結果として表示されなかった。後日、その新聞社にウェブサイトでの犯罪報道と掲載期間につき質問状を出したところ、プライバシーや人権に配慮して、一定期間後に匿名化しているとの回答があった。具体的な基準についても質問をしていたのだが、抽象的な回答にとどまったものである。

他方、検索結果として表示されたものの多くは、ネット上の「ニュースまとめサイト」という、芸能、犯罪など人々の興味を惹きそうな報道記事をコピーして掲載しているサイトであり、他は、元の記事を引用している個人のブログ等であった。ニュースまとめサイトであれ、個人のブログであれ、弁護士として、名誉毀損に該当するから削除してほしいと申し入れると、多くの場合、速やかに削除される。とはいえ、すべてが確実に削除されるわけではなく、その場合は、裁判手続に委ねざるを得ないが、それほど困難な類型の裁判ではない。

ところで、検索結果として人の目に触れるのは、一般に、上位10件から、せいぜい100件くらいであり、男性が逮捕された旨の事実が掲載されているサイトが、検索結果の上位100件の中に出て来ないようにすることができれば、実名で検索されても、逮捕の事実を知られる可能性は著しく低くなり、それで概ね目的は達成することができる。

したがって、問題の検索結果が上位100件中に数件あるだけなら、個別に各サイトに削除を申し入れるという方法も考えられたところである。

ところが、上位100件中90件が問題のサイトである場合、その90件をすべて削除しても、今度は、新たに、上位101番から190番に表示されていた検索結果が、上位100件に入って来る。確率的に言って、100件中90件が問題のサイトというわけであるから、新たに上位100件に入って来た90件のうち、81件が問題のサイトということになる。そこで、この81件を削除しても、また、新たに81件が上位100件に入ってくる。そうすると、上位100件に問題のサイトが入って来ないように削除しきるには、初項90、公比10分の9の無限等比数列の和に相当する数、90÷（1－9／10）＝900のサイトを削除しなければ

ならないことになる。

しかしながら、これらを全て削除するのは到底、現実的なことではない。

他方、こういったサイトが存在していても、それぞれのサイトのアドレスを知っている者はほとんどいないと考えられることから、グーグルやヤフーの検索結果として表示されなければ、目的は達することができるはずである。

よくよく考えてみると、グーグルやヤフーは、検索サービスの会社とはいえ、自らが名誉毀損なりプライバシー侵害の内容を含んだサイトを不特定多数人の目に触れるようにしているのは紛れもない事実であり、名誉毀損、プラバシー侵害についての法的責任を負うのは当然のはずである。

こう考えた結果、この両者の法的責任を問う訴訟を提起することを決断したのである。

2．提訴の内容

(1) 提訴

こうして、2013年9月2日、逮捕の事実を含んだ記載の検索結果からの削除と1100万円の損害賠償を求めて、グーグルとヤフーのそれぞれを被告とする訴訟を京都地方裁判所に提起したのである。

(2) 削除の対象

インターネットによる検索結果は、たとえば、「鈴木一郎」で検索すると、以下のように、①表題、②ＵＲＬ、③スニペット（元の記事の抜粋）の順に表示される。

① 迷惑行為防止条例違反で男性を逮捕
② http://newsmatome.co.jp/kyoto/20121225
③ 「……阪急京都線梅田発河原町行の特急車内で女性の尻を触ったとして、京都府警下京署は、府迷惑行為防止条例違反（痴漢）の容疑で、会社員鈴木一郎容疑者（28）＝京都市下京区＝を現行犯逮捕し……」

さらに、このような検索結果の表示は、①の表題をクリックすると、その表題のサイトに移動する仕組みになっている。この仕組みを「リンク」と呼んでいるが、訴訟では、上記①～③の削除を求めるとともに、この「リンク」の削除も求めたのである。

もちろん、①の表題が削除されれば、クリックする対象がなくなるのであ

るから、自動的に「リンク」も削除されたことになるのであるが、①の表題を残したまま、「リンク」自体を削除するということも観念しうるため、「リンク」の削除も請求の趣旨に記載したのである。

(3) 損害賠償請求の金額

訴訟で求めた損害賠償額1100万円の内訳は、慰謝料1000万円と弁護士費用100万円である。

名誉毀損ないしプライバシー侵害の慰謝料が1000万円というのは、一見すると高額に見えるものの、再就職の途が断たれて収入が得られなくなること、病院での受診その他、実名を明かして行う一切の社会的活動が心理的に制約されることを等を考えると、この金額であっても決して十分な額ではない。

もちろん、正面から逸失利益を損害とすることも考えられないではないが、因果関係の認定の点で困難を伴うことから、慰謝料のみの請求とし、収入が得られなくなる可能性は、慰謝料の算定要素として主張したものである。

(4) 被告

被告は、いずれも日本法人である、グーグル株式会社とヤフー株式会社である。グーグルについては、親会社の米国法人が実際の検索サービスの提供を行っていることから、日本法人の責任を問うのは困難と考えられていた。しかしながら、日本国内で被害が生じているのに、加害者側の事情で、ことさらに米国法人を相手にすることによって余分な費用負担を強いられているという理不尽な状況は放置できないと考え、あえて、日本法人を被告とした。

このように、グーグルに関しては日本法人が責任主体となり得るかという独自の論点があるため、本稿では、ヤフーを被告とする訴訟について詳説し、最後に、グーグルを被告とする訴訟についても簡単に触れることとする。

3. 地裁での争点

(1) 訴訟物と請求原因

原告は、過去の逮捕歴の記載のあるサイトに関する情報を検索結果として表示する行為は、名誉毀損、プライバシーを侵害するものであるとして、人格権に基づく妨害排除請求権としての削除請求と、不法行為に基づく損害賠償請求を行ったものである。

(2) 争点①（被告による逮捕事実の表示といえるか：侵害行為性）

　被告は、検索結果の表示は、検索ソフトが機械的自動的に表示したに過ぎず、逮捕の事実の表示は被告の主体的な表示行為ではないと主張した。

　これに対して、原告は、「機械的自動的」と言っても、それは、結局は、被告が主体的に採用した検索プログラムの働きによるものであって、全体としてみれば、被告の主体的な表示行為であると主張した。

(3) 争点②（違法性の有無）

　被告は、名誉毀損行為であるとしても、逮捕歴の表示は、公共の利害に関するものであり、検索結果の表示は専ら公益を図る目的で行われたものであり、かつ、逮捕歴は真実であるから、名誉毀損としての違法性は阻却されると主張した。

　これに対して、原告は、執行猶予判決が確定した段階では、もはや、公共の利害に関するものとは言えず、また、逮捕歴の表示は専ら公益目的とは言えないと主張した。

　また、プライバシー侵害に関しても、被告は、利益考量上、公開の利益が上回ると主張したのに対して、原告は、公開の利益はなきに等しく、プライバシーを公開されない利益の方が遙かに上回っていると主張した。

4．京都地裁判決

(1) 結論

　京都地判平26年8月7日は、原告の請求を全て棄却した。その理由は、概要、①被告による検索結果の表示は、被告自らが逮捕の事実を表示したものとは言えず、被告の行為は名誉毀損ないしプライバシー侵害の行為とは言えない、②検索結果の表示が被告による事実の摘示と言えたとしても、公共の利害に関するものであり、公益を図る目的のためになされた行為であり、逮捕されたという事実は真実であるから、名誉毀損としての違法性は阻却され、プライバシー侵害としての違法性は認められない、とするものであった。

(2) 侵害行為性に関する判断

　地裁判決は、争点①侵害行為性に関し、次のように述べている。

「(1)本件検索結果の表示による事実の摘示
ア　前提事実(2)のとおり，本件検索サービスの仕組みは，被告が構築したものであるから，これによる検索結果の表示は，被告の意思に基づくものというべきであるが，本件検索サービスの目的（検索ワードがその記載内容に含まれているウェブサイト（リンク先サイト）の存在及び所在（URL）を利用者に知らせること）や，表示される検索結果が，基本的には，被告が左右することのできない複数の条件（利用者が入力する検索ワードの内容，検索ワードを含むウェブサイト（リンク先サイト）の存在及びその記載内容等）の組み合わせによって自動的かつ機械的に定まること等にかんがみれば，被告が検索結果の表示によって本件検索サービスの利用者に摘示する事実とは，検索ワードがその記載内容に含まれているウェブサイト（リンク先サイト）の存在及び所在（URL）並びにその記載内容の一部（スニペットとして表示される，当該サイトの記載内容のうち検索ワードを含む部分）という事実に止まるものと認めるのが相当であり，本件検索サービスの一般的な利用者の通常の認識にも合致するといえる。

　前提事実(2)及び(3)のとおり，本件検索結果の表示は，原告の氏名を検索ワードとして本件検索サービスにより検索を行った結果の一部であり，ロボット型全文検索エンジンによって自動的かつ機械的に抽出された，原告の氏名の記載のある複数のウェブサイトへのリンク，スニペット（本件逮捕事実が記載されたもの）及びURLであるから，これによって被告が摘示する事実は，「原告の氏名が記載されているウェブサイトとして，上記の複数のウェブサイト（リンク先サイト）が存在していること」及び「その所在（URL）」並びに「上記の複数のウェブサイト中の原告の氏名を含む部分の記載内容」という事実であると認めるのが相当であり，本件検索サービスの一般的な利用者の通常の認識にも合致するといえる。

イ　原告は，本件検索結果の表示は正に本件逮捕事実の摘示である旨主張する。

　しかし，上記判示のとおり，本件検索結果の表示のうちリンク部分は，リンク先サイトの存在を示すものにすぎず，本件検索サービスの利用者がリンク部分をクリックすることでリンク先サイトを開くことができるからといって，被告自身がリンク先サイトに記載されている本件逮捕事

実を摘示したものとみることはできない。また，スニペット部分に本件逮捕事実を認識できる記載があるとしても，スニペット部分は，利用者の検索の便宜を図るため，リンク先サイトの記載内容のうち検索ワードを含む部分を自動的かつ機械的に抜粋して表示するものであることからすれば，被告がスニペット部分の表示によって当該部分に記載されている事実自体の摘示を行っていると認めるのは相当ではなく，本件検索サービスの一般的な利用者の通常の認識とも合致しないというべきである。本件逮捕事実も，検索ワード（原告の氏名）を含んでいたことから検索ワード（原告の氏名）に付随して，無数のウェブサイトの情報の中から抽出され，スニペット部分に表示されたにすぎないのであるから，被告がスニペット部分の表示によって本件逮捕事実を自ら摘示したとみることはできないというべきである。

ウ　以上のとおり，被告が本件検索結果の表示によって摘示する事実は，検索ワードである原告の氏名が含まれている複数のウェブサイトの存在及び所在（URL）並びに当該サイトの記載内容の一部という事実であって，被告がスニペット部分の表示に含まれている本件逮捕事実自体を摘示しているとはいえないから，これにより被告が原告の名誉を毀損したとの原告の主張は，採用することができない。」

(3) 名誉毀損の違法性に関する判断

　地裁判決は、結論としては上記の理由だけでも判決主文を導くことはできたはずであるが、下記のように述べて、争点②名誉毀損行為の違法性についても判断している。

　「もっとも，上記判示のとおり，本件検索結果の表示のうちスニペット部分（当該サイトの記載内容の一部）には本件逮捕事実を認識できる記載が含まれていることから，被告が本件検索結果の表示によって本件逮捕事実を自ら摘示したと解する余地がないではない。

　また，被告が本件検索結果の表示をもってした事実の摘示（検索ワードである原告の氏名を含む本件逮捕事実が記載されている複数のウェブサイトの存在及び所在（URL）並びに当該サイトの記載内容の一部という事実の摘示）は，本件逮捕事実自体の摘示のように原告の社会的評価の低下に直結するとはいえないものの，そのような記載内容のウェブサイトが存在するということ自体が原告の社会的評価に悪影響を及ぼす

という意味合いにおいて，原告の社会的評価を低下させる可能性があり得る。

ア　民事上の不法行為たる名誉毀損については，①その行為が公共の利害に関する事実に係り，②専ら公益を図る目的に出た場合には，③摘示された事実が真実であることが証明されたときは，上記行為には違法性がなく，不法行為は成立しないものと解するのが相当である（最高裁昭和41年6月23日第一小法廷判決・民集20巻5号1118頁参照）。

イ　以下，本件検索結果の表示による事実の摘示につき上記ア①ないし③が認められるかにつき，検討する。

㈠①について

本件逮捕事実は，原告が，●●〔筆者注──筆者において、伏せ字にした〕という特殊な行為態様の犯罪事実に係るものであり（前提事実(1)），社会的な関心が高い事柄であるといえること，原告の逮捕からいまだ1年半程度しか経過していないこと（同(1)）に照らせば，本件逮捕事実の摘示はもちろんのこと，本件逮捕事実が記載されているリンク先サイトの存在及び所在（ＵＲＬ）並びに当該サイトの記載内容の一部という事実の摘示についても，公共の利害に関する事実に係る行為であると認められる。

㈡②について

前提事実(2)及び(3)によれば，本件検索結果の表示は，本件検索サービスの利用者が検索ワードとして原告の氏名を入力することにより，自動的かつ機械的に表示されるものであると認められるから，その表示自体には被告の目的というものを観念し難い。

しかしながら，被告が本件検索サービスを提供する目的には，一般公衆が，本件逮捕事実のような公共の利害に関する事実の情報にアクセスしやすくするという目的が含まれていると認められるから，公益を図る目的が含まれているといえる。本件検索結果の表示は，このような公益を図る目的を含む本件検索サービスの提供の結果であるから，公益を図る目的によるものといえる。

㈢③について

前提事実(1)のとおり，本件逮捕事実は真実である。

また，前提事実(2)及び(3)のとおり，本件検索結果の表示は，本件検索サービスにおいて採用されたロボット型全文検索エンジンが，自動的か

つ機械的に収集したインターネット上のウェブサイトの情報に基づき表示されたものであることに照らせば，本件逮捕事実が記載されているリンク先サイトの存在及び所在（URL）並びにその記載内容の一部は真実であると認められる（なお，リンク先サイトが削除されていたとしても，同サイトが存在していたことについての真実性は認められる。）。
ウ　したがって，仮に，被告が本件検索結果の表示をもって本件逮捕事実を摘示していると認められるとしても，又は，被告が本件検索結果の表示をもって，本件逮捕事実が記載されているリンク先サイトの存在及び所在（URL）並びにその記載内容の一部という事実を摘示したことによって，原告の社会的評価が低下すると認められるとしても，その名誉毀損については，違法性が阻却され，不法行為は成立しないというべきである。」

(4)　プライバシー侵害の違法性に関する判断

　同様に、地裁判決は、争点②プライバシー侵害としての違法性の有無についても、以下のように判示している。

「(1)被告が本件検索結果の表示によって原告のプライバシーを侵害したかどうかは，本件検索結果の表示によって被告が摘示した事実が何であったかにより異なり得るが，仮に本件検索結果の表示による被告の事実の摘示によって原告のプライバシーが侵害されたとしても，①摘示されている事実が社会の正当な関心事であり，②その摘示内容・摘示方法が不当なものでない場合には，違法性が阻却されると解するのが相当である。

(2)これを本件についてみるに，争点１における違法性阻却につき判示したのと同様の理由により，本件逮捕事実の摘示はもとより，本件逮捕事実が記載されているリンク先サイトの存在及び所在（URL）並びにその記載内容の一部という事実の摘示も，社会の正当な関心事ということができ（①），その摘示内容・摘示方法も，本件検索サービスによる検索の結果として，リンク先サイトの存在及び所在（URL）並びにその記載内容の一部を表示しているにすぎない以上，その摘示内容・摘示方法が不当なものともいえない（②）。

(3)したがって，本件検索結果の表示による上記事実の摘示に係る原告のプライバシー侵害については，違法性が阻却され，不法行為は成立しな

い。」

5. 控訴

　原告は、地裁判決に対し、2014年8月14日、大阪高等裁判所に控訴し、控訴理由書において、前記二つの争点に関する地裁判断の不当性を訴えた。

　具体的には、本件検索結果の表示が被控訴人による事実の摘示にあたるかという点に関し、原判決が「スニペット部分に本件逮捕事実を認識できる記載があるとしても、スニペット部分は、利用者の検索の便宜を図るため、リンク先サイトの記載内容のうち検索ワードを含む部分を自動的かつ機械的に抜粋して表示するものであることからすれば、被告がスニペット部分の表示によって当該部分に記載されている事実自体の摘示を行っていると認めるのは相当ではなく、本件検索サービスの一般的な利用者の通常の認識とも合致しないというべきである。」と述べていた部分に関しては、以下のように主張した。

　　「一般公衆のうち相当数は、メディアリテラシー（情報の意味を批判的に理解する能力）に乏しく、検索ソフトによる検索結果として示される情報を見ると、その情報に該当する事実が存在すると理解することからすれば、これらの人々との関係では、本件検索結果の表示は、被控訴人が控訴人の逮捕の事実を摘示したと見るほかない。」

　また、名誉毀損行為の違法阻却に関し、「特殊な行為態様の犯罪事実に係るものであり（前提事実（1））、社会的な関心が高い事柄であるといえること、（中略）、公共の利害に関する事実に係る行為であると認められる。」という原判決の判示については、以下のように主張した。

　　「仮に本件逮捕にかかる犯行態様が、特異であれば、これを報道することによって、潜在的被害者に注意を喚起するという機能が認められる。その意味において、「社会的関心が高い」として、「公共の利害に関する事実」ということはできる。

　　しかしながら、翻って考えると、犯行態様の特異性に基づく社会的関心の対象は、あくまでも「犯行態様」そのものであって、これを行った者の「実名」とは、全く無関係なものである。従って、犯行態様の特異性が「公共の利害に関する」というのは、論理的飛躍というべきであ

る。」

　さらに、プライバシー侵害の違法性に関する原判決の判断については、以下のように主張した。

　「著作物における他人の前科等の公表に関する最高裁判所平成6年2月8日第三小法廷判決（民集48巻2号149頁。以下「平成6年最高裁判決」という。）の示す判断基準に即してみると①控訴人は執行猶予判決を受けて社会内での更生を試みており，既に判決後1年半を経過していること，②本件逮捕事実自体は，現代社会で日常的に起きている類型のものであり，同事実に歴史的又は社会的な意義はないこと，③本件逮捕事実における被逮捕者が控訴人であることに特別の重要性はないこと，④控訴人は社会的活動をしておらず影響力がないことからすれば，本件において，本件逮捕事実及び実名を公表されないという控訴人の法的利益が，これを公表することの必要性及び意義に優越するというべきである。したがって，被控訴人のプライバシー侵害による不法行為が成立する。」

6．大阪高裁判決

(1) 結論

　大阪高判平27年2月18日は、原告の控訴を棄却したが、その理由として判示したところは、同種裁判において大きな前進と評価されるものであった。すなわち、京都地裁判決とは異なり、争点①侵害行為性については、控訴人の主張を一部認めて、スニペットの表示に関し、被控訴人の行為は被控訴人が自ら名誉毀損行為を行ったものにほかならない、としたのである。ただ、争点②違法性については、地裁判決と同様の理由のもとに、違法性はないとして、結局において、控訴を棄却した。

(2) 侵害行為性に関する判断

　高裁判決は、侵害行為性に関し、次のように述べている。

　「イ　上記ア認定9とおり、被控訴人が本件検索結果の表示によって摘示した事実は，検索ワードである控訴人の氏名が含まれている複数のウェブサイトの存在及び所在（URL）並びにスニペットとして表示される記載内容の一部であり，被控訴人が，スニペット部分の表示に含ま

れている本件逮捕事実自体を摘示したものということはできない。

　しかしながら，本件検索結果の表示のうちスニペット部分には，本件逮捕事実を認識できる記載が含まれるところ，被控訴人の提供する本件検索サービスによる検索結果が被控訴人において左右できない複数の条件の組合せによって自動的かつ機械的に定まるとしても，その提供すべき検索サービスの内容（ウェブサイトの存在及び所在（ＵＲＬ）に止めるか，スニペットを表示するにしてもどのように表示するかなど）を決めるのは被控訴人であり，スニペットの表示方法如何によっては，人の社会的評価を低下させる事実が表示される可能性があることをも予見した上で現行のシステムを採用したものと推認されることからすると，本件検索結果は，被控訴人の意思に基づいて表示されたものというべきである。そして，インターネット上の情報は広く一般公衆の閲覧に供されている（公知の事実）ところ，一般公衆の普通の注意と読み方で検索結果に係るスニペット部分を読んだ場合には，スニペット部分は，検索結果に係るウェブサイトの内容の特定方法の一つに止まらず，そこに記載された内容に即した事実があるとの印象を閲覧者である一般公衆に与えるものというべきである。そうすると，本件検索結果に係るスニペット部分に記載された本件逮捕事実は，一般公衆に，そこに記載された本件逮捕事実があるとの印象を与えるものであるから，被控訴人がその事実を摘示したものではないとしても，被控訴人がインターネット上に本件検索結果を表示することにより広く一般公衆の閲覧に供したものであり，かつ，控訴人の社会的評価を低下させる事実であるから，本件検索結果に係るスニペット部分にある本件逮捕事実の表示は，原則として，控訴人の名誉を毀損するものであって違法であると評価される。

　これに対し，被控訴人は，本件検索結果の表示のうちスニペット部分につき，自動的かつ機械的にリンク先サイトの情報を一部抜粋して表示しているにすぎず，被控訴人が表現行為として自らの意思内容を表示したものということはできず，名誉毀損となるものではない旨主張する。しかしながら，その提供すべき検索サービスの内容を決めるのは被控訴人であり，被控訴人は，スニペットの表示方法如何によっては，人の社会的評価を低下させる事実が表示される可能性があることをも予見した上で現行のシステムを採用したものと推認されることからすると，本件検索結果は，被控訴人の意思に基づいて表示されたものというべきであ

ることは前記説示のとおりである。したがって，被控訴人の上記主張は採用することができない。」

上記のとおり、高裁判決は、スニペットの表示につき、被控訴人が逮捕事実を摘示したものとはいえないとしたものの、結局において、「被控訴人がインターネット上に本件検索結果を表示することにより広く一般公衆の閲覧に供したものであり，かつ，控訴人の社会的評価を低下させる事実であるから，本件検索結果に係るスニペット部分にある本件逮捕事実の表示は，原則として，控訴人の名誉を毀損するもの」として、一般論としては、スニペットの表示は人格権の侵害行為にあたるとして、検索サービスの会社の検索結果に対する責任を肯定したものである。

京都地裁の判断と比べると、スニペットの表示に関してのみという限定的なものではあるが、検索サービスの会社も検索結果を表示することにより、名誉を毀損し、プライバシーを侵害したものであり、その責任を免れないという判断を示したものであり、大きな前進であった。

ただ、他方で、表題、ＵＲＬの表示、リンクの設定については、検索サービスの会社の責任を否定した点では、極めて不十分な判断である。仮にスニペットのみを削除したとしても、検索結果を閲覧した者は、「表題」をクリックするだけで、元のサイトを閲覧し、逮捕の事実を知ることができるのであって、名誉毀損、プライバシー侵害の被害者の救済という点では、不十分極まりないものである。

(3) 名誉毀損の違法性に関する判断

高裁判決は、名誉毀損行為の違法阻却に関しては、地裁判決の判断を踏襲した上で、実名を含む逮捕事実が公共の利害に関する事実であるという結論は逮捕事実の特殊性を根拠に導くことはできないという控訴人の主張に対し、以下のように述べている。

「ア 控訴人は，本件逮捕事実は特殊な行為態様ではない上，特殊な行為態様であったとしても被疑者の実名に対する社会的関心が高いとはいえず，また，社会的な関心が高い事柄が，必ずしも公共の利害に関する事実に当たるとはいえないから，控訴人の実名は，公共の利害に関する事実とはいえない旨主張する。

しかしながら，本件逮捕事実が特殊な行為態様に係るものであることは一上記(1)で説示したとおりであり，このことは，控訴人が当審で主張

するように類似の事案が複数報道されていることによっても左右されない。また，本件逮捕事実が盗撮という類型の犯罪に係るものであることからすれば，その内容（控訴人の実名を含む。）に対する社会的関心は高く，再発防止等の観点からしても，公共の利害に関する事実に当たるというべきである。
　したがって，控訴人の上記主張は採用することができない。
イ　控訴人は，控訴人が逮捕されてから長期間が経過しており，控訴人は執行猶予判決を受け社会内での更生を期待されていることを考慮すれば，控訴人の実名を含む本件逮捕事実は，正当な公共の利害に関する事実ではないから，これを摘示することの違法性は阻却されない旨主張する。
　しかしながら，控訴人が逮捕されたのは平成24年12月であって現在まで約2年が経過したにとどまること，平成25年4月になされた有罪判決の執行猶予期間が既に満了したとしてもその後長期間は経過していないと推認されることからすれば，控訴人の主張を踏まえても，控訴人の実名を含む本件逮捕事実が，公共の利害に関する事実としての性質を失うことはないというべきである。
　したがって控訴人の上記主張は採用できない。」

(4)　プライバシー侵害の違法性に関する判断

　高裁判決は、プライバシー侵害の違法性に関しても、地裁判決の判断を踏襲し、以下のように述べている。
　「これを本件についてみるに，本件検索結果により表示される本件逮捕事実は，控訴人が盗撮により逮捕されたという事実であるところ，これは，本件検索サービスを利用し，検索ワードとして控訴人の氏名を入力することにより表示されるものであり，その伝播される機会は限定的なものではあるが，これがインターネット上に表示される情報であることからすれば，本件検索サービスを利用して控訴人に関する情報を得ようとする閲覧者にとっては容易にこの情報に接することが可能となり，執行猶予判決を受け，社会内で更生を試みている控訴人にとって一定程度の被害を被らせ得るものと認められる。一方，これを公表する理由についてみると，本件逮捕事実は盗撮という類型の犯罪に係るものであり，その内容（控訴人の実名を含む。）に対する社会的関心は高く，これに

加え，本件逮捕事実から約2年，執行猶予判決を受けてから約1年8か月という短期間しか経過していないこと，また，本件逮捕事実の表示は，本件検索サービスによる検索の結果として，リンク先サイトの存在及び所在（URL）並びにスニペットとして表示される記載内容の一部であり，その表示方法がことさら不当なものとは言えない。

以上の控訴人の実名を含む本件逮捕事実が表示されることにより被る控訴人の不利益とこれを公表する理由とを比較すると，後者が前者に優越するものと認められるから，本件検索結果の表示によるプライバシー侵害については，違法性が阻却され，不法行為は成立しないものと言うべきである。」

7．上告受理申立て

前記のとおり、高裁判決は地裁判決からは大きな前進ではあったが、結果として、請求はすべて棄却されたため、2015年2月25日、上告受理申立てを行った。

上告審では、北海道大学の町村泰貴教授に意見書の作成をお願いした。意見書の内容は、執行猶予判決が確定した者について逮捕時の記事を検索結果として表示する行為は、名誉毀損として違法性が阻却されるものではなく、又、プライバシー侵害としても許されないということを、「更生の利益」を前面に据えて展開したものだった。特に以下の記述は際立って印象的であり、問題の本質を浮き彫りにしており、最高裁も、これを否定することはできないのではないかと考える。

「前科前歴に関する情報がインターネットを通じて誰でもどこからでもアクセス可能な状態におかれ、本件のように検索エンジンを通じて実名等から検索できるということを、現実社会でたとえるならば、以下のような扱いがなされている状態といえる。すなわち、前科を記した名札の着用を強制されたり、住宅戸口への前科前歴情報表示を強制したり、あるいは刺青による前科者表示や指詰めなどの烙印を表示させるといった状態である。もし現実社会でこうした取り扱いが行われていれば、前科前歴を有する者を制度的に差別することにほかならない。これと同様の効果を持つ行為が、インターネットを通じてであれば許されるとする理由はない。」

また、上告受理申立理由書においては、スニペットの表示のみを名誉毀損行為とした高裁判決を批判し、次のように主張した。
　「原判決は、相手方が検索結果として逮捕事実を含むスニペットを表示した行為は、スニペットに記載された逮捕事実そのものを一般公衆の閲覧に供したものであるとして、原則として、申立人の名誉を毀損する違法な行為であるとの、正当な判断を示した。
　ところが、逮捕事実を表示した元のサイトへのリンクを表示する行為については、その違法性を否定した。
　しかしながら、スニペットの表示とリンクの表示とは、相手方の検索結果の閲覧者にとって、前者は逮捕の事実について直ちにコンピュータ画面上で閲覧できるのに対して、後者は、コンピュータ画面上において当該リンク部分をクリックするという手間をかけることによって初めて逮捕事実を閲覧することができるという違いがあるに過ぎない。
　原判決は、この違いを過大視し、後者においては、逮捕事実そのものを一般公衆の閲覧に供したとは言えないと判断したものである。
　ところで、ここで、コンピュータを離れて、たとえば他人の名誉を害する内容を記載した書面を不特定多数人に手渡す場合を想定してみる。この行為が名誉毀損行為となるのは明らかなことである。では、そのような書面を封筒に入れて、その封筒を不特定多数人に手渡した場合はどうであろうか。名誉を害する内容の書面は、直ちに人々の目に触れるわけではない。封筒を開封するという一手間をかけて目に触れるのである。だからといって封筒を手渡す行為は、直ちに閲覧させるものではないという理由で名誉毀損にならないなどとは誰も考えないはずである。
　検索結果の閲覧者にとって、上記のような画面上でのクリックという行為は、封筒の開封よりも手軽な行為であり、クリックさえすれば逮捕の事実を目にすることができるようにする行為（リンクの表示）が、逮捕の事実を一般公衆の閲覧に供したものであると評価されるのは、上記の書面の場合と対比すれば、あまりにも当然のことである。」

8. ヤフーの削除基準の発表

(1) 削除基準の発表
　ヤフーを被控訴人とする前記の大阪高裁判決が言い渡されて1月余り後の

2015年3月30日、ヤフー株式会社は、「検索結果の非表示措置の申告を受けた場合のヤフー株式会社の対応方針について」と題する文書を発表した。ヤフー株式会社によると、2014年11月から「検索結果とプライバシーに関する有識者会議」を設けて、その検討結果を受けて検索結果の非表示措置の申告を受けた場合の対応方針をまとめたとのことである。ヤフーが、このような対応方針の発表をするに至ったのは、ヤフー、グーグルに対する訴訟が相次いで提起された上、グーグル米国法人に対し削除を命じた東京地決平成26年10月9日や、前記の大阪高判平成27年2月18日の存在が、大きく影響したものと思われる。

(2) 削除基準の曖昧さ

前記文書には、検索結果を非表示とするか否かの判断基準については、明確な基準が定められておらず、「被害申告者の属性」「記載された情報の性質」として、いくつかの判断要素を掲げたに止まり、結局において、非表示とされるのか否かについては、実際に非表示措置の申告をしてみなければ分からない。

(3) 削除対象の不十分さ

また、特に理由がなく一般人の氏名及び住所や電話番号等が記載されていた場合には非表示措置がとられるというものの、非表示とされるのは、スニペット部分のみであり、表題、ＵＲＬ、リンクは非表示の対象となっておらず、この点は、前記の大阪高裁判決と軌を一にしており、高裁判決同様、被害者救済手段としては極めて不十分と言わざるを得ない。

9．グーグルに対する訴訟

グーグルの日本法人に対する訴訟については、検索サイトが日本法人のドメインを利用して運営されているとしても、実際に運営をしているのは米国法人であり、日本法人には何らの権限もないとの理由で、地裁では請求棄却、高裁では控訴棄却の判決が言い渡されたため、上告受理申立ての手続をとっている。

控訴審では、概要、①日本国内に向けて情報サービスを提供するには、実際に米国法人が利用していたドメイン名のように、末尾が「co.jp」である

ドメイン名を用いるのが、日本国内における顧客誘引力等の点において極めて有益であること、②米国法人が利用している末尾が「co.jp」のドメイン名は、米国法人のように日本で登記されていない外国法人は取得できないこと、③日本法人は米国法人の子会社であり、米国法人に自らのドメインの利用を許諾するに際しては、米国法人が検索サイトを管理、運営することによって、他人の名誉を毀損する結果となることは十分に予想できたこと等を挙げて、条理上、日本法人の「検索結果監督義務」が認められるべきだと主張したのであるが、裁判所には受け入れられるには至らなかったものである。

10. 終わりに

本稿が読者の目に触れる頃には、ヤフー訴訟においては最高裁の判断が示されている可能性が高いが、最高裁では、ほとんどコストを要することなく情報が時間、空間を超えて伝搬して行くというネット社会の特殊性を十分に踏まえた判断がなされるものと確信している。

(しまざき・てつろう)

第7章

グーグル検索結果削除仮処分命令申立事件
検索サイト管理者の検索結果の削除義務の有無など

神田知宏

弁護士

1. 事例の概要（裁判の経過）

(1) 請求相手の選択

　グーグル検索の検索結果を削除請求しようとする場合、まず、請求相手を日本法人「グーグル株式会社」とするのか、カリフォルニア州法人「グーグルインク」とするのか、という問題がある。

　過去、幾多の挑戦者が日本法人を相手取って削除請求訴訟を提起してきたようだが、たとえば「本件全証拠によっても、被告グーグルが本件Google検索サービスの管理・運営に関与していることを認めることはできず」（東京地裁平成23年12月21日判決）、「被告グーグル日本が本件検索サービスの管理運営に関与していることを認めるに足りる証拠は存在せず」（東京地裁平成25年5月30日判決）などとして、日本法人には検索結果の管理権限がないとの理由により、その請求は棄却されてきている。

　グーグルグループの社外からインターネット検索サービスを利用している我々にとって、グーグル日本法人にデータ管理権があるかどうかを立証する術はない。そのため、民事訴訟法の建前である主張立証責任からしても、日本法人グーグル株式会社を被告とした検索結果の削除請求訴訟は、棄却への途をたどることが原則として予想される。

　そのため、通常、グーグル検索サービスの検索結果について法的に削除請求する場合、その被告（訴訟の場合）、ないし債務者（削除仮処分の場合）は、米国カリフォルニア州法人、グーグルインクとなる。

(2) 管轄

米国法人グーグルインクを相手とする場合、どの裁判所で請求するか（国際裁判管轄と国内管轄）という問題が生じる。

インターネットのサービスによる人格権侵害を理由として削除請求するのであるから、民事訴訟法3条の3第8号「不法行為に関する訴え　不法行為があった地が日本国内にあるとき」および、同法5条9号「不法行為に関する訴え　不法行為があった地」を適用し、結果発生地を管轄する裁判所で訴訟を提起ないし仮処分を申し立てることになる。この点につき、「インターネット上のウェブサイトは日本全国で閲覧可能であるため、この閲覧行為によって損害が発生すると捉えるならば、日本全国が「損害の発生した土地」と観念することもできなくはない」（判タ1395号26頁脚注）との見解もあるが、一般的には、被害者の普通裁判籍を管轄とすることが多い。

なお、筆者は管轄上申を以下のように書いて提出している。

「本件申立は、インターネットでの人格権侵害の差止請求という「不法行為に関する」（民事訴訟法3条の3第8号）申立であって、本邦裁判所が国際管轄を有するところ（最高裁平成15年（許）第44号事件、同16年4月8日決定参照）、差止請求に関する申立の国内管轄は「不法行為があった地」である（民事訴訟法5条9号）。

そして不法行為地には「違法行為が行われるおそれのある地や、権利利益を侵害されるおそれのある地をも含む」（最高裁平成23年（受）第1781号事件、同26年4月24日判決）。

しかるに、インターネット事件では、債権者の普通裁判籍の地において権利利益を侵害されるおそれが最も大きいことから、本件では、御庁に管轄がある」。

(3) 米国グーグルに対する検索結果の削除仮処分が認められた事例

1) はじめに

以下の各事案は、依頼者のいわゆる「忘れられる権利」の当否が問題となったものであり、事案の詳細および対象記事が特定されるような情報を記すことができない。そのため、事案が抽象的な記載にならざるを得ないことを予めお断りしておく。

2) 東京地方裁判所平成26年10月9日決定（以下「事件Ⅰ」）

朝日新聞平成26年10月10日朝刊は「グーグルに「検索結果の削除」命令

国内初か、東京地裁」との見出しのもと「インターネット検索最大手「グーグル」で自分の名前を検索すると、犯罪に関わっているかのような検索結果が出てくるのはプライバシー侵害だとして、日本人男性がグーグルの米国本社に検索結果の削除を求めていた仮処分申請で、東京地裁は9日、検索結果の一部の削除を命じる決定を出した。専門家からは「検索サイトに、検索結果の削除を求める司法判断は国内で初めてではないか」との指摘が出ている」とのニュース記事を掲載している。

　事案の概要は、上記のように自分が「犯罪に関わっているかのような検索結果」が表示されることから、プライバシー侵害等を理由として検索結果の削除を求めた、というものである。依頼者は当該犯罪には関わっていないし、当該犯罪の関係者との関係もない、という状況だった。

　事件Iで利用した法的手段は、削除訴訟ではなく、削除仮処分である。

　インターネットの情報を法的に削除請求する場合、削除請求訴訟ではなく削除仮処分を利用するのが一般的である。というのも、削除仮処分のほうが手続が簡易かつ迅速であり、依頼者の迅速な権利保護に有効だからである。

　本件では、平成26年6月19日に削除仮処分申立てをして、その日のうちに裁判官の債権者面接を受け、7月11日がグーグルの呼出期日（双方審尋期日）と設定された。送達条約加盟国の場合、国際スピード郵便（EMS）で呼出状を送るため、申立てから3週間程度で双方審尋期日が設定される運用となっている。なお、仮処分ではなく削除請求訴訟を選択した場合、第1回口頭弁論期日は、提訴の5〜8か月後以降となる。

　米国グーグルは東京の弁護士を代理人として選任したため、あとの手続は都内での書面のやり取りとなったが、それでも数回の双方審尋期日、主張書面、疎明資料のやり取りが続き、削除決定の出たのは、10月9日となった。

　申立て当初は127個の検索結果について削除請求したが、6月の申立てから数か月経過し、検索結果もだいぶ様変わりしていたため、9月26日、削除請求する検索結果を改めて提出し直した。このときの検索結果（削除請求対象の検索結果）は237個であった。

　東京地裁は、うち122個について権利侵害を認め、米国グーグルに検索結果の削除を命じた。

　決定主文は、「1　債務者は、別紙投稿記事目録記載の各投稿記事中、番号1ないし3、（中略）、236、237の各記事を仮に削除せよ。」「2　債権者のその余の申立てを却下する。」といった表現だった。

「別紙投稿記事目録」は、削除の対象となる検索結果を①タイトル、②URL、③スニペットを１セットとして順に記載し、それぞれに番号を振った体裁になっている。

なお、仮処分の担保（供託金）は50万円と指定された。

3）　東京地方裁判所平成27年５月８日決定（以下「事件Ⅱ」）

筆者が代理人となった案件の中で、事件Ⅰの次に米国グーグルに対する削除仮処分決定が発令された事件である。

この件は、専門職（医師、弁護士など）が、同専門職を規律する法律（医師法、弁護士法など）に違反した事件の逮捕記事を検索結果から削除してもらいたい、と請求した事案であった。事件からすでに約９年が経過していたことから、「更生を妨げられない利益」（最高裁平成６年２月８日判決、ノンフィクション「逆転」事件）を侵害しているという理由で、検索結果の削除を求めた。

本件は、平成26年12月８日申立で、６回の双方審尋期日を経たのち、平成27年５月８日に削除決定が発令された。

主文は、「債務者は、別紙投稿記事目録記載の各投稿記事を仮に削除せよ」であり、事件Ⅰのような一部認容ではなく、全部認容であった。

なお、仮処分の担保（供託金）は30万円と指定された。

この事件は、決定直後に、保全異議を経ることなく米国グーグルから起訴命令の申立てがされ東京地裁により決定されたため、当方から削除請求訴訟を提起せねばならないこととなった。今後、本案訴訟で仮処分決定の当否を争うことになる。

4）　さいたま地方裁判所平成27年６月25日決定（以下「事件Ⅲ」）

米国グーグルに対する検索結果の削除仮処分決定は、東京地裁以外でも発令されている。

事件Ⅲは、３年半前の犯罪報道につき、検索結果からの削除を求めたものである。事件Ⅱと同様、更生を妨げられない利益の侵害を理由としている。

本件は、さいたま地裁保全部の合議体が審理を担当しており、双方審尋期日には毎回３名の裁判官が出席していた。申立ては平成27年１月29日付けで、３回の双方審尋期日を経たのち、平成27年６月25日に発令されている。

主文は、「債務者は、別紙検索結果目録にかかる各検索結果を仮に削除せよ。」であり、削除の対象が「検索結果」だということを正面から認めている点に意義がある。

また、本決定は、末尾において「よって、仮処分によって債務者に具体

な損害が生じないなどの事情を考慮して担保を立てさせないで、主文のとおり本件検索結果を仮に削除することを命ずることとする」とし、仮処分の担保（供託金）を不要としている。

　一般に、民事保全法の仮差押や仮処分は、仮の判断であることから、債務者の損害賠償請求等の担保のため、債権者が一定の金額を法務局に供託しておく必要がある。いくら供託すれば良いかは、発令の際に裁判官が決めることになっており、条文でいくらと決まっているわけではない。そのため、事件Ⅰ、事件Ⅱでは、50万円、30万円などと指定されている。通常、インターネット情報の削除を求める仮処分では、供託金は30万円と指定されることが多いものの、40万円、50万円といった金額の指定もときにあり、削除する分量が多いと、100万円ほどの担保を指定されている例もある。

　これに対し本件では、供託金不要としている点がインターネット削除事件における判断としては珍しい。

２．争点（債権者の主張、債務者の主張）

(1) 争点概説

　米国グーグルに対する検索結果の削除仮処分事件では、ほぼ全件において、争点が共通している。最大の争点は、①検索結果の削除義務の有無、である。従前の裁判例では、掲示板管理者やブログ管理者には投稿記事の削除義務が認められてきたが、検索サイト管理者に検索結果の削除義務は認められるか、という点が問題とされる。削除義務の点では、グーグルは常に「補充性」も問題とする。すなわち、元のサイトの管理者に削除請求すれば十分であり、グーグルが削除義務を負ういわれはない、との主張である。また、名誉権やプライバシー権に基づく削除請求ならいざしらず、②そもそも上記のような「更生を妨げられない利益」の侵害に基づく削除請求が可能か、という争点と、③仮処分手続を利用するにあたっての「著しい損害又は急迫の危険」（民事保全法23条２項）がないのではないか、という付随的な争点もある。

　以下、当事者の主張を決定書に現れている表現を中心に紹介する。

(2) 検索結果の削除義務

１）　グーグルの主張

　検索結果の削除義務についてグーグルは、事件Ⅰでは、「申立書別紙投稿

記事目録記載のURLは、債務者のサイトにおける検索サービスの利用者が、任意の文言を入力することにより表示されるウェブページである」「それ自体は投稿記事そのものではないし、債務者のみによって作成されているものでもない。また、本件ウェブページでは、第三者の作成にかかる、インターネット上のウェブページにある投稿記事のURL、タイトル及び抜粋（以下「スニペット」という。）が表示されているに過ぎない。これらのURL、タイトル及びスニペットは、一定のアルゴリズムに基づいて、自動的かつ機械的に表示されているに過ぎず、債務者の人為的な操作により表示されるものではない」と主張し、また、「債務者は、債務者のサイトの検索システムを管理しているものの、本件ウェブページに表示されるコンテンツを管理しているコンテンツプロバイダではない。条理上の削除義務については、投稿記事そのものが置かれているインターネット上のウェブページの管理者が負うか否かはともかく、債務者が削除義務を負うといわれはない。」と主張し、検索ビジネス運営者に関しては、原則として削除義務がないと主張した。事件Ⅱでも同様の主張をしている。

　他方、事件Ⅲの決定では、グーグルの主張は以下のようにまとめられている。

　「本件サイトはいわゆる「検索エンジン」であり、サイトの利用者が入力した任意の文字列に応じて、一定のアルゴリズムに従い機械的かつ自動的に関連性のある既存のウェブページへのリンクのリストを生成し、検索結果として表示するサービスを提供するものである。検索エンジンは、インターネット上の膨大な情報を効率的に利用するために欠くことのできないものとして、いわば知る権利に資する積極的かつ公益的な重要な役割を担っている。このような検索エンジンの果たす公共的役割は、検索結果の表示に人為的な操作が介在しないことによって基礎付けられるものである。

　検索エンジンの公共的役割を前提とすれば、検索エンジンの管理者への削除請求における違法性の判断において、削除義務が認められるためには、表現の自由や知る権利と、人格権に対する不利益との比較考量が必要である。具体的事案において削除義務が認められるためには、当該内容に接する機会を有することによるユーザーの利益、その他の表現の自由や知る権利という公共の利益と、問題となっている検索結果に含まれる内容による権利侵害の程度などを総合的に考慮して判断されるべきである。

　本件検索結果を検索結果から除外することは、社会一般の知る権利を著し

く損なうものであり、他方、その内容が検索結果に表示されることによる債権者の権利侵害は認められないか極めて軽微であるから、被保全権利たる債権者の債務者に対する人格権に基づく削除請求は認められない。すなわち、本件においては、債務者の検索エンジンが、公益性の高い［事件名］に関する情報の発信者とそれを知ることを欲する者との「媒介者」としての役割を果たしており、一見して検索結果に表示される内容により債権者の権利が社会的に許容されないほど大きく侵害されている事案ではなく、さらに検索結果のリンク先ウェブページの管理者に対する請求も可能と考えられる事案であるから、仮に債権者の人格権の侵害が軽微ながら認められたとしても、なお受忍限度の範囲内といえる。

　債権者の求める削除は、債務者に検閲にも等しい役割を行わせて、ウェブページの管理者の表現の自由やインターネット利用者の知る権利を侵害する危険の高いものであり、安易に（とりわけウェブページの管理者への削除請求もしていないような場合に）削除義務が認められてはならない。債権者の救済手段としては、検索結果に表示されるウェブサイトの管理者への削除請求を原則とすべきであり、かかる救済手段が何らかの理由で困難である場合に限り、かつ、一見して検索結果に表示される内容により債権者の権利が社会的に許容されないほど大きく侵害されている場合にのみ、検索エンジンに対する請求が認められるべきである。」。

　グーグルの主張ポイントは、①検索結果は「自動的に機械的に」収集されたものであり、グーグルの意図、主観は介在していない、②グーグルは検索サイトに表示されるコンテンツは管理しておらず、「コンテンツプロバイダではない」、③元記事の管理者に削除請求すれば十分であり、グーグルが削除義務を負ういわれはない、④検索ビジネスには国民の知る権利に資する等の公益性があり、検索結果の削除は限定的な条件のもとでのみ許される、といった点に集約される。

　もっとも、事件Ⅰ、Ⅱでは削除義務を完全に否定しているように読めたが、事件Ⅲでは一定の削除義務があることを認めたうえで、その条件を限定しようとしているように読める。おそらく、事件Ⅰの決定による影響と考えられる。

　2）　債権者の主張

　これに対し、債権者側からは以下の主張をした。

　①検索結果が「自動的に機械的に」といっても、インターネットからの情

報収集、および収集した情報のデータベース化と情報の整理、再構築、発表について、その目的と手段を決定しているのは債務者自身であり、クローラと呼ばれるロボットや解析プログラム、ウェブページ自動生成プログラムが独自の意思を持っているのではなく、ほかならぬ債務者が、そのロボットやプログラムに意思、方針を与えているのであり、グーグルの意図や主観が介在していないとは、到底いえない。②そして、自社のウェブサイトに表示するコンテンツを自社における方針決定のもとでコントロールしている以上、検索サイトに表示される検索結果はグーグルのコンテンツである、また、インターネットの歴史においてもロボット型検索サイトは、インターネットの需要に応じて発達してきたコンテンツの一種にすぎない。また、③元記事の管理者に削除請求すれば足り、グーグルが削除義務を負ういわれはない、との点については、元の記事が違法であれば、これを複製した記事も違法であり、元の記事だけが違法で、そのコピーは違法でないということになれば、違法な記事はコピーし放題という結果になり妥当でない。違法な記事を収集して、ウェブページを自動生成して公表しているのは債務者自身だから、収集元の情報管理者とは別に、債務者も削除義務を負う、と主張した。④そしてグーグルも単なるコンテンツプロバイダである以上、ブログ管理会社や掲示板管理会社と同様の基準により、自社管理のコンテンツにつき削除義務を負う、と主張した。

　事件Ⅲでは、もし、コピー元サイトの管理者だけが削除義務を負うとしたら、グーグルは何らの責任も負わずに、他者のコンテンツで利益を上げることになり、まさに濡れ手で粟、という状態になり不合理である、との主張もしている。

(3) 更生を妨げられない利益侵害による削除請求
1) 債権者の主張

　事件Ⅲの決定では、以下のようにまとめられている。

　「ある者が刑事事件について被疑者とされ、さらには被告人として公訴を提起されて判決を受け、とりわけ有罪判決を受け、服役したという事実は、その者の名誉あるいは信用に直接関わる事項であるから、その者は、みだりに前科等に関わる事実を公表されないことにつき、法的保護に値する利益を有する。そして、その者が有罪判決を受けた後あるいは服役を終えた後においては、一市民として社会に復帰することが期待されるのであるから、その

者は、前科等に関わる事実の公表によって、新しく形成している社会生活の平穏を害されその更生を妨げられない利益を有する（最判平成6年2月8日、ノンフィクション逆転事件）。かかる「更生を妨げられない利益」は人格権の一つの内容であるから、ウェブサイトの情報により「更生を妨げられない利益」が違法に侵害されているときは、人格権に基づく妨害排除請求、妨害予防請求として、対象者情報の削除を請求できる。

　どのような場合に、人格権に基づく妨害排除請求、妨害予防請求としての差止請求が認められるかについて最高裁判決（最判平成14年9月24日、石に泳ぐ魚事件）は、「侵害行為の対象となった人物の社会的地位や侵害行為の性質に留意しつつ、予想される侵害行為によって受ける被害者側の不利益と侵害行為を差し止めることによって受ける侵害者側の不利益とを比較衡量して決すべきである。」としたうえで、「侵害行為が明らかに予想され、その侵害行為によって被害者が重大な損失を受けるおそれがあり、かつ、その回復を事後に図るのが不可能ないし著しく困難になると認められるときは侵害行為の差止めを肯認すべきである。」とする。すなわち、人格権侵害差止請求の考慮要素は、①侵害対象者の社会的地位、②侵害行為の性質、③被害者の不利益、④差止めによる侵害者の不利益、⑤侵害行為が明らかに予想されること、⑥被害の重大性、⑦回復困難性、である。比較衡量の判断基準は、侵害が受忍限度か否かである（最判平成7年7月7日、国道43号線事件、調査官解説738頁、および、大阪国際空港大法廷判決）。すなわち、上記要素を中心に、侵害が受忍限度かどうかを判断し、差止請求の拒否を判断する。ウェブサイトにおける人格権侵害にかかる被害の重大性・回復困難性は、インターネットに掲載された情報は、不特定多数のインターネット利用者がいつでも瞬時に閲覧可能であり、ひとたび閲覧されれば、閲覧者の記憶を消すわけにもいかず、事後の回復は事実上不可能であることである。そして、本件検索結果のスニペット部分が知人に読まれれば、更生を妨げられない利益が侵害されると明らかに予想できる。

　一般に、事件や有罪判決から時間が経過すればするほど犯罪報道の情報価値が低くなり、当初高かった公衆の関心が次第に減少していく反面、有罪判決を受け刑の執行が終わった者にとっては、時間が経つにつれて更生の機会を得て、新たな生活関係を形成しているという関係にあることから、時間経過の判断においては、①「公衆の正当な関心」および②「新たな生活関係の形成」を考慮すべきである。そして、公衆の正当な関心の希薄化という点で

は、公訴時効期間（刑事訴訟法250条）や不法行為の時効期間（民法724条）が一つの基準になる。」

「現時点においては、本件事件についての実名報道記事を表示する価値よりも、債権者の更生を妨げられない利益の方が優位する。」

２）　グーグルの主張

事件Ⅲの決定では、以下のようにまとめられている。

「本件検索結果は、いずれも債権者が過去に［罪名］の疑いで逮捕された事実に関するものであり、当該事実は刑事裁判において公的に確定されている」「悪質な犯罪であり、国内のみならず国際的にも社会的批判の極めて大きいものである」「社会一般の関心の高い事実である。そのような情報に接する機会を有する（知る権利）という公共の利益は極めて大きい。」「特に、本件の事件の処罰根拠法である［法条］の公訴時効は５年（刑事訴訟法２５０条２項５号）であり、公訴時効期間は、法が定める、時の経過によって犯罪に対する社会の応報・必罰感情が沈静し、刑の威嚇力や特別予防力が微弱になる期間であるという趣旨を有するところ、本件では事件から約３年８箇月、略式命令から約３年３箇月しか経過していないため、本件の事件に関する情報に接する機会を有するという公共の利益は特に大きい。」「債権者は、略式命令から３年以上が経過しており、事件を反省し新しい生活をしていることから、事件を公表したままにすることは違法であると主張するが、本件検索結果の全部（又は一部）が表示されていることをもって更生が妨げられている具体的な事実の主張はない。むしろ、債権者は現在平穏な日常生活を送っでいるため、具体的な人格権侵害は生じていない。」「また、債権者の氏名のみで検索した場合には、本件検索結果のうち、ごく限られた件数しか表示されない。債権者の主張する検索結果のほとんどは、「債権者の住所地」＋「債権者の氏名」という意図的に限定された検索条件によってのみ表示される。このような検索結果にアクセスする者はかなり限定される。」「したがって、かかる事情の下、そのほとんどが限定的な条件で表示される検索結果によって、債権者の人格権（更生を妨げられない利益）に対する不利益は、生じているとしても極めて軽微である。債権者は、そもそも当該行為に対する社会的制裁を相当程度受忍すべき立場にあるはずである。前述の意図的な検索の方法により生じる抽象的な不利益も受忍すべき範疇と考えられるため、人格権侵害は生じていないか極めて軽微である。」

グーグルは、事件Ⅲ以前は、「更生を妨げられない利益」などという曖昧

な概念で削除を認めることはできない、と主張していたが、事件Ⅲでは、削除請求の根拠として認めたうえで、適用を制限しようという主張をしているように読める。

(4) 保全の必要性
1） グーグルの主張
　事件Ⅲの決定では、以下のようにまとめられている。
　「本件申立てには、保全の必要性を基礎付ける「著しい損害」や「急迫の危険」が存在しない。債務者に対して仮に削除を義務付ける保全の必要性はない。債権者は、具体的な不利益について何ら主張しておらず、仮に不利益が発生していたとしても、抽象的な不利益は受忍すべき範疇と考えられるため、人格権侵害は極めて軽微である。そのような状況においては、そもそも損害の発生及び、差し迫った回避すべき危険の存在が疎明されているとは言えないから、「著しい損害」や「急迫の危険」による保全の必要性はない。
　グーグル検索は検索エンジンであり、投稿記事はインターネット上の別のウェブページにある。仮に本件検索結果を検索結果から除外したとしても、投稿記事を含むウェブページはインターネット上に存在し続けるため、誰でも閲覧することができる状態にあり続ける。債権者は、投稿記事を含むウェブページの管理者に対して削除を求めることが可能であり、かかる削除が行われればそもそも問題となっている投稿記事はインターネット上に存在しなくなり、グーグル検索の検索結果としても表示されなくなる。そのようなウェブページの管理者に対する削除請求もしていない状況で、債務者に先んじて削除させるべき必要性などない。また、わが国で利用される検索サービスには、債務者のサイトの他にも、「Yahoo!」（http://www.yahoo.co.jp/）など多数の検索サービスが存在している。その多数のサービスの一つにすぎないグーグル検索を管理している債務者に対して検索結果の削除を求めても、権利侵害の発生を阻止することはできない。
　本件は、債権者の主張する人格権と、(中略)、社会一般の知る権利が対立するものであるところ、本来は、本案での綿密な審理手続になじむものであり、迅速性を重視する保全手続において争うべき事案ではない。それにもかかわらず、本件のように保全手続が選択されると、債務者にとっては本案で争う機会が実質的に奪われるに等しく、安易な事実認定や命令が発せられることによる弊害は著しく大きい。したがって、かかる事案においては債権者

に本案で争う機会が保障されていれば十分であり、保全の必要性を認めて、保全手続を不当に利用することを許すべきではない」。

2） 債権者の主張

事件Ⅲの決定では、以下のようにまとめられている。

「本件検索結果は、インターネットで常に公開されており、時間の経過により、閲覧される機会が増え、人格権侵害が拡大する。そこで、債権者は債務者に対し、インターネットでの閲覧の機会を減らすため仮に削除を求めておく必要がある。

本案判決を求めていては、その間にも、債権者の知人に過去の逮捕歴が閲覧されることになれば、重大にして回復困難な事態となる。それゆえに、知人に閲覧される前に、一刻も早く検索結果を削除しておく必要があり、ここに保全の必要がある」。

3．裁判所の判断内容

(1) 検索結果の削除義務
1） 事件Ⅰ

裁判所は、「債務者は、本件サイトによるインターネット検索サービスの公益性や、検索サービスの提供者は検索結果の内容の正確性や正当性については何ら表現を行っていないことから、検索サービスの提供者には検索結果についての削除義務は原則として認められない旨主張し、なるほど、今日においてインターネット検索サービスの利用は、インターネットを効率的に利用する上で、きわめて重要な役割を果たしていることは公知の事実である。しかし、本件投稿中、主文第1項に列挙したものは、タイトル及びスニペットそれ自体から債権者の人格権を侵害していることが明らかである一方、このように投稿記事の個々のタイトル及びスニペットの記載自体を根拠として投稿記事について債務者に削除義務を課したとしても債務者に不当な不利益となるとはいえないし（現に、疎明資料（甲7、乙5ないし7）によれば、債務者は、本件サイトによる検索結果から債務者が違法と判断した記事を削除する制度を備えていることが認められる。）、また、他者の人格権を害していることが明白な記載を含むウェブサイトを検索できることが本件サイトを利用する者の正当な利益ともいい難い。よって、債務者の上記主張は採用できない」。「また、債務者は、本件サイトの検索結果のリンク先のウェブサイトの

管理者に削除を求めれば権利救済として足りるから、債務者に検索結果についての削除義務は原則として認められない旨主張するが、本件投稿記事目録中、主文第1項に列挙したものは、投稿記事の個々のタイトル及びスニペットそれ自体から債権者の人格権を侵害していることが認められるのであるから、本件サイトを管理する債務者に削除義務が発生するのは当然であり、債務者の上記主張は、これに反する限りにおいて採用できない。」と判断した。

そして、具体的なあてはめとして、以下の基準も同時に示している。

「投稿記事のタイトル及びスニペットを通常人の読み方を基準に読んだ場合、債権者が」犯罪に関与したように読み取れる場合や、「その素行が著しく不適切な人物との印象を与えることは明らか」な場合には削除を認める。

他方で、「タイトル及びスニペットの双方に債権者名が全く表示されていないため、債権者の人格権を何ら侵害していない」場合には削除を認めない。また、「本件サイトの検索結果として表示されるのは、本来相互に無関係なウェブサイトのタイトル及びスニペットなのであり、そのことを本件サイトを利用する者も認識していると考えられるから」他の検索結果のスニペットから、別の検索結果のスニペットの意味内容を補うこともできない。

2）事件Ⅱ

事件Ⅱは主文だけであり、決定理由は書かれていない。

3）事件Ⅲ

裁判所は、「債務者は、検索エンジンの公共的役割は、検索結果の表示に人為的な操作が介在しないことによって基礎付けられるところ、検索結果の削除は、検索エンジンの管理者に検閲にも等しい役割を行わせて、ウェブページの管理者の表現の自由やインターネット利用者の知る権利を侵害する危険が高く、安易に削除義務が認められてはならないと主張する。債務者はまた、一見して人格権侵害が受忍限度を超えることが明らかな検索結果以外の削除義務を裁判所が認めることになれば、検索エンジンは、以後、差止請求及び損害賠償請求等において違法と判断されることを事前に回避するため、検索結果の内容を積極的に判断しなければならなくなり、その結果、検索結果に対する自己検閲の危険が生じ、情報発信者の表現の自由や公衆の知る権利にも制約が生じることとなるとも主張する。

しかし、検索エンジンは、インターネット上の膨大な情報を収集し、あらかじめ一定の方法を定めて自動的に検索結果として表示するようにしているのであるから、そのような検索エンジンを管理運営するにあたっては、検索

結果として個人情報が表示されることで必然的に権利の侵害を受ける可能性がある個人の利益保護にも配慮すべきは当然である。

そして、検索エンジンがそのような方法で管理運営される結果として表示される検索結果により、他人の人格権が侵害され、それが検索エンジンの公共的役割ないし情報の「媒介者」としての中立的性格や検索結果を表示する意義ないし必要性を踏まえても、受忍限度を超える権利侵害と判断される場合に、そのような権利侵害への個別的な対応として権利侵害にあたる一部の検索結果のみを削除することは、これにより検索結果の中立性が損なわれ、情報発信者の表現の自由や公衆の知る権利が著しく損なわれるとはいえないから、検索エンジンの公共的役割が損なわれるとはいえない。

また、その限度で、既に表示されている検索結果について事後的に削除請求を受け、裁判所の判断により削除が命じられたからといって、検索エンジンの管理者に検閲にも等しい役割を行わせるものともいえない。検索エンジンの管理者が、違法と判断されることを事前に回避するため、検索結果の内容を積極的に判断し、その結果、検索結果に対する自己検閲の危険が生ずるとの主張についても、そのような事前回避的な対応をするか否かは、検索エンジンの管理者が、自ら、インターネットの検索エンジンの公共性、公益性を踏まえ適切に判断すべき事柄である。検索エンジンによる権利侵害を理由として、検索結果について、個人からの削除請求を受け、裁判所から削除を命じられるからといって、直ちに検索エンジンの管理者に対する萎縮的な効果が生じ、自己検閲の危険が生ずるというものではない。

世界中で広く利用される検索エンジンを運営している債務者の事業規模の大きさ等から考えれば、権利侵害を理由とする個人等からの削除請求が多数寄せられたとしても、必要に応じて裁判所等の第三者の判断を経るなどして、事案に応じた適切な対応をすることが困難とは考えられず、これによる萎縮的な効果や自己検閲の危険が生ずる具体的なおそれは認められない。

債務者は、債権者の救済手段は検索結果に表示されるウェブサイトの管理者への削除請求を原則とすべきであり、かかる救済手段が何らかの理由で困難である場合に限り、かつ、一見して検索結果に表示される内容により債権者の権利が社会的に許容されないほど大きく侵害されている場合にのみ、検索エンジンに対する削除請求が認められるべきであるとも主張する。

しかし、インターネット上の情報は、複写が簡単に一瞬で出来るため、同じ内容の情報が多数のウェブページに転載され、掲載されるウェブサイトの

管理者が多数に上ることがしばしばであり、ウェブサイトの管理者に対する削除請求は、必ずしも容易でない。これに対し、膨大なインターネット上の情報は、検索エンジンを利用しなければ、その情報に接することは容易ではなく、検索結果に表示されるウェブページが削除されなくても、検索エンジンに検索結果が表示されないようにすることで実効的な権利救済が図られる面もある。

したがって、検索エンジンに対する削除請求よりも、検索結果に表示されるウェブサイトの管理者への削除請求を原則とすべきであると一概にいうことはできないし、検索エンジンに対する削除請求について、一見して検索結果に表示される内容により債権者の権利が社会的に許容されないほど大きく侵害されている場合に限るべきであるともいえない。」と判示した。

(2) 更生を妨げられない利益侵害による削除請求
1) 事件Ⅲ

裁判所は、「刑事事件で逮捕されたという逮捕歴にかかわる事実は、その者の名誉あるいは信用に直接にかかわる事項であるから、その者は、みだりにその事実を公表されないことにつき、法的保護に値する利益を有し、その者が有罪判決を受けた後あるいは服役を終えた後においては、一市民として社会に復帰することが期待されるのであるから、その者は、逮捕歴にかかわる事実の公表によって、新しく形成している社会生活の平穏を害されその更生を妨げられない利益を有する。

そして、インターネットの検索エンジンによる検索結果において、逮捕歴に関する記事が表示されることにより、このような更生を妨げられない利益が侵害されるとして、人格権に基づく妨害排除又は妨害予防の請求として、検索エンジンの管理者に対して検索結果の削除を求めることの可否は、検索結果の表示によって被るとされる被害が、社会生活を営む上において受忍すべきものと考えられる程度、すなわちいわゆる受忍限度を超えるものかどうかによって決せられるべきであり、これを決するについては、侵害行為の態様と程度、被侵害利益の性質と内容、侵害行為の公共性の内容と程度、被害の防止又は軽減のため加害者が講じた措置の内容と程度についての全体的な総合考察を必要とするものである。

この点で、逮捕歴にかかわる事実は、それが刑事事件という社会一般の関心あるいは批判の対象となるべき事項にかかわるものであるから、事件それ

自体を公表することに歴史的又は社会的な意義が認められるような場合には、事件の当事者についても、その実名を明らかにすることが許されないとはいえない。また、その者の社会的活動の性質あるいはこれを通じて社会に及ぼす影響力の程度などのいかんによっては、その社会的活動に対する批判あるいは評価の一資料として、逮捕歴にかかわる事実が公表されることを受忍しなければならない場合もあり、その者が選挙によって選出される公職にある者あるいはその候補者など・社会一般の正当な関心の対象となる公的立場にある人物である場合に、その者が公職にあることの適否などの判断の一資料として事実が公表されることを受忍しなければならないこともある。

　そして、インターネットの検索エンジンの検索結果として逮捕歴にかかわる事実が実名等の個人情報と共に表示されている場合に、以上の諸点を判断するためには、その検索エンジンの目的、性格等に照らし、実名等の個人情報まで表示されることの意義及び必要性を併せ考えることを要する。なお、刑事事件に関する社会一般の関心は、犯人の逮捕後起訴、有罪判決による処罰と各段階を経ることによって次第に希薄になるのが通常であるから、このような時の経過も考慮する必要がある。

　したがって、前記のような更生を妨げられない利益が侵害されるとして、人格権に基づき、検索エンジンの管理運営者に対し、逮捕歴に関する記事が表示される検索結果の削除を求める請求については、その者のその後の生活状況を踏まえ、検索結果として逮捕歴が表示されることによって社会生活の平穏を害され更生を妨げられない利益が侵害される程度を検討し、他方で検索エンジンにおいて逮捕歴を検索結果として表示することの意義及び必要性について、事件後の時の経過も考慮し、事件それ自体歴史的又は社会的な意義、その当事者の重要性、その者の社会的活動及びその影響力について、その検索エンジンの目的、性格等に照らした実名表示の意義及び必要性をも併せて判断し、その結果、逮捕歴にかかわる事実を公表されない法的利益が優越し、更生を妨げられない利益について受忍限度を超える権利侵害があると判断される場合に、検索結果の削除請求が認められるべきである。」と判示した。

2）　東京高等裁判所平成26年4月24日判決

　なお、筆者は、更生を妨げられない利益の侵害を理由とする削除請求については、通例、下記の東京高裁平成26年4月24日判決を引用して主張しており、事件Ⅲの決定もこの東京高裁判決に影響を受けているものと考えられる。

「ある者が刑事事件につき被疑者とされ、さらには被告人として公訴を提起されて有罪判決を受けたという事実は、その者の名誉あるいは信用に直接関わる事項であるから、その者は、みだりに当該事実を公表されないことにつき法的保護に値する利益を有するものというべきところ、上記有罪判決において刑の言渡し及び刑の執行猶予の言渡しを受けた後、刑の執行猶予の言渡しを取り消されることなく猶予の期間を経過し、刑の言渡しが効力を失った後においては、その者は、前科等にかかわる事実の公表によって新しく形成している社会生活の平穏を害されその更生を妨げられない利益を有するというべきである（最高裁平成元年（オ）第1649号同6年2月8日第三小法廷判決民集48巻2号149頁参照）。もっとも、その者が選挙によって選出される公職にある者あるいはその候補者など、社会一般の正当な関心の対象となる公的立場にある人物である場合において、その者が公職にあることの適否などの判断の一資料として前科等に関わる事実が公表されたときはもとより、刑事事件それ自体を公表することに歴史的又は社会的な意義が認められるような場合、その者の社会的活動に対する批判ないし評価の一資料として前科等にかかわる事実が公表される場合には、実名使用の意義及び必要性を考慮し、総合的に判断して違法とはならないこともあるというべきである（上記第三小法廷判決参照）。そして、このことは有罪判決の言渡し後長期間経過後に前科等にかかわる事実が公表された場合だけでなく、有罪判決以前にウェブサイトの掲示板に被疑事実に係るウェブページが作成され、そのまま閲覧可能な状態に置かれて長期間経過した場合にも当てはまるのであり、この場合において、ウェブページ作成後社会通念上相当な期間閲覧可能な状態に置いておくことは違法とならないが、刑の言渡し及び執行猶予の言渡しを受けた後、刑の執行猶予の言渡しが取り消されることなく猶予の期間を経過し、刑の言渡しが効力を失ったときは、当該時点以後は、その後のその者の生活状況に照らし、その者が有する、前科等にかかわる事実の公表によって新しく形成している社会生活の平穏を害され、その更生を妨げられない利益が損なわれることとなることを否定することはできないから、このことと、事件それ自体の歴史的又は社会的な意義、その者の政治的又は社会的地位の重要性、その者の社会的活動及びその影響力、ウェブサイトの目的、性格等に照らした実名使用の意義及び必要性とを総合的に比較考量し、上記の更生を妨げられない利益が優先すると判断されるときには、その者はウェブサイトの管理運営者に対し、当該ウェブページを削除することを請求することができるもの

と解するのが相当である（上記第三小法廷判決の法理は上記の場合にも当てはまるものと考えられる。）。」

(3) 保全の必要性

　事件Ⅰの決定は、「債権者は、本件投稿記事中主文第1項に列挙したものの存在により、著しい損害を被るおそれがあるのでこれを避ける必要があるものと認められ、保全の必要性について疎明がある」としている。

　事件Ⅲの決定は、「本件検索結果は、グーグル検索において債権者の住所の県名と氏名を検索キーワードとして検索しさえすれば、インターネット上に表示されて常に閲覧可能な状態であるところ、それを閲覧した者との関係では、後にいかなる方法によっても閲覧しなかった状態に戻すことができないから、いったん生じた損害の回復は極めて困難である上、時の経過により債権者の周囲の者がこれを閲覧する可能性は高まり、生じうる損害はむしろ拡大するといえる。

　ところが、本案訴訟となれば、米国法人である債務者に対する訴状送達の手続だけでも相当の時間を要することは明らかである。他方、本件の仮処分手続は、審尋期日を3回経るなど既に双方の主張立証を尽くし慎重な審理を経ている。

　したがって、本件検索結果の削除請求権の有無という争いがある権利関係について、債権者に生ずるおそれがある上記のような回復困難で著しい損害を避けるために、仮の地位を定める仮処分により、検索結果の削除を命ずる必要があると認められる。

　債務者は、検索結果として表示されるウェブページの管理者に対する削除請求もしていない状況で、検索エンジンである債務者に先んじて削除を命ずる必要性はないと主張する。

　しかし、本件検索結果には、前記第2の1-（2）のとおり元となる4つの記事が転写されているに過ぎないのに、それにもかかわらず合計49個ものリンク先のウェブページがあり、リンク先のウェブサイトの管理者が多数に及んでいる。したがって、債権者がその管理者を特定した上で個別にウェブページの記載の削除を請求しなければならないとすると、早期に実効性のある権利救済を得ることが困難である。

　これに対し、本件検索結果を削除することは、債務者において情報処理システム上の対処が必要なだけであって、仮処分命令によって債務者に実質的

な損害を生じさせるものではない。本件の仮処分によって、検索結果の削除を命ずることは、当事者双方の負担も少なく、迅速かつ効果的な権利救済に資するものといえる。

更に、インターネット上に、債務者が提供するグーグル検索以外にも、多数の検索サービスが存在するということでも、保全の必要性についての上記判断は左右されない。数ある検索サービスの中でも、債務者が提供するグーグル検索が、今日のインターネット利用者から主たる検索サービスとして広く利用されていることは、検索エンジンの公共性を主張する債務者が自認するところであろう。そうであれば、グーグル検索の検索結果から削除されるだけでも、上記の債権者の権利侵害を未然に防ぐために相当高い効果があると認められるからである。」としている。

4．裁判所の判断に対する評価

(1) 従前の裁判例
1） はじめに

従前、裁判所は、グーグル、ヤフーとも検索結果の削除を認めてこなかった。グーグルは各仮処分手続において、従前の裁判例を引用し自らの主張の根拠としたため、以下において、債権者側からの反論を記しておく。

2） 東京地裁平成25年5月30日判決（判例集未登載）

本判決は、「このような表現は原告のプライバシーを侵害するものといえる」「原告の名誉を毀損するものである」として、前提となる人格権侵害自体は肯定している。

しかし、「被告グーグルインクは、ウェブページの内容を確認した上で、本件検索サービスによる検索結果を表示しているのではない」として、グーグルインクの主観を論じ、そのうえで、「被告グーグルインクに原告の名誉又はプライバシーを侵害する違法があるとすることはできない」という結論を導いている。

これは、損害賠償請求の違法性と削除の違法性を混同したがゆえの結論である。プライバシー侵害かどうかの判断では、侵害者の主観は判断要素となっていない。

「ウェブページの内容を確認していない」点については、プロバイダ責任制限法3条により立法的解決が図られており、損害賠償義務を負う条件は限

定されている。

　他方、本判決のいう検索サイトの公益性については、検索サイトの公益性と検索結果の公益性を混同するものとの評価ができる。検索サイトに公益的側面があるからといって、すべての検索結果が公益にかなう、という理由にはならない。

　本判決は、検索ビジネス会社に違法性を個別に判断させることの困難さを指摘するが、裁判所が違法だと判断した検索結果を削除するのであれば、この点は問題となり得ない。

　公益性と個別判断の困難さの主張は、事件Ⅲの決定でも排斥されている。

　結局、本判決は、グーグルインクの損害賠償義務を免れさせる、という価値判断のもとで理由と基準を組み立てており、削除義務を免れさせる根拠となっていない。

3）　東京高裁平成25年10月30日判決（判例集未登載）

　上記地裁事件の控訴審である。

　検索結果の削除については「本件検索結果を表示することが控訴人の名誉又はプライバシーを違法に侵害するものといえないことは、前記（1）に説示のとおりである。」と判示されているところ、「前記（1）」とは、グーグルインクの「不法行為責任」を検討している部分である。

　そして、グーグルインクが検索結果を「放置していた」かどうかを問題としていることから、1審判決と同じく、削除義務と不法行為責任の要件を混同しているものと考えられる。

4）　東京地裁平成23年12月21日判決（判例集未登載）

　本判決は、「削除をすべき義務があるのは、」「検索結果の削除等の申出等を受けることによって被告ヤフーがその違法性を容易に認識できたにもかかわらず放置していた場合に限られる」としており、削除義務に検索サイト運営者の「認識しつつ放置」という主観を問題としている。

　つまり、やはり、不法行為責任と削除義務の要件を混同していると考えられる。

　違法性を容易に認識できたかどうかは、プロバイダ責任制限法3条1項2号により判断される損害賠償義務の免責事由であり、削除義務とは関係がない。

5）　東京地裁平成22年2月18日判決（Westlaw、2010WLJPCA02188010）

　本判決は「被告自身の意思内容を表示したものではないし（中略）不法行

為を構成するとまで認めることはできない」とし、結局、ヤフーに不法行為が成立するかどうか、という視点でしか検討していない。

つまり、不法行為責任の要件と削除義務の要件を混同しているのである。

6） 京都地裁平成26年8月7日判決（Westlaw、2014WLJPCA08076001）

本判決は、「本件検索サービスの仕組みは、被告が構築したものであるから、これによる検索結果の表示は、被告の意思に基づくものというべきであるが」として、検索サービス会社（ヤフー）の意思に基くウェブページだと認定しておきながら、「ロボット型検索エンジンによって自動的かつ機械的に抽出された」ものであり、「原告に対する不法行為が成立するとはいえない」とし、結局、不法行為論に終始している。

機械的に抽出されたものだから故意・過失がないというのなら格別、客観的に記事に違法性があるかどうかは別問題である。

7） 結論

検索サイトがコンテンツプロバイダとして不法行為責任を負うかどうかは、プロバイダ責任制限法3条の規律するところであり、削除義務とは切り離して検討すべき問題である。

ウェブサイトにおける人格権侵害の記事・情報の違法性は、客観的要素により判断されるべきものである（最判平成14年9月24日、石に泳ぐ魚事件最高裁判決、判タ1106号72頁、判時1802号60頁）。

(2) 検索結果の削除請求に関する裁判所の判断についての考察

一般に、差止請求権の法的根拠は、人格権に基づく妨害排除請求権、妨害予防請求権と考えられている。そして、人格権は物権と同様に排他性を有する権利であるから、差止請求権の成立においては、故意・過失等の主観的要件は不要であり、人格権が違法に侵害されている状態があることで足りるとされている（東京地裁保全研究会『民事保全の実務、第3版（上）』〔きんざい、2012年〕338頁）。

インターネット情報の削除請求権は、一種の差止請求権であり、人格権が違法に侵害されているとう状況があれば足り、侵害者の主観は問題とならない。

しかるにグーグルは、検索結果は「自動的に機械的に」インターネットの情報を収集して表示しているだけであり、検索結果に関していかなる意図、主観もないとし、削除義務がない、と主張してきた。

しかし、検索サイト以外のコンテンツプロバイダに対しては、従前、条理上の削除義務が認められてきた。他人の人格権を侵害するブログを書いたり、掲示板に投稿するのはサイトの利用者であって、サイトの運営会社ではない。にもかかわらず、サイトの運営会社には削除義務が認められてきている。理由は、当該コンテンツプロバイダの管理下にあるウェブページに人格権侵害の記事があることから、「客観的には、当該プロバイダが他人の名誉を侵害していると評価しても差し支えないと解されるから」である（前掲・民事保全の実務340頁）。
　そうであれば、グーグルの検索サイト内に人格権侵害のタイトルやスニペットが表示されるのであれば、客観的にはグーグルが人格権を侵害していると評価しても差し支えないはずであり、違法性が認められる以上、削除請求は認められてしかるべきである。
　グーグルが単なるコンテンツプロバイダの一種であり、他のコンテンツプロバイダと同様、グーグルの管理下にあるウェブページに人格権侵害の情報があれば、削除請求ができる、ということを認めたのが、事件Ⅰである。
　同決定は、「個々のタイトル及びスニペットそれ自体から債権者の人格権を侵害していることが認められるのであるから、本件サイトを管理する債務者に削除義務が発生するのは当然であり」と判示しており、サイト管理者であるグーグルに削除義務が認められるのは当然だとしている。
　一方、事件Ⅲの決定は「検索結果の削除」という争点について、明確には述べていない。検索結果の削除請求が当然可能であることを前提としたうえで、削除の要件・条件を限定・制限しようとするグーグルの主張をことごとく排斥する、というスタイルを取っている。これはおそらく、グーグル自身の主張が、事件Ⅰでは「完全否定」だったのに対し、事件Ⅲでは「限定的な削除義務」という内容だったからだと考えられる。
　まずグーグルの「違法と判断されることを事前に回避するため、検索結果の内容を積極的に判断しなければならなくなり」という主張に対しては、「検索エンジンは、インターネット上の膨大な情報を収集し、あらかじめ一定の方法を定めて自動的に検索結果として表示するようにしているのであるから、そのような検索エンジンを管理運営するにあたっては、検索結果として個人情報が表示されることで必然的に権利の侵害を受ける可能性がある個人の利益保護にも配慮すべきは当然である」として、積極的に検索結果の内容に配慮せよ、と判示している。これは、後掲大阪高裁平成27年2月18日判

決の影響を受けた表現ではないかと思われる。

　またグーグルの「情報発信者の表現の自由や公衆の知る権利にも制約が生じる」に対しては、「受忍限度を超える権利侵害と判断される場合に、そのような権利侵害への個別的な対応として権利侵害にあたる一部の検索結果のみを削除することは、これにより検索結果の中立性が損なわれ、情報発信者の表現の自由や公衆の知る権利が著しく損なわれるとはいえない」として排斥している。

　さらに「検索結果に対する自己検閲の危険が生じ」との主張については、「事後的に削除請求を受け、裁判所の判断により削除が命じられたからといって、検索エンジンの管理者に検閲にも等しい役割を行わせるものともいえない」として排斥している。

　補充性の争点、つまり「ウェブサイトの管理者への削除請求を原則とすべき」との主張については、「インターネット上の情報は、複写が簡単に一瞬で出来るため、同じ内容の情報が多数のウェブページに転載され、掲載されるウェブサイトの管理者が多数に上ることがしばしばであり、ウェブサイトの管理者に対する削除請求は、必ずしも容易でない。これに対し、膨大なインターネット上の情報は、検索エンジンを利用しなければ、その情報に接することは容易ではなく、検索結果に表示されるウェブページが削除されなくても、検索エンジンに検索結果が表示されないようにすることで実効的な権利救済が図られる」として、実効的な権利救済、という観点から、グーグルの主張を排斥している。

　この「実効的な権利救済」は、従前、コンテンツプロバイダに対する削除請求の補充性において説明されてきたところである。

　すなわち、本来削除請求すべき相手は、違法なブログを書いた個人や、違法な投稿をした個人であって、コンテンツプロバイダではないはず、との論点については、「ホームページの開設は、匿名や偽名でなされることも多いため、開設者を特定することが困難な場合があり、この場合は、開設者に対する差止の仮処分は事実上不可能である」（前掲『民事保全の実務』340頁）として、コンテンツプロバイダへの削除請求が認められてきた。

　検索結果の削除請求についても同じく、サイト管理者の探索が容易でない場合も多く、迅速かつ実効的な削除請求が事実上困難である、という理由により、グーグルに対する検索結果の削除について、補充性の論点をクリアしたものと考えられる。

ところで、大阪高裁平成27年2月18日判決（判例集未登載、上告中）も、「本件検索結果に係るスニペット部分に記載された本件逮捕事実は」「控訴人の社会的評価を低下させる事実であるから、本件検索結果に係るスニペット部分にある本件逮捕事実の表示は、原則として、控訴人の名誉を毀損するものであって違法であると評価される。」という表現で、スニペットが人格権侵害となるケースが存在することを認めている。

(3) 更生を妨げられない利益侵害による削除請求に関する考察

　インターネットが一般に利用され始め、はや20年ほどになる。そういった時期的な問題か、インターネット黎明期の2000年前後に若気の至りなどで犯罪を犯し実名報道された者が、今でも検索結果に事件が表示されるとして、何とかしたいと相談に訪れるケースが後を絶たない。今では結婚して子どもも大きくなった。そろそろ子どもが小学校、中学校に入る時期だが、子どもの友達や親に自分の過去を検索されて子どもがいじめられないか、また、子どもの就職や結婚に不利になるのではないか。そういった相談である。

　犯罪報道は、実名報道であっても、犯罪当時であれば公益性があり、インターネットに実名報道を書いたとしても原則として違法ではない。しかし、インターネットは決して忘れない。何年、何十年経った今でも、自分の名前で検索すれば過去の犯罪報道が一瞬で表示されるというのでは、今の生活を壊しかねない。

　それは自業自得だから受忍すべき、との見解もあるだろう。しかし、日本の刑事政策では、「有罪判決を受けた後あるいは服役を終えた後においては、一市民として社会に復帰することが期待されるのであるから、その者は、前科等に関わる事実の公表によって、新しく形成している社会生活の平穏を害されその更生を妨げられない利益を有する」（最高裁平成6年2月8日判決、ノンフィクション「逆転」事件）というように、更生して一市民として社会に復帰する、ことが期待されている。

　そうすると、更生を妨げる要因となるインターネットの過去の犯罪報道もまた、一定時点からは違法な存在として削除請求の対象となるのではないか、ということが近時争点となってきた。仮処分による削除決定の数はおびただしい。

　論点としては、①そもそも削除請求権があるのか、②あるとしたら、いつから削除請求可能になるのか、との2つである。

この点について事件Ⅲ決定は、「その者のその後の生活状況を踏まえ、検索結果として逮捕歴が表示されることによって社会生活の平穏を害され更生を妨げられない利益が侵害される程度を検討し、他方で検索エンジンにおいて逮捕歴を検索結果として表示することの意義及び必要性について、事件後の時の経過も考慮し、事件それ自体の歴史的又は社会的な意義、その当事者の重要性、その者の社会的活動及びその影響力について、その検索エンジンの目的、性格等に照らした実名表示の意義及び必要性をも併せて判断し、その結果、逮捕歴にかかわる事実を公表されない法的利益が優越し、更生を妨げられない利益について受忍限度を超える権利侵害があると判断される場合に、検索結果の削除請求が認められるべき。」とし、総合衡量的受忍限度判断（最判平成7年7月7日、国道43号線事件、調査官解説738頁、および、大阪国際空港大法廷判決）により削除の可否を判断するものとしており、一律何年から違法となる、といった時間的基準は示していない。事案に応じた総合衡量的受忍限度判断である以上、妥当な規範だと考えられる。

　なお、東京地裁保全部の決定例を研究会等で見聞きする限り、当該犯罪における公訴時効期間が目安になっている印象である。つまり、軽微な犯罪では3～5年程度で削除請求が認められている。

(4) 保全の必要性に関する裁判所の判断についての考察

　削除仮処分申立てにおける保全の必要については、従前「日々刻々と誰かに閲覧されるため、常に権利侵害の状態が生じており、一刻も早く削除する必要がある」との主張だけで、運用上、削除が認められてきた。

　この運用をふまえているのが、事件Ⅰの「主文第1項に列挙したものの存在により、著しい損害を被るおそれがあるのでこれを避ける必要がある」である。そこに情報が存在するだけで人格権侵害の状態が継続する、という趣旨だと考えられる。

　一方、事件Ⅲは、「閲覧した者との関係では、後にいかなる方法によっても閲覧しなかった状態に戻すことができない」との判断を示している点が有意義である。これは近時「忘れられる権利」が議論されている理由とも軌を一にする。インターネットが忘れないために、人の記憶にも残ってしまうこと、一度見てしまえば、その人の頭を見なかった状態に戻すことが不可能であること、というのが「著しい損害」（民事保全法23条2項）だというのである。

5．今後の課題

(1) リンク先の記事を読まずに違法性を判断することの問題

　事件Ⅰは、タイトル及びスニペットの記載だけから、当該検索結果がプライバシー侵害に該当するか否かを判断した。検索結果のリンク先にいくら酷い内容が書かれていても、タイトル及びスニペットに酷い内容がなければプライバシー侵害とならない、という規範である。

　たしかに、グーグルが管理しているウェブサイトにプライバシー侵害の記載がない以上、法的には、当該検索結果について削除を求めることはできないようにも思われる。

　しかし、それでは妥当でないケースもある。事件Ⅰで却下された検索結果は、いずれも依頼者にとっては、他人に見られたくない検索結果であった。にもかかわらず削除できないという点に、今後の課題が残った。

　民事の名誉権侵害は、何らかの事実を摘示する行為に限らず、意見論評でも成立するし（最高裁平成9年9月9日判決）、それ以外の態様でも成立する。そうであれば、ハイパーリンクの設定行為を名誉権侵害と構成し、リンク先の内容を取り込んで違法性判断することも可能ではないかと思われる。

　この点、東京高裁平成24年4月18日判決（LLI、L06720189）は、原審がハイパーリンクでは名誉毀損にならないと判示したのに対し、「本件各記事が社会通念上許される限度を超える名誉毀損又は侮辱行為であるか否かを判断するためには、本件各記事のみならず本件各記事を書き込んだ経緯等も考慮する必要がある。」としつつ、「本件各記事を見る者がハイパーリンクをクリックして本件記事3を読むに至るであろうことは容易に想像できる。そして、本件各記事を書き込んだ者は、意図的に本件記事3に移行できるようにハイパーリンクを設定しているのであるから、本件記事3を本件各記事に取り込んでいると認めることができる。」「本件各記事は本件記事3を内容とするものと認められる。」として、ハイパーリンク設定による名誉権侵害を認めている。

　グーグルの検索結果におけるハイパーリンク（URL）がリンク先の記事を「取り込んでいる」といえるかどうかは問題だが、検討の余地はあると考える。

(2) 削除対象記事の特定方法の問題

　事件Ⅰ、事件Ⅱにおける別紙「投稿記事目録」も、事件Ⅲにおける別紙「検索結果目録」も、削除請求の対象となる検索結果を①タイトル、②ＵＲＬ、③スニペットのセットで指定している。また、④どんなキーワードで検索した際の検索結果か、という条件も指定している。目録記載の検索結果は、仮処分申立書を作る直前に、検索結果として表示されていたものから抜き出したものである。

　しかし、グーグルの仕様では、閲覧している人、閲覧している場所によって、検索結果は異なる。また、同じ環境から閲覧した場合でも、日によって検索結果が異なり、さらには、削除仮処分決定により一部の検索結果を削除すると、それまで検索結果に出ていなかった検索結果が浮上してくる、という現象もある。

　そのため、削除請求の対象は上記のような特定方法で良いのか、という課題が残る。

　裁判例を見ると、「Ａ」というキーワードで検索した際に「逮捕」という文言を含んだ検索結果を表示してはならない、といった請求の趣旨で提訴している例もある。削除対象を包括的に指定できるため提訴側には都合がよいものの、グーグルにそのような技術的対応が可能か否か、という問題がある。

　現在のグーグルの仕様では、削除決定が出た場合、当該ＵＲＬをＮＧに指定する、という対応を取っているようである。つまり、タイトル、ＵＲＬ、スニペットというセットで検索結果目録を提出しているが、実際にはＵＲＬの情報しか必要ないようである。

　こういった状況をふまえ、どのような目録を作れば実効的な権利救済が図れるのか、今後の検討が必要である。

(3) Chilling Effectの問題

　依頼者を悩ませる問題の1つに、「ChillingEffects.org」の問題が挙げられる。

　グーグルは検索結果の客観性、手続の透明性を担保するため、検索結果を人為的に削除した場合は、ChillingEffects.orgというサイトにおいて、どんな検索結果を削除したのか公開する方針を取っている。

　たとえば、5つの検索結果が削除されると、当該検索結果のページの一番下に「Google 宛に送られた法的要請に応じ、このページから5件の検索

結果を除外しました。ご希望の場合は、ChillingEffects.org にて除外するに至ったクレームを確認できます。」と表示され、「クレームを確認」の部分をクリックするだけで、どんな検索結果が削除されたのか確認できるようになっている。これでは、せっかく検索結果削除の仮処分で検索結果を消しても、人目に触れるリスクは残ってしまう。

　そこで近時、グーグルに対し、ChillingEffects.orgへのリンクを削除せよ、という削除請求をすることが、私的研究会では議論されている。

（かんだ・ともひろ）

第3部

諸外国における「忘れられる権利」の動向

第8章

フランスの「忘れられる権利」

石川 裕一郎
聖学院大学教授

1. はじめに

　本稿は、フランス法における、いわゆる〈忘れられる権利 (droit à l'oubli)〉をめぐる法理の展開、その現状、およびそこに存する諸問題を確認し、若干の分析を試みることをその目的とする。

　本論に入る前に、興味深い挿話を一つ紹介したい。2001年、当時ヨーロッパ議会議員の職にあった、ダニエル・コーン＝ベンディット (Daniel Cohn Bendit) が、1975年に出版したその著書『ル・グラン・バザール (Le Grand Bazar)』中の一行（くだり）で言及した小児性愛行為を指摘され、議員辞職を迫られた。コーン＝ベンディットはフランス生まれのユダヤ系ドイツ人、1968年のいわゆる「五月革命 (Mai 1968)」時の学生蜂起の指導者のひとりであり、学生運動終息後はドイツで緑の党に参画した革新政治家である[*1]。彼は、「この文章は1970年代に当時のブルジョワ社会に衝撃を与えることを企図したものである」と反論しつつ、小児に対する猥褻行為は撲滅すべき行為であり、自分はそのような行為に及んだことはないと弁明した。この点につき、『ル・モンド (Le Monde)』紙は「彼は『忘れられる権利』の恩恵を受けた[*2]」と論評したが、実際のところ忘れられたわけではないのである。

　さて、フランス法と「忘却」「想起」「記憶」の関係は古い。たとえば、現在のフランス法、というよりも近代法の起点というべき、「1789年8月4日の人と市民の権利宣言（人権宣言）」前文は、以下のように宣明している。

国民議会として構成されたフランス人民の代表者たちは、人の権利に対する無知、忘却（l'oubli）または無視が、公の不幸と政府の腐敗の唯一の原因であることを考慮し、人の譲りわたすことのできない神聖な自然的権利を、厳粛な宣言において提示することを決意した。この宣言が、社会体のすべての構成員に絶えず示され、かれらの権利と義務を不断に想起させる（rappeler）ように。［…］（傍点引用者）

　ちなみに、この人権宣言は2003年に国連教育科学文化機関（UNESCO）の「世界の記憶（Mémoire du monde）」（傍点筆者。日本では俗に「記憶遺産」という）に登録されている。
　また、フランスには、とりわけ1990年代以降制定が進む〈記憶法〉（lois mémorielles）と呼ばれる一連の法律群が存在する。その嚆矢とされる「あらゆる人種差別的、反ユダヤ的または排外主義的行為の処罰を目的とする1990年7月13日の法律第615号（Loi n° 90-615 du 13 juillet 1990 tendant à réprimer tout acte raciste, antisémite ou xenophobe）」、通称「ゲソ法（Loi Gayssot）」の9条は、ホロコーストを否定する、いわゆる歴史修正主義に基づく言動を処罰する規定を設けている。また、同じく記憶法の一つとされる「1915年のアルメニア人ジェノサイド承認に関する2001年1月29日の法律第70号（Loi n° 2001-70 du 29 janvier 2001 relative à la reconnaissance du génocide arménien de 1915）」の1条は、「フランスは1915年のアルメニア人ジェノサイドを公に承認する」と定める。さらに、「フランス人引揚者に対する国民の感謝および国民規模の貢献を定める2005年2月23日の法律第158号（Loi n° 2005-158 du 23 février 2005 portant reconnaissance de la Nation et contribution nationale en faveur des Français rapatriés）」は、その趣旨を「アルジェリア、モロッコ、チュニジアおよびインドシナのフランスの旧県ならびにかつてフランスの主権下に置かれた地域においてフランスによってなされた業績に与った男女に対し、国民は感謝の意を表する」（1条）としている。これら記憶法は、「歴史を法律で公定できるのか」、あるいは「歴史学者（学問）の領域に立法者（政治）が介入できるのか」などの原理的なアポリアを提起し、多くの議論を呼んだが、ここでは忘却に抗うことを国家レベルで意識することの意義が強調されているといえる。[*3][*4]
　さて、それとは対照的に、フランスも含めた現代社会では、「忘れられる」ことを望む人々の権利を、法的なそれとして構成する可能性が議論されてい

る。それを軸として、以下もっぱらフランスで展開されてきた立法・判例・学説の変遷の概要をたどることとしたい。従来、過去の事象は、時間の経過とともに自然に「忘れられる」ことが前提であり、むしろそれに抗うために「記憶される」ことが意識されてきた。その意識の実定法における一つの表象が「記憶法」であるわけだが、それに対し、現代では、強制的に「忘れられる」ことの必要性も意識されるにいたったのである。

2. フランスにおける「忘れられる権利」法理の展開

(1) 下級審の動向

フランス法において「忘れられる権利」という語が本格的に登場するのは、1966年のある判決の評釈中においてであるとされる[*5]。しかしながら、フランスにおける「忘れられる権利」の萌芽は、第二次世界大戦中のナチス・ドイツの傀儡ヴィシー政権末期に制定された「プレスに関する犯罪に関する1944年5月6日のオルドナンス（Ordonnance du 6 mai 1944 relative à la répression des délits de presse）」にみられる。同オルドナンスは、今なおフランスにおける出版規制の基本法たる「プレスの自由に関する1881年7月29日の法律（Loi du 29 juillet 1881 sur la liberté de la presse）」を修正し、「中傷行為の真実性」は、通常は犯罪に相当する発言の行為者の責任を阻却するが、「その中傷行為が10年以上遡及する事実に依拠する場合」「またはその中傷行為が恩赦または時効にかかり、もしくは復権によって消滅した有責性を生じた犯罪を構成する事実に依拠する場合」、中傷行為の真実性の証拠をもたらしえないとする（同35条3項b号およびc号）。

本条は中傷行為のみを対象としているが、その後の判例により、私生活に関わる挿話的な出来事を忘れられる権利が認められるようになる。たとえば、1975年のある判決は、「その人生のある時期に、私生活に関わる事実を明かし、または明かされることを甘受したこの当事者は、しかしながら、その数年後に、おそらく忘却の淵に沈んでいるこれら同一の事実が許可なく、たとえそれが新たに発刊された新聞であったとしても、プレスによって想起される、または再び明かされることには最終的に同意しなかった」と述べている（1975年9月26日セーヌ大審裁判所判決）[*6]。

ここで示された考え方は、その後漸進的に発展してゆくことになる。「公的な出来事にまきこまれたいかなる者も、時間の経過とととともに、忘れら

れる権利を要求することができる」(1983年4月20日パリ大審裁判所判決[*7])。また、旧い事実が法廷あるいは裁判記録（compte rendu judiciaire）で公にされていた場合も含め、それらが再び明かされることを妨げる判断もある[*8]。「公的な出来事と結びつけられたいかなる者も、たとえその中心人物であったとしても、忘れられる権利を要求し、その挿話的な出来事の想起に抗弁する資格を有する」(1983年4月20日パリ大審裁判所判決)。「これらの出来事とそれがそこで果たしえた役割の想起は、それが歴史の必要性に基づかない場合、またはその敏感さを傷つける性格を有しうる場合は、不当である（…）。この忘れられる権利は、ジャーナリストを含むすべての者に対して主張されるが、その社会に対する負債を返済し社会復帰を望む犯罪者を含めすべての者が享受できるものでなければならない」(1989年9月14日ヴェルサイユ控訴院判決、1993年12月15日パリ大審裁判所判決、2000年12月15日パリ控訴院判決[*9])。

　それらに対し、それ以前のいくつかの判決は「忘れられる権利」の存在を暗黙のうちに否定している（たとえば1965年10月4日セーヌ大審裁判所判決。1967年12月15日パリ控訴院判決も支持[*10]）。また、犯罪者の元愛人が、その犯罪者を取り上げた映画で描かれたことに不満を抱き、「沈黙の時効（prescription du silence）」を主張するも、斥けられた例もある（1970年2月27日パリ大審裁判所判決[*11]）。

　なお、人格の尊重と情報の必要性の間の均衡を探りつつも、やはり「忘れられる権利」を認めなかった例もある。たとえば、著名な犯罪者の元パートナーの女性が、この犯罪者が出版した回想録において自分をまきこむことによって彼は彼女の社会生活への参入を侵害していると主張し、同書の差押えを求めたが斥けられたというケースである。この時の裁判官の判断は、請求人の希望「それ自体は正当」であるが、裁判上の手段においてそれは〈プレスの自由〉という原則および精神的作品に必要な保護に対する重大かつ決定的な侵害という代償なくしては実現されえない、というものであった（1979年12月6日パリ大審裁判所急速審理裁判官命令[*12]）。

(2) 破毀院の判断とそれに対する批判

　さらに、民刑事事件を扱う司法裁判所系統の終審として、判例のコントロールをその主たる任務とする破毀院は、「忘れられる権利」の承認に消極的である。たとえば、破毀院の年次報告書で紹介され[*13]、原則的判決（arrêt de principe）と位置づけられるある判決は[*14]、「たとえそれらが私生活を侵害す

る性質を有するとしても、それらが合法的に明らかにされているのならば、旧い事実を想起する自由の原則は尊重される」と述べている。

　破毀院が示したこの原則は、以下のように、パリ大審裁判所によって踏襲されている。「当時プレスに掲載された裁判の弁論記録によって公に知られたがために合法的に明らかにされた事実については、歴史家またはジャーナリストは、たとえ彼らが当該人物の私生活を扱うものであっても、彼らが遵守すべき慎重義務と客観性義務を欠かさない限り、それを再度明らかにすることができる」というものである。しかしながら本件において『パリ＝マッチ（Paris-Match）』紙は、関係者とその近親者を特定しうるその現在の私生活に関する情報を明らかにしたため、有責判決を受けている[*15]。

　とはいえ、このような判例の傾向は学説から批判されている[*16]。また、破毀院判例に対する事実審の「抵抗」を支持し、「忘れられる権利」の存在を承認するために判例が採った基準に疑問を呈する学説もある[*17]。先に言及したプレスの自由に関する1881年の法律35条にもかかわらず、破毀院は〈相当の長時間の経過による時効取得〉という考え方を拒否し、当事者が再びスティグマを押される可能性を認めているからである。

　しかしながら、「情報の公開（information du public）」の必要性は、時の経過とともに減じてゆく。したがって、その記事が歴史（histoire）と情報（information）に基づく正当な性格を超える場合、およそ20年前に話題になった殺人事件を報じる記事を公表することは、私生活の尊重を侵害するとされた（1993年12月15日パリ大審裁判所判決、1995年1月18日パリ大審裁判所判決[*18]）。このような考え方は控訴院判決によっても採用されている。たとえば、1981年に殺人事件にまきこまれた女性が、彼女がその事実に関する著作を公表していたにもかかわらず、彼女が自ら得た予審免訴ゆえに「忘れられる権利」を認め、この事件に言及した新聞社を有責とした判断がある（2000年9月15日パリ控訴院判決[*19]）。さらにパリ控訴院は、〈私生活の侵害〉に基づいて、30年以上前に起きた悲劇的な事件を再構成した映画の監督に有責判決を下している[*20]。

(3)　最近の判例[*21]

　とはいえ、フランスの実定法において「忘れられる権利」が適切かつ明確に位置づけられているとは、およそ言い難い。それは、最近の判決中の以下の一節にも表れている。「いかなる規範も当事者の『忘れられる権利』を定めてはいないが、多くの法規定が、個人的な性格を有するデータの取扱い、

一定の犯罪歴を前科簿から抹消すること、名誉回復、嫌疑が公論に属しない場合の10年以上前の名誉棄損的な事実の証拠を報告することの不可能性、公人に関わらない恩赦された有罪の想起の原則的禁止、人道に対する罪を除くあらゆる領域における政治的および民事的な訴えの禁止を定めるなんらかの原則、なんらかの一般規範を認めている」（2009年6月25日パリ大審裁判所判決）。しかしながら、多くの裁判官の判断は「忘れられる権利」を法的に明確な概念として位置づけることに否定的である。

　ところで、2014年9月16日パリ大審裁判所判決[*22]は以下のように判示する。2014年3月13日に軽罪裁判所によって有罪とされた犯罪者がネット上で行った中傷行為の被害者たる、あるカップルが、グーグルの検索エンジンで自分たちの姓を検索したところ、得られた検索結果には、軽罪裁判所によって中傷行為と認められた言葉そのものを含むURLアドレスが示された。そこで彼らはグーグル・フランス社に対し、検索エンジンにおける検索結果からそれを外すこと（désindexation）を請求したが斥けられたため、当該リンクの削除を自ら行うかあるいは行わせることを、罰金強制をもって同社に命令するように裁判所に申し立てた。それに対し同社は以下のように主張した。

・同社の活動は検索エンジン業にとどまるものであり、あらゆるインターネットサイトの編集および事業活動とは無関係である。
・検索エンジンと「google.fr」のサイトの編集者および事業者はグーグル・フランス社であり、データ取扱いの責任者として、この問題のあらゆる請求を受けなければならない。
・最近グーグル社によって実施されたオンラインの書式は、個人情報を含む検索結果の削除を要求することをすべての請求者に認めている。

　パリ大審裁判所は同社の主張を採用せず、2014年5月31日ヨーロッパ連合司法裁判所判決[*23]に基づき、グーグル・フランス社に有責判決を下した。その理由は以下のとおりである。「確かに、グーグル社は検索エンジン業者であり、グーグル・フランス社は同社の100％子会社であり、グーグル社によって編集されたエンジンを用いて検索された用語と結びついた広告空間の促進と購入をその活動とし、それが運営する活動によってこの検索エンジンの資金調達を確保する。こうしてヨーロッパ連合司法裁判所は、2014年5月31日、自然人の自由と基本権、とりわけ〈私生活への権利（droit à la vie privée）〉

の有効かつ完全な保護を確保するために提案された95/46指令によって提起された要請を想起した後、ヨーロッパ共同体構成国内にグーグル社によって設置された施設または子会社は当該国におけるその代表者であり、『検索エンジン業者の活動と当該国内に位置するその施設の活動は不可分に関わって』おり、個人的性格を有するデータの取扱いは当該施設自身によってではなく、その施設の枠内でのみ行われていると考える。それゆえ、請求者が批判する侵害を終わらせるために必要な配慮を行うことを目的として、請求者はグーグル・フランス社に対する請求を受容される」。

　これら最近の判決に鑑み、そして〈サイバー空間における忘れられる権利（droit à l'oubli numérique)〉を尊重するために、グーグル・フランス社の検索エンジンから自分の個人情報に関わるURLアドレスが検索結果から削除されることを望むヨーロッパのインターネットユーザは、グーグル社そのものに対して、あるいは管轄権を有する大審裁判所に提訴することにより、その検索結果からの削除を要求することができる。後者の場合、グーグル・フランス社に対し関連リンクの削除を命じる急速審理命令を下すことになる。また、インターネットユーザは、コミュニケーションと自由に関する全国委員会（Commission nationale de la communication et des libertés : CNIL）にも申し立て、さらには情報を扱うウェブサイトの管理者に直接削除の希望を申し出て、そのウェブマスターに問題のページのアップデートまたは／および削除を行わせることができる。

3. フランスにおける「忘れられる権利」――批判的分析[※24]

(1) 忘れられる権利の曖昧な法的性格

　以上、近年のフランスにおける「忘れられる権利」をめぐる判例と学説の展開をみてきた。そこに、この権利に対する一定の理解と承認が見出されることは確かである。また、CNILも2013年に「インターネット上において私たちは写真を掲載し、意見を共有し、私たちを規定し描写する情報を交換する。これらの情報は私たちに直接関わり、または他者と関わりうるものである。しかしながら、個人データの公表は、ときおり私たちをひどい目に遭わせる。このような、私たちのサイバー空間に関わる生活の細々した部分は、私たちの名誉を犠牲にして対立し合い、ぶつかり合うからである」ということ

とを確認している。[25]

　しかしながら、繰り返し強調するが、2015年現在フランス法において「忘れられる権利」一般を承認するいかなる法文も存在しないことは重要である。もっとも、サイバー空間における「忘れられる権利」については、近い将来EU法レベルで、すなわち「個人情報に関する2012年1月25日のヨーロッパ連合規則案（EU規則案）」において承認される見通しではある。そこでは、サイバー空間における「忘れられる権利」は、単に〈削除される権利〉(right to erasure, droit à l'effacement) としてのみ示されているものの、その17条において「サイバー空間における忘れられる権利および削除される権利」が規定されている。

　さて、EU法については他章を参照するとして、本章で論ずべきは、フランス法上の、サイバー空間における「忘れられる権利」の位置づけである。この点について、「忘れられる権利」の存在に肯定的な学説は、それが具体的に指し示す内容、あるいはそれが「情報処理、情報ファイルおよび自由に関する1978年1月6日の法律 (Loi n° 78-17 du 6 janvier 1978 relative à l'informatique, aux fichiers et aux libertés)」において承認された諸権利に何を付加するのかについても実質的に説明していない。[26]対照的にそれを認めることに否定的な学説は、一般的に、それが主観的権利たらんとするならば、それが明確な経済的社会的必要性によく応じているかどうかを吟味しなければならないとする。とりわけそれが表現の自由および営業の自由と対峙する局面が多いことに鑑みると、なおさらである。

　このように、「忘れられる権利」に対する批判は、この権利の対象の曖昧さと権利の不明瞭な性質に由来するとされるのである[BRUGUIERE et GLEIZE 2015 : 121-123; QUILLET 2011 : 10]。[27]

(2) 削除される権利

　ネット上の「忘れられる権利」は、現実には、個人情報を〈削除される権利〉に帰着する。[28]現在のフランスの実定法において、この〈削除される権利〉は、「情報処理、情報ファイルおよび自由に関する法律」の38条の抗弁権に基づき、検索結果不表示措置を認める権利に媒介されるものである。裁判所の決定による検索結果不表示は、フランスにおいて繰り返し裁判されているように、名誉の侵害、尊厳の侵害、または私生活の侵害によって特徴づけられる「正当な理由」を前提とする。[29]

たとえば、グーグル社は、過去にポルノ映画に出演した女性の姓名の不表示を命じられている。〈削除される権利〉が認められるケースには、同意の撤回（retrait du consentement）、データの保存期間の終了（expiration du délai de conservation des données）などがあるが、それでもなお、〈消去される権利〉は実質的に存在しないということを明確にする必要がある。というのも、検索結果不表示（désindexation）は情報そのものの削除（effacement）をもたらすわけではなく、それは依然としてサイバー空間に存在するからである。せいぜいそれは、検索エンジンにおけるキーワードによるアクセス可能性を修正するだけなのである。

　このように、サイバー空間における「忘れられる権利」は、「〜への権利」という表現とは裏腹に、実際のところ主観的権利とは言い難い。多くの場合、それは、個人情報に関するEU規則案との関連で、〈削除される権利〉として論じられているのである。

(3) 〈情報の自由〉と「忘れられる権利」の条件

　さて、表現の自由のコロラリーとしての〈情報の自由〉には当然限界があり、「忘れられる権利」の現状もその関連で考える必要がある。以下、Bruguière et Gleizeの所論にしたがって分析すると、その条件は少なくとも以下の５点である[BRUGUIERE et GLEIZE 2015 : 127-130]。

① 当該人物の公開（exposition）の度合
② 流布（divulgation）の現況
③ 事実の最初の流布と想起の間に経過した時間
④ 想起された事実の歴史的性格
⑤ 有責判決を受けた人物の社会復帰の利益

　① 当該人物の公開の度合　この条件は、多くの裁判官によって一致して言及されている。また、いわゆる「公人」は、一般人と同じ条件で「忘れられる権利」を援用することはできない。
　② 流布の現況　最初の流布が合法であり、それを再び流布することに利益がある場合、「忘れられる権利」よりも〈情報の必要性〉を優先させなければならない。
　③ 事実の最初の流布と想起の間に経過した時間　これはおそらく最も難

しい条件であり、多くの判例はこの重要な点をめぐって構築されているように思われる。この点に関連して、サイバー空間における記事アーカイヴの利用について、ヨーロッパ人権裁判所（CEDH）は、「情報がアーカイヴされ過去の出来事に関する場合は、それが現在の出来事を対象とする場合よりも」「おそらく国は、競合する利益の間の均衡を確立するためにより広い裁量を享受する」（10-2条の枠内での情報の自由を国が制限する権能）と判断している。

④　想起された事実の歴史的性格　歴史的利益をまとった事実は、報道機関にとって自由な領域である。もっとも、〈重要な歴史的事実〉と〈小さな歴史〉を区別する必要はあるように思われる。たしかにニコラウス・クラウス・バルビー（Nikolaus Klaus Barbie）[*32]は、第二次世界大戦の辛い歴史でもあるその裁判の枠内において、忘れられる権利を援用することはできなかったであろう。反対に、司法において「小さな歴史」自体は、大きな公共の利益を提示することはないが、一定の文脈において再構築され、一定の影響を持つことはありうる。

⑤　有責判決を受けた者の社会復帰の利益　放送業者は、有責判決を受けた者の社会復帰の利益に注意深くあらねばならない。フランスの判例は、この社会復帰が確立されねばならないことを強調しつつ、この要素を採用している。[*33]

さて、以上の諸条件ですべてが網羅されているわけではない。たとえばCEDHは、なされた犯罪の性質（政治犯罪は感情的な犯罪と同質ではない）、ルポルタージュの内容と放送されたイメージの間の関係（放送で氏名あるいは肖像を出すことの必要性）、ルポルタージュの徹底的な性格なども参照している。これらの条件には今後一層の検討が加えられるべきであろう。

4．おわりに

「情報処理、情報ファイルおよび自由に関する法律」において承認されている実定法上の権利、または個人情報に関するEU規則案において承認されると予想される「忘れられる権利」は、以上みてきたように、実質的には客観的な〈削除される権利〉である。フランス法（そしてEU法）において「忘れられる権利」は、現状においては曖昧な権利であり、その性質も不明確であることは否めない。現在の実定法体系において「忘れられる権利」を積極的な権利として位置づけることは、困難であるように思われるのである。[*34]む

第8章　フランスの「忘れられる権利」　149

しろ、この領域においてフランス法が直面する当面の課題は、インターネット検索エンジンによる検索結果不表示の請求の諾否が実質的にグーグルという一民間企業にほぼ委ねられている現状に際し、ここでの〈情報の自由〉の保障をいかに確保してゆくかということであろう。

※ 本稿脱稿（2015年6月）後のフランスにおける最新の動きについて一点補いたい。

　それは、2015年6月12日、CNILがグーグル社に対し、フランス人が「忘れられる権利」（正確には「削除される権利」）を行使する場合はその適用範囲をヨーロッパ域外の世界全域のグーグルの検索サイトに拡大することを命じる催告を発したことである。同社が2週間以内にこの催告に従わない場合、最高で150万ユーロ、および自然人の削除請求1件当たり7,500ユーロの反則金が同社に科されるとされたが、同7月30日、同社はこの催告を拒否する旨の回答を発した。これに対しCNILは2か月以内に結論を出すとしている。

　現状では、グーグル社の検索結果削除はヨーロッパ域内（「.fr」「.de」「.uk」など）に限られ、「.com」「.org」「.jp」などの域外の検索結果には依然として表示される。また、2014年5月13日のヨーロッパ連合司法裁判所の判断は、その地理的適用範囲には言及していない。なお、グーグル社によれば、フランスのインターネットユーザーの97％はヨーロッパ域内のサイトを用いているという。

＊1　同氏は2015年にフランス国籍を取得し、現在はドイツとの二重国籍である。
＊2　*Le Monde,* 24 février 2001, p.8.
＊3　この問題については邦語文献に限っても大変多くの論考があるが、さしあたり平野［2006］、樋口［2011］、曽我部［2014］を参照。
＊4　無論、ここで言及した「忘却」は、「記憶の失敗」または「喪失」という意味だが、本稿が対象とする「忘却」は、能動的に忘れる行為または能力を意味する[QUILLET 2011]。
＊5　T. G. I. Seine, 14 octobre 1965, Mme Segret c. Soc. Rome-Paris Films, note de GERARD LYON-CAEN, *J.C.P,* 1966.II.14482.
＊6　TGI Seine 26 septembre 1975 : *JCP* G 1976, IV, 175.
＊7　TGI Paris, 20 avril 1983 : *JCP* G 1985, II, 20434, note Lindon.
＊8　TGI Paris, 25 mars 1987 : *D.* 1988, somm. p.198
＊9　CA Versailles, 14 septembre 1989 ; TGI Paris, 1re ch., 15 décembre 1993; CA

Montpellier, 8 avril 1997; CA Paris, 1re ch. B, 15 décembre 2000.
*10 TGI Seine, 3e ch., 4 octobre 1965 confirmé par CA Paris, 15 décembre 1967.
*11 TGI Paris, 27 février 1970, aff. Papillon : *JCP* G 1970, II, 16293, note R. Lindon.
*12 Ordonnance du 6 décembre 1979, juge des référés du Tribunal de grande instance de Paris : D. 1980, jurispr. P.150, note Lindon.
*13 Cass. 1re civ., 20 novembre 1990, Dame Monages c/ Kern et autres : *JCP* G 1992, II, 21908, note J. Ravanas ; Gaz. Pal. 1991, 1, pan. jurispr. p.62 et p.80.
*14 *Rapport annuel de la Cour de cassation,* 1990 : Doc. fr., 1991, p.260.
*15 TGI Paris, 18 décembre 1991, Denise Labbé c/ Cogédipresse : *Gaz. Pal.* 1992, 1, somm. p.347.
*16 J. Ravanas, Droit à l'oubli, et oubli du droit, note ss Cass. 1re civ., 20 novembre 1990 : *JCP* 1992, II, 21908「あらゆる沈黙の時効を無視して「忘れられる権利」を拒否することは、彼の眼前に出口を塞ぐ壁のように築かれた過去以外にいかなる未来も持たない悔恨の人間を育てることである」。この著者によれば、破毀院はあらゆる忘れられる権利を拒否することによって、人権と公の自由に重大な侵害をなし、同様に主観的権利の行使を危うくしている。
*17 D. Amson, note ss CA Paris, 1re ch. B, 15 décembre 2000 : Gaz. Pal. 2001, 2, somm. p.1527.
*18 TGI Paris 1re ch., sect. 1, 15 décembre 1993 : Juris-Data no 1993-050277. – TGI Paris, 18 janv. 1995 : Juris-Data no 1995-603483.
*19 CA Paris, 1re ch., 15 septembre 2000, RG 1999/02797 : *Gaz.Pal.* 2001, jurispr. P.1527, note D. Amson.
*20 CA Paris, 1re ch. B, 14 novembre 2002 : *Gaz. Pal.* 2003, jurispr. P.1048, note D. Amson.
*21 本章の記述は、主として[Bitan, Hubert 2015 : 320-321]に依拠した。
*22 TGI Paris, réf., 16 septembre 2014, M. et Mme Y. c/ Google France.
*23 本判決については第1部第2章中西論文を参照。なお、本判決を受けグーグル社は、2014年5月から9月にかけて、少なくとも135,000件、計470,000頁に及ぶ検索結果からの削除請求を受けたが、その多くはフランス居住者から出されたものである[BITAN, Hubert 2015 : 320]。
*24 本章の記述は、主として[Bruguiere, Gleize 2015 : 122-130]に依拠している。
*25 http://www.cnil.fr/linstitution/actualite/article/article/construire-ensemble-un-droit-a-loubli-numerique/
*26 なお、2004年の改正によって新設された同法6条5号は、「個人的性格を有するデータは、それらが収集および処理された目的に必要な期間を超えない期間の間、関係する者の同定を可能とする形式において保存される」と定め、その期間を経過した場合、そのようなデータを含む保存資料は破棄または消去されねばならないとするが、同法67条にあるように、一定のデータは、歴史的、学

術的、統計学的、ジャーナリズム的、または文学的もしくは芸術的利益を示す性格ゆえに、その消去を免れる。
* 27 関連して、「忘れられる権利」は、基本権としての性質（強制力のある法源、明確な対象、具体的な権利、権利享有主体の明確性、債務者の明確性、債務者の義務の明確性、確立された法対象性）を欠いているにもかかわらず、基本権として考察しうるという見解もある[CRUYSMANS et ROMAINVILLE 2015 : 83]。
* 28 少なくとも、個人情報に関するEU規則案17条が考えているのはそのようなものである。
* 29 「あらゆる自然人は、正当な理由に基づき、自らに関わる個人的な性格を有する情報が取扱いの対象となることに抗弁することができる」。
* 30 TGI Paris, ord. réf., 15 février 2012, legalis net. また、以下も同旨。TGI Paris, 6 novembre 2013, legalis.net.
* 31 「忘れられる権利」のフランス語表現《droit à l'oubli》は、ニュアンスとしては「忘却への権利」あるいは「忘却を求める権利」である。
* 32 元ナチス・ドイツ親衛隊員。第二次世界大戦中、ヴィシー政権下のリヨンで反独レジスタンス運動を鎮圧する任務に就き、多くのレジスタンス闘士の殺害と強制移送に関わり、「リヨンの虐殺者」と呼ばれる。1983年に亡命先のボリビアからフランスに引き渡されたバルビーは、裁判の結果終身禁固刑に処され、フランス国内の刑務所に収監された。1991年に獄死。
* 33 TGI Paris, 9 décembre 2002, D. 2003, p.1715, note Caron.
* 34 実際、コンセイユ=デタ（日本における内閣法制局にほぼ相当する、政府の諮問機関としての役割と同時に行政最高裁判所としての役割を併せ持つフランスの政府機関）が2014年に公表した報告書も、「検索結果に表示されない権利(droit au deréférencement)」の効果的な実現」を提言しているが、「忘れられる権利」という表現は用いていない[CONSEIL D'ÉTAT 2014 : 277-278]。

【参考文献】

・曽我部真裕［2014］「フランスにおける表現の自由の現在：「記憶の法律」をめぐる最近の状況を題材に」『憲法問題』25, 75-86.
・樋口陽一［2011］「法・歴史・記憶」『日仏文化』80, 20-31.
・平野千果子［2006］「歴史を書くのはだれか：二〇〇五年フランスにおける植民地支配の過去をめぐる論争」『歴史評論』677, 19-31.
・BITAN, Hubert [2015] *Droit et expertise du numérique : Créations immatérielles, Données personnelles, E-réputation / Droit à l'oubli / Neutralité, Responsabilités civile et pénale,* Wolters Kluwer, 650p.
・BRUGUIERE, Jean-Michel, GLEIZE Bérengère [2015] *Droits de la personnalité,* Ellipses, Paris, 352p.
・CONSEIL D'ÉTAT [2014] *Étude annuelle 2014 : Le numérique et les droits*

fondamentaux, 446p.
・CRUYSMANS, Édouard, ROMAINVILLE, Céline [2015] « Les diverses dimensions du «droit à l'oubli » dans la sphère numérique : Un processus de positivation rentrant en conflit avec la liberté d'expression ? » in ALCANTARA, Christophe, sous la direction de, E-réputation : Regards croisés sur une notion émergente, Éditions Lextenso, pp.81-91.
・QUILLET, Étienne [2011] *Le droit à l'oubli numérique sur les réseaux sociaux,* Banque des mémoires, Université Pantheon-Assas, p.87（https://docassas.u-paris2.fr/nuxeo/site/esupversions/ef25f216-071c-4460-ab75-6cdcc161a5a4）.

（いしかわ・ゆういちろう）

第9章

ドイツの「忘れられる権利」

實原隆志

長崎県立大学国際情報学部准教授

1. はじめに

　本稿の目的は、「忘れられる権利」に関するドイツ国内の動向を紹介することである。「忘れられる権利」として語られうる内容には様々なものがあるため、どのような内容に焦点を当てるかが最初の検討課題となる。

　まずは2014年5月13日の欧州司法裁判所の先決裁定（以下、この裁定については「先決裁定」と表記する）と関連づけて述べることが考えられる。この事件についての説明は別稿に譲るが、この事件の特徴を示す要素は、①Google[*1]という検索サイトの運営者に対して、②原告の人格権（プライバシー権）に基いて削除（消去）請求がなされ、そこでは③検索結果として表示されないよう求められており、問題となったのは④過去の⑤事実に関する⑥日刊紙の記事へのリンクであり、⑦この事実は真実であったことであろう。また、この事件で問題となった情報は原告自身が提供した情報でも提供に同意した情報でもない[*2]（⑧）。さらに、「忘れられる権利」をめぐってはオンライン・アーカイブ化に伴う不利益との関連性も指摘されるが[*3]、この事件では日刊紙の当時の記事へのリンクが表示されることが問題になっている（⑨）。これらの組み合わせのパターンは多岐にわたり、本稿の対象を先決裁定で認められた権利だけに限定すると検討の射程が著しく狭いものとなってしまう。そこで本稿では、ドイツ国内で話題になった事例も取り上げたい。

　ドイツにおいては「オートコンプリート機能」に関係する2013年5月14日のドイツ連邦最高裁判所（以下、"BGH"）の判決（以下、この判決につ

いては「BGH判決」と表記する）が注目を集めており、先決裁定に関係する事例として引き合いに出されることも多い[*4]。また、この判決に先立ってChristianWulff前大統領の妻であるBettinaWulff氏が、やはりオートコンプリート機能を問題としてGoogleを相手に訴えを起こしていた[*5]。BGHが判決を下した時点では、この手続はBGHの判決を待つために停止された状態であり[*6]、それもBGH判決が注目を集めた要因であった。

　このようなドイツ国内の状況ゆえ本稿では、先決裁定で問題となった「検索結果として表示されないよう求める権利」と、ドイツ国内で話題となった「オートコンプリート機能によって補充語を提案しないよう求める権利」とを検討の対象とする。そして、名誉やプライバシーといった人格権的利益に基づいて過去の事実に関する情報・データの削除をGoogleに対して求めるという場合に、ドイツではどのような議論がなされているかを紹介する。

2．「検索結果として表示されない権利」をめぐる動向～権利の法的根拠

　先決裁定の評価についてはEU法関連の文献に譲るのが賢明と思われるため、ここでは先決裁定で問題となった事例のドイツの国内法における位置づけについて検討する。

(1) テレメディア法の適用可能性

　Googleの検索サービスに対する法的統制について、ドイツではテレメディア法（以下、"TMG"）の適用の可否が検討されてきた[*7]。TMGは「すべての電子情報・コミュニケーション役務」（1条）を適用対象とする法律であり、連邦通信法3条24号による通信役務など、いくつかのものを除外するという形で適用対象を定めている。そのうち、本稿と関連するのは「役務提供者（Dienstanbieter）」の責任について規定する7条であり、役務提供者とは2条1文1号によれば「自然人・法人のうち、自己の、または、他者のテレメディアを利用に供している者、または利用のためのアクセスを媒介している者」である。この「役務提供者」には、自己の情報を提供している者（7条1項）と、他人が提供した情報を通信ネットワーク内で転送したり、利用のためのアクセスを仲介したりすることで、他人の情報（fremde Information）を扱っている者（7条2項）とがある。自己の情報を提供する者は、その提

供のために保有する情報について一般法による責任を負うとされており、当該情報に起因する責任の有無等はドイツ民法（以下、"BGB"）、特に823条（不法行為に基づく損害賠償責任）と1004条（妨害排除・差止請求権）の下で検討される。他方で、他人の情報を扱っている者にはTMG 8-10条の責任制限規定が適用される。例えば10条は、役務提供者は他人の提供する情報を利用者のために保存している場合であっても、問題となっている行為・情報の違法性を知らなかった場合や、それらが違法であることを知った後に直ちに対応している場合には免責されるとしている。[8]

　検索サービス事業者について、ドイツにおいては直接適用[9]ないし類推適用[10]といった形で、TMGの責任制限規定の趣旨に従おうとする見解が有力であった。ところが、先決裁定では検索結果からの削除請求がEUのデータ保護指令（以下、「データ保護指令」）から導かれている。データ保護指令は連邦データ保護法（以下、"BDSG"）のいくつかの規定によってドイツの国内法に転換されているが、Googleに対するBDSGの適用というと、これまでは「ストリート・ビュー」や検索・アクセス分析に伴うデータ保護の問題が検討されてきた。[11]ところが近年では、検索結果の表示に伴う問題についてもBDSGを適用する余地を認める学説が見られるようになっている。[12]

(2)　BDSGの適用可能性

　Googleに対する検索結果からの削除請求権をBDSGから導く場合には、まず、GoogleがBDSGの意味で「『個人関連データ』（以下、「個人データ」）を『取り扱う者』として、その取扱に『責任を有する者』」であることが必要になる。BDSG 3条1項によれば、個人データとは、ある特定の、もしくは特定可能な自然人の、個人（persönlich）情報、もしくは、個人に関する個々の情報（Angabe）である。そして3条4項はデータの「取扱」の概念を定義しており、個人データの保存・変更・転送・遮断・削除であるとしている。さらに、「責任を有する機関（verantwortliche Stelle）」とは、3条7項によれば、個人データを自ら収集・取扱・利用を行う者、もしくはこれらを他者に委託をして行わせる者のことである。

　先決裁定にしたがえば、GoogleがBDSGの適用――これを「憲法適合的解釈」と呼ぶかは別にして――を受ける事業者と言える場合も少なからずありうると思われ、ここでは、個人データの修正・削除・利用停止について定める35条の関連規定を取り上げる。

1) BDSG 35条2項2文

　35条2項2項2文はデータ保護指令12条bを転換した規定である。データ取扱者が個人データを削除しなければならない場合について規定しており、その具体的な場面を各号で規定している。1号が挙げるのは、その保存が不正（unzulässig）な場合である。1号は現在形として「不正である」ことを要件としているため、当初は適正に保存されたと言えるデータであっても削除の対象となり得る。学説のなかには、この1号の規定と先決裁定の関連性を示すものがある。[*13] また、先決裁定では真実に関する情報が問題となったが、インターネットで公表されている個人に関する情報が真実でないことが確定した場合にも適用が考えられるとする者もある。次に2号は、いわゆる機微データや刑法上違法な行為に関するデータなどの真実性が証明できない場合について規定する。学説では、この規定は先決裁定以前には注目されていなかったが、先決裁定以降は変わるかもしれないとの見解がある。また、4号は、営業目的で転送するために処理されているデータについて規定しており、営業目的に必要でなくなったデータの削除を求めている。これについても、本人がデータのその後の保存を望んでいないという場合に「営業目的に必要」かどうかをサービス提供者の利益と衡量することで検討しようとする見解がある。[*14]

2) BDSG 35条5項

　35条5項はデータ保護指令14条aを転換した規定であり、データの取扱いに責任を有する機関に対して本人がデータの利用停止等を求めている場合について、本人の利益の方がデータの取扱に責任を有する機関の利益よりも優越すると認められる場合には、それ以降の収集・処理・利用がなされてはならないとする。この規定は、文言上はデータの元々の取扱いが不正であることを前提としておらず、適正であったかが明らかでない場合や、当初のデータ処理が正当化できる場合、例えば28条1項3号や29条1項2号によって正当化ができた取扱いにも妥当しうる。ここで挙げた28条1項3号は自己の事業目的でのデータの収集・保存を、また、29条1項2号は転送を目的としたデータ収集・保存を、データの取扱いや利用をさせないという本人の利益がデータを扱う機関の利益よりも優位する場合は適正ではないとしている規定である。

　35条5項の適用を求める際にはデータの元々の取扱いが不正であったことを示す必要がなく、また、28条1項3号や29条1項2号などについて本人の

第9章　ドイツの「忘れられる権利」　157

利益が優位することを示す必要もないため、35条5項は本人の側に有利な規定であると言える。そこでドイツ国内の通説はこの規定を狭く解釈し、本人の具体的で重要な利益が必要であるとすることで、データの取扱が本人によって一方的に阻まれることのないようにしていた。しかし、こうした通説的見解に対してNolteは、通説的な説明は「インターネットの危険性の特別な潜在力に鑑みて維持しうるか疑わし」いとし、第三者によって入力・表示（einstellen）された自分の個人データを一定期間が経過した後にはSNSで発見してほしくないという本人の利益は、情報を取り扱う機関の利益よりも優位すると言えるとしていた。そしてNolteは先決裁定に関しても一定の期間が経過したデータについて同様の指摘を行っており、将来的には欧州司法裁判所が示した衡量を基準にすべきとしている。

ところで、既述の通りBDSG 35条2項2文はデータ保護指令12条bを転換したものであり、また、BDSG 35条5項はデータ保護指令14条aを転換したものであるが、EUレベルでのデータ保護についてはEUデータ保護規則の制定に向けた手続が進められている。検索結果として表示してほしくないとの請求をBDSGとの関係で考える場合には、この規則の制定がもたらすドイツの国内法への影響、また、検索結果として表示しないよう求める請求に対してBDSGを適用しようとする学説に対する影響についても検討しておく必要があるだろう。

3) EUデータ保護規則（案）との関係

ここで関係するのはEUデータ保護規則案17条1項である。その内容の説明は別稿に譲るが、ドイツの学説においてはEUデータ保護規則の制定はドイツの法制度にほとんど影響を与えないとする見解が有力である。例えば17条1項の規定する権利をデータの削除を求める権利と理解したとしても、削除を求める権利は既にデータ保護指令12条bで規定されている。さらにこの規定はBDSG 20条2項、35条2項2文でドイツの国内法に転換されており、EUデータ保護規則が新しい請求権を国内で創設することにはならないとの理解が有力となっている。

そういった状況ゆえ、EUデータ保護規則の施行はドイツの国内法に大きな改正を迫るわけではないとされており、これらの指摘が正しいとすれば、検索結果としての表示に伴う不利益についてBDSGの適用を認める学説への影響もほとんどないと言えるだろう。

3. 「補充語として提案されない権利」をめぐる動向

　上ではGoogleの検索サービスの法的統制について検討したが、次に、Googleのオートコンプリート機能に関する問題について検討する。オートコンプリート機能は、検索フォームに何らかの用語が入力された際に、その用語と関連性のありそうな用語をGoogleの方から提案・表示する機能のことである。この機能を利用することで利用者が最初は意図していなかったような検索も可能になる反面、噂話があることを検索語の提案によって知らせることでGoogle自身が人格権を侵害する形にもなる。[*22] 冒頭で触れたBettina Wulff氏が起こした訴えは、自分の名前をGoogleの検索欄に入力すると"Rotlichtviertel" "Escort"など、彼女の過去に関係していると思われる語が表示されることに対するものであった。[*23]

　2013年5月14日の判決でBGHは、原告がオートコンプリート機能によって特定の用語を原告と関連づけて表示しないよう求めたのに対して、TMGを適用して原告の請求を認めた。[*24] 以下ではこの事件の概要とBGHの判断、そして、それに関する学説の状況について概観する。

(1)　BGH判決

　この事件では、原告(2)の氏名を入力するとオートコンプリート機能によって「サイエントロジー（新興宗教）」や「詐欺」などが関連する用語として表示されることが問題となった。原告はこれらの表示は原告の人格権や営業上の評判を侵害し、また、これらは真実でないとして、これらの用語が関連する用語として表示・提案されないようGoogleに求めた。BGHは、被告はTMG 2 条 1 文 1 号の意味での役務提供者であるとした上で、被告が検索マシンによって提供している情報は、他者が提供するものではなく自身が提供するものであり（TMG 7 条 1 項）、被告は一般法による責任を負うとした。

　既述の通り、TMG 7 条 1 項が適用される場合、事業者に対する請求の根拠規定となるのはBGB 823条と1004条である。これらの規定を適用する上でまず必要なことは、権利等が違法に侵害されたと言えることである。そこで、オートコンプリート機能で示される提案内容が原告の名誉を毀損するものと言えるかが検討された。これについてBGHは、利用者は原告の氏名とそこで関連付けられた検索語との間に内容的な関連性があると予想するのであり、

またGoogle自身も「検索語を補充する形で示された用語の組み合わせは内容的な関連性を反映しており、検索語で既に使われた用語の組み合わせは、現在検索しているインターネット利用者にとって助けとなるだろう」との想定で行っているはずだ、と指摘した。こうしたことから、下級審とは異なり、このような提案からは原告の氏名とサイエントロジーや詐欺といった概念が関連するとの言明を読み取れるとした。原告の利益が違法に侵害されているとして、次に問題となるのは、その責任が役務提供者にあると言えるかである。BGHは、Googleは自分のプログラムで利用者の検索データを取扱い・処理しており、概念を組み合わせているのはそのプログラムであることに触れる。そして、検索語を提案するサービスを提供するためのデータの処理は原則的に被告に帰責されるべきであり、Googleはそうした処理について責任を有するとした。

続いてBGHは、第三者の権利を侵害しないためにGoogleが十分な予防をすべき場合についての検討に移り、原告の人格権という利益と、被告Googleの表現の自由、経済的行為の自由といった利益とを衡量する。さらにGoogleの利益には、検索サービスの利用者の利益も関連する。これらの利益を衡量するにあたりBGHは、まず、原告は検索マシンを使うと個人データが発見されうるということを批判しているわけではなく、衡量を行うにあたって原告の側にとって重要なのは、本件で結び付けられている概念が真実ではない言明内容をもっているということであると述べる。しかしBGHによれば、誤った事実の表明は甘受される必要はない。BGHはここで妨害者（Störer）としてのGoogleの責任を検討し、被告が自身のプログラムで利用者の検索データ取り扱っており、そのプログラムが概念を結び付けていることを指摘した上で、検索語の提案というサービスについては原則的に被告に責任があるとした。

役務提供者の責任については、TMG 8条から10条がその範囲を限定する旨を規定しているが、上述の通り、BGH判決の理解によればGoogleは自己の情報を提供しているため、この事件ではこれらの責任制限規定は適用できない。それでも、責任が広汎すぎることになるのを防ぐためには、時と場合に応じた評価的な考慮が必要であり、不作為の責任は結果の発生を阻止する可能性と期待可能性の基準によって限定されるという。本人がこうした侵害を排除できる場合には本人の監督義務も問題になるが、検索マシンの運営者の責任の条件について考えると、ブログを開設する第三者による表現を原因

とするホスト・プロバイダーの責任の場合と同様であり、Googleが審査義務に反していることが前提となる。しかし、検索マシンの運営者は原則的に、ソフトウェアによって生まれた検索語を補充する旨の提案によって何らかの権利侵害がないかを一般的・事前にチェックする義務は負わない。予防的なフィルター機能では人格権侵害の考えられるすべての事例を阻止できるとは限らないため、原則的に権利侵害を知った場合に初めて審査義務を負うとする。つまり、本人が人格権の違法な侵害を検索マシンの運営者に通知すると、検索マシンの運営者は将来的にこの侵害がなされないよう義務付けられるとした。

(2) ドイツ国内の学説

　ドイツの学説では、まず、オートコンプリート機能をめぐる問題にTMGを適用できるかが検討されてきた。有力だったのは、立法者意思等を参考にするとTMGを直接適用することはできないとしながらも、TMGを類推適用しようとする見解であった。[*27] Googleが実際に負うべき責任の要件と範囲については違法性の通知があって初めて阻止義務が発生するとされていることから、BGHは「ノーティス・アンド・テイクダウン」の原理に従ったとされることがある。[*28] ただ、先に述べた通り、学説で有力だったのはオートコンプリート機能の運用に伴う責任の範囲についてはTMGの責任制限規定を類推適用すべきとの見解であったため、BGHは2013年判決以前の学説と違う解決方法で同じ結論を導いたとの説明もなされている。[*29]

　また、Googleによる検索語の提案が利用者の検索結果を反映しているに過ぎない、受動的なものと言えるかについても議論があった。多くの論者はGoogleは検索語を提案する過程において機械的に処理しているに過ぎないとは言えないとしていた。そのため、情報を取り扱っているのはGoogleであるとしてGoogleの責任を認めたBGH判決については、肯定的な学説が有力となっている。[*30]

4.　「忘れられる権利」についての若干の考察

　Googleの検索サービスに関する欧州司法裁判所の先決裁定と、オートコンプリート・サービスの問題を取り上げたBGHの判決に関するドイツ国内の動向を見たのに続き、以下では若干の考察を行いたい。

(1) 適用法令・規定

　ここまでの記述でまず分かるのは、Googleに対して人格権的利益の侵害を理由として一定事項の表示を行わないよう求める場合に、適用が考えられる法律が二つあることである。

　BDSGを適用する場合とTMGを適用する場合とでは、問題の捉え方に差異が生じうる。先決裁定は、検索マシンが個人データへのアクセスをインターネット利用者に対して可能にし、インターネット利用者がそれによって該当者の名前を使って検索を行えるようになるという点に着目している[*31]。先決裁定に先立つ法務官の意見でも、同姓同名の人物が存在することも考えると名字や名前だけではインターネット上で直ちに一人の自然人を識別・特定することはできず、先決裁定が扱っている事柄はGoogleインデックスで名字・名前が新聞のサイトのURLアドレスと結合されることで該当者を絞り込めるという問題と捉えられている[*32]。Googleの検索サービスに伴う問題をドイツ国内でBDSGを適用して解決するのであれば、この問題は氏名とサイトのURLを結び付け、氏名という個人情報を基に関係データを取り出すことのできる、一種のデータベースをGoogleが有していることの問題と捉えられることとなろう。他方で、BGH判決のようにオートコンプリート機能による検索語の提案をGoogleによる自己の情報の提供とした上で、TMGを適用して問題解決を図る場合には、関連しうる用語として提案するという形でGoogleの検索語入力欄で表示されている情報の内容の問題として捉えられることになるだろう。

　しかし、先決裁定では様々な個人データを結合させるという形での検索結果が前面に出ているが、重要だったのはインターネット上で具体的な個人データを発見できることであったとの指摘もある[*33]。この指摘が正しいとすれば、先決裁定で扱われた問題を検索結果として表示される情報の内容の問題として捉えることも可能になると思われ、ドイツ国内において同様の問題が生じた場合には、少なくとも先決裁定以前であれば、TMGを適用することも不可能ではなかったことになるだろう。さらに先決裁定とBGH判決には、審査を行う上での共通点も見られる。どちらにおいても、まず初めにGoogleがデータを取り扱っている者と言えるか、そしてそうした行為に責任を有する者と言えるかが検討されている。また、それに続いて対立利益の衡量が行われている。検索結果として表示されないよう求められるという事例につい

て、ドイツ国内においてBDSGを適用する余地を認める見解が見られていることは既に見た通りであるが、そこでは35条の関係規定に含まれている、保存の「適正さ（(Un) Zulässigkeit)」、「真実性」、保存する「必要性」、利益の「優越性」などの文言を手がかりとした衡量の必要性が説かれている。以上のことから、ドイツにおいてBDSGとTMGを使い分けることには一応の説明がつくにしても、先決裁定とBGH判決で扱われた問題の間に違う法律を適用しなければならないほどの大きな違いがあるとは言い難く、また、いずれの法律を適用しても検討の中身は大きくは異ならないと思われる。先決裁定とBGH判決でのGoogleの責任の範囲には違いもあるかもしれないが、それは適用法令の違いというよりも、適用や衡量の仕方の違いによると考えるべきであろう。

(2) 各事例間の差異

　先決裁定について述べる文献には、Googleという巨大企業に対して個人を「救済」することが難しかったと考えられてきたことに触れるものもあり、[*34] 先決裁定が注目されたのは、そうした巨大企業に対する請求が認められたためでもあろう。先決裁定と同様にBGH判決も、「Googleに対して人格権・社会的名誉の侵害が訴えられた」という類似の事例を扱っており、結論上もGoogleに対する請求を認めている。

　先決裁定とBGH判決の間には、問題となった原告（本人）の利益にも類似性が見られる。既に述べた通り、オートコンプリート機能によって補充語が提案されることで、検索サービスの利用者が当初は考えていなかったような検索が可能になる。BGH判決も述べる通り、提案された補充語を見た利用者は、それらの用語が示す事柄は入力された氏名を有する者と関係していると考えるはずであり、利用者が検索する以前には知らなかった情報を知ることになるだろう。そして、当初は知らなかった情報を利用者が知るということは、検索結果の一覧を見る場合も同様であろう。[*35] そのため、ドイツの学説において先決裁定とBGH判決の関連性や類似性、また、先決裁定のドイツ国内への波及について述べられたことは不思議ではない。[*36]

　しかし、先決裁定とドイツ国内の関係事例を比較すると、事例に差異もあることが分かる。ここではそれぞれのサービスの違いと、問題となっている情報の公益性・真実性の違いに触れたいと思う。

1) サービスの違い

近年ではGoogleが「ゲートキーパー」となるに至っているとの批判もあり[37]、検索マシンによって表示・発見されなくなった情報はほとんどの利用者にとっては実際上は存在しないものとなるとの指摘もある[38]。こうした立場にあるGoogleが一定の情報や用語を表示させないようになれば、Googleのサービスによって恩恵を受けている者に不利益が生じる可能性がある[39]。

しかし、検索サービスそのものと、検索語の補充の提案とを区別しておく必要があるだろう。オートコンプリート機能によって一定の語句と組み合わせるよう提案されなくなっても、Googleの側から検索語が提案されなくなるにとどまり、自分で追加の用語を入力するなどして関連するサイトを検索結果として表示させることは技術的には可能であり続ける。その意味で、オートコンプリート機能は検索を容易にするための機能にすぎず、検索サービスを利用する上で必ず利用しなければならないものではない[40]。それゆえ、検索サービス市場において支配的な地位にあるGoogleが、検索サービスの基となっているデータを削除した場合に生じうる不利益の大きさは、一定の検索語が提案されなくなるにすぎない場合に生じる不利益の大きさと同じであるとは言えないだろう。Googleが一部のリンクや用語を表示させなくなることで、Googleの検索サービスを使って情報を収集している者[41]、また、自己の発信した情報がGoogleの検索サービスを通じて世間の目に触れるという意味で恩恵を受けている者[42]に様々な不利益を発生させることになるが、その場合の不利益の大きさは問題となっているサービスごとに検討する必要がある。

2) 問題となっている情報の公益性・真実性

欧州司法裁判所の先決裁定で問題となった情報は、過去における真実の内容であった。他方で、BGHによれば、BGH判決において問題となったGoogleによって検索語として提案された用語は原告と関係するものではなく、「原告と関係する用語である」と推測させるという点で言えば真実とは言えないものであった。また、Bettina Wulff氏の請求については、訴えを起こしたのが前大統領の妻という、社会において一定程度の注目を集める立場にある者だったことも特徴的である。ここでは情報の「公益性」と「真実性」を手がかりに、これらの事例を整理したい。

事実に関する情報の公益性は、その事実が生じたときから時間が経過するにしたがって低下していくとされる。ドイツにおいては、過去の事実が公表されないよう求めるという意味での、ある種の「忘れられる権利」は、「レー

バッハ事件」において「再社会化」の利益の問題として検討されている。そのため、過去の事実が発見される危険性という点ではインターネット上での公表とは大きな違いがあるとはいえ、過去の出来事を長期間にわたって公表してほしくないとの視点はドイツにおいて全く新しいものとまでは言えない。本稿で取り上げたのは、経過した期間の長さこそ様々であったとはいえ、いずれも過去の出来事に関係する情報が問題となった事件であるが、時間の経過という観点は「忘れられる権利」について他の事例において考える際にも必要だろう。さらに、情報の公益性という点では、どのような者が削除を請求しているのかも重要であろう。例えば表現の自由と一般的人格権の関係については、問題となっている表現が政治家に関するものである場合には情報利益が高まるとされている。先決裁定も本人の利益が優先されない例外的な場合の一例として、本人が公人である場合を挙げている。この点、BGHの2013年判決について、「著名人（Zeitgeschichte）の場合はより長く待たなければならないだろう」として、問題となっている情報が著名人に関するものであるような場合には、検索語として提案されないようにしてほしいとの請求が認められる要件は厳しくなるとする見解があるが、Bettina Wulff氏からの請求については「（前）大統領の妻」が純然たる私人と言える者であるかどうかも重要となるだろう。

　また、「忘れられる権利」をめぐっては、問題となっている情報が真実であるかも重要であろう。表現の自由と一般的人格権の関係について、ドイツにおいては、誤った事実の主張の場合には、通常は一般的人格権が優先するとされている。先決裁定もデータ保護指令に合致しない場合としてデータが正しくない場合を挙げており、BGH判決についても、先決裁定で問題となったスペインの新聞によって報じられた状況は事実に適合していたが、事実として正しくない情報については本人の利益が明らかに優位するとの指摘がある。「忘れられる権利」は本来は正しい、もしくは、合法的に保存されていたデータに関する問題であるとの指摘もあるが、いずれにしても、問題となっている情報の真実性は、人格権侵害を理由とするGoogleに対する削除請求に際して検討されるべき事柄であろう。

　ところで、Bettina Wulff氏は語句の43の組み合わせについてGoogleと和解しており、"Escort"などの単語がBettina Wulff氏と関係する単語であるのかは、裁判において結論が出されたわけではない。和解前の学説では、Bettina Wulff氏の事件についても裁判所はBGH判決と同様の判断を示すの

第9章　ドイツの「忘れられる権利」　165

ではないかとの見解も見られたが、裁判所は「彼女が過去に売春地区で活動していたのか否かを問わなければならないだろう[*55]」、との指摘が正当であったと思われる。

5．おわりに

　本稿では、「忘れられる権利」と関係するドイツ国内の議論状況として、適用される法律として複数の法律が考えられること、問題となっている情報やデータの「古さ」、「公共性」、「真実性」といった観点で検討する必要性が明らかになってきていることを挙げた。関係者の利益の調整という点ではGoogleの負担についても検討する必要があるが、これは頁数の都合で触れることができなかった。また、ドイツ国外に本社があるGoogleに対してドイツの国内法を適用できるかについても検討を省略せざるを得なかった。本稿で扱えなかったそうした事柄については今後の検討課題としたい。

* 1　本稿では、WebサイトとしてのGoogleだけでなく、サイトの運営者としてのGoogle社についても"Google"とのみ表記している。
* 2　EUデータ保護規則案17条1項は、幼少（Kindesalter）期に公表したデータの削除についても規定している。
* 3　オンライン・アーカイブと、そこで保存されているデータが検索サイトで検索結果として表示されることの問題を詳しく扱うものとしてM. Diesterhöft, Das Recht auf medialen Neubeginn, 2014. またS. Meyer, K&R 2013, 221（226）. 同意の効力の限界という観点で「忘れられるチャンス」について述べるものとしてJ. Masing, NJW 2012, 2305（2308f）.
* 4　T. von Petersdorff-Campen, ZUM 2014, 570（572）, Arning/Moos/Schefzig, CR 2014, 447（454）, J. Kühling, EuZW 2014, 527（530）.
* 5　LG Hamburg, Az. 324 O540/12, G. Mäsch, JuS 2013, 841（842）, Süddeutsche Zeitung vom 8. Sep. 2012, S. 3, Meyer（O.Fn.3）, 225, W. Seitz, ZUM 2012, 904（995）. なお、Googleはいくつかの検索結果の削除には応じたが、Bettina Wulff氏はオートコンプリート機能の問題については申立てを続けていた（Süddeutsche Zeitung, 5.11.2012）.
* 6　Mäsch（O. Fn. 5）, 842.
* 7　テレメディア法の解説として、堀部政男監修『プロバイダ責任制限法実務と理論──施行10年の軌跡と展望』（商事法務、2012年）190頁以下（鈴木秀美）。
* 8　S. Jandt, in: A. Roßnagel（Hrsg.）, Beck'scher Kommentar zum Recht der

Telemediendienste, 2013, § 10, S. 151は、「ノーティス・アンド・テイクダウン」の原理を導入したものとしている。

* 9 Köhler/Ardt/Fetzer, Recht des Internet, 7. Aufl., 2011, S. 303, J. Wimmers, CR 2012, 664 (667), G. Nolte/J. Wimmers, GRUR 2014, 16 (25f.).
* 10 Jandt (O.Fn.8), S. 160ff. 先決裁定に先立つNiilo Jääskinen法務官の意見Rn. 37f. は、インターネット利用者によって対価が支払われない場合にはEコマース指令を適用できないが、事業者の責任は限定されるべきであるとしている。
* 11 Meyer (O.Fn.3), 227.
* 12 脱稿直前に触れたものとして G. Buchholtz, AöR 2015, 121.
* 13 A. Dix, in: S. Simitis (Hrsg.), Bundesdatenschutzgesetz, 8. Aufl., 2014, S. 1603f., Rn. 26.
* 14 ここで述べた1・2・4号の適用可能性についての指摘としてN. Nolte, NJW 2014, 2238 (2241ff.).
* 15 OLG Frankfurt 16. 3. 2011 (DuD 2011, 494), Rn. 49, Dix (O. Fn. 13), S. 1609f., Rn. 58, J. G. Meents, in: J. Taeger/D. Gabel, Kommentar zum BDSG, 2010, § 35, Rn. 45f.
* 16 N. Nolte, ZRP 2011, 236 (239).
* 17 Nolte (O.Fn.14), 2241. またG. Spindler, JZ 2014, 981 (986)は、先決裁定をBDSG 35条5項を限定的に解するドイツの通説的見解を放棄したものとしている。
* 18 BDSG 35条2項2文4号は、データ保護指令の範囲を超えている規定である。
* 19 しかしM. Klar, DÖV 2013, 103 (111f.)は、ドイツ国内におけるデータ保護の水準の高さを背景に、規則案が施行された場合の保護水準の低下に対する警戒を示している。また、ドイツ国内の保護水準の高さとの関係で、Solange判決を参照しながら先決裁定を批判するものとしてArning/Moos/Schefzig (O. Fn. 4), 454.
* 20 G. Hornung/K. Hofmann, JZ 2013, 163 (166), Jandt/Kieselmann/Wacker, DuD 2013, 235ff.
* 21 Spindler (O. Fn. 17), 989, Eckhardt/Kramer/Mester, DuD 2013, 623 (625), I. Spiecker, KritV 2014, 28 (31). またSpindlerは、BDSGに既に35条の規定があることをその理由の一つとして挙げる。
* 22 N. Klass, ZUM 2013, 553 (556).
* 23 LGHamburg (O. Fn. 5), Mäsch (O. Fn. 5), 842, Süddeutsche Zeitung (O. Fn. 5), S. 3.
* 24 BGHZ 197, 213, NJW 2013, 2348.
* 25 BGH判決以前に、補充語として提案されている用語があっても、それによって本人がその用語と関係しているとの言明を示すことにはならないとしていたものとしてN. Härting, K&R 2012, 633. なおT.Hoeren, ZD 2013, 405 (407) は、原告は以前にサイエントロジーを批判しており、この用語が提案されても驚きではない、としている。

*26　なお、先決裁定Rn.84は、本人が事前にサイトの運営者に削除請求を行っていることは必ずしも必要ないと述べている。
*27　Seitz (O. Fn. 5), 995, M. Ruttig, K&R 2013, 474 (478f.).
*28　Kühling (O. Fn. 4), 531, K.-H. Ladeur, JZ 2013, 789 (793).
*29　Ruttig (O. Fn. 27), 479.
*30　Ruttig (O. Fn. 27), 478, Ladeur (O. Fn. 28), 793, C. Thiele, IRIS 2013, 577 (578), K.-N. Peifer/C. Y. Becker, GRUR 2013, 751 (755). 理由全体に肯定的なものとしてLadeur, 792. また前審のOLG Kölnを批判するものとしてSeitz (O. Fn. 5), 995.
*31　Rn. 36.
*32　法務官意見Rn. 97.
*33　Spindler (O. Fn. 17), 982.
*34　Kühling (O. Fn. 4), 530.
*35　Diesterhöft (O. Fn. 3), S. 157.
*36　Ruttig (O. Fn. 27), 478f., Kühling (O. Fn. 4), 530, Petersdorff-Campen (O. Fn. 4), 572. ただRuttig自身は、オートコンプリート機能をめぐるBGHの事件とGoogleのSnippetsが問題となった事件は、異なる事例であるとしている。
*37　Klar (O. Fn. 19), 107, V. Boehme-Neßler, NVwZ 2014, 825.
*38　B. P. Paal, Suchmaschinen, Marktmacht und Meinungsbildung, 2012, S. 5.
*39　Boehme-Neßler (O. Fn. 37), 829, Diesterhöft (O. Fn. 3), S. 180. また、メディア特権との関連性についてSpindler (O. Fn. 17), 987.
*40　Thiele (O. Fn. 30), 578, Klass (O. Fn. 22), 554.
*41　情報を収集する者に対する不利益についてNolte/Wimmers (O. Fn. 9), 22, Spindler (O. Fn. 17), 981f., 986. またTrefferbeiGoogle, Der Spiegel 21/2014, S. 134は先決裁定で問題となった事例を「忘れられる権利と知る権利の争い」と整理する。
*42　情報を発信している者に対する不利益について、先決裁定に先立つ法務官意見Rn. 134, Spindler, (O. Fn. 14), 990.
*43　BVerfGE 35, 202. 解説として、ドイツ憲法判例研究会編『ドイツの憲法判例（第2版）』（信山社、2003年）183頁以下（小山剛）。
*44　Hornung/Hofmann (O. Fn. 20), 164, Spindler (O. Fn. 17), 982, Petersdorff-Campen (O. Fn. 4), 570, Diesterhöft (O. Fn. 3), S. 45.
*45　先決裁定で問題となったのは過去についての情報であったことに着目している評釈としてBoehme-Neßler (O. Fn. 37), 828, Spindler (O. Fn. 17), 988, M. Lang, K&R 2014, 449 (451). またHornung/Hofmann (O. Fn. 20), 165は、事件が係属中の段階で同様の指摘をしていた。
*46　H. D. Jarass/B. Pieroth, GGKommentar, 12. Aufl., 2012, Rn. 79, S. 214 (Jarass).
*47　Rn. 97.
*48　Boehme-Neßler (O. Fn. 37), 828.

*49　Jarass（O. Fn. 46），Rn. 75, S. 213.
*50　Rn. 93. またデータ保護指令12条b。
*51　Spindler（O. Fn. 17），985.
*52　Nolte（O. Fn. 16），238, Spindler（O. Fn. 17），988. なおC. Körber/T. Jochheim, WRP 2013, 1015（1018）は、削除請求は情報が真実でなかった場合にしか認められないとする。
*53　FAZ 16. 1. 2015.
*54　G. Gounalkis, NJW 2013, 2321（2324）．なお、そこで指摘されているのは、BGH判決がBettinaWulff氏の評判を望んでいた通りに完全に回復させる上での助けになるかは疑う余地があるということである。この指摘は一見すると、BGH判決とBettinaWulff氏の事件を区別するよう主張しているようにもみえるが、Gounalkisの主張の要点はBGH判決があっても彼女の評判自体が回復するわけではないことであり、BGH判決にしたがえばBettinaWulff氏の請求は認められるとの考えが根底にあるものと思われる。
*55　Körber/Jochheim（O. Fn. 52），1019.

（じつはら・たかし）

第10章

イギリスの「忘れられる権利」
「ヨーロッパの中のイギリス」という視点から

江島晶子
明治大学法科大学院教授

1. はじめに

　人は忘れる。その時は非常に重要で、決して忘れることはないと思っていたことさえ、いつしか忘れていることがある。だからこそ、どうやって覚えているか、どうやって覚え続けてもらうかが重要であった。人は忘れるからこそ、結果としてプライバシー[*1]が守られていた。確かに、プライバシーはいったん侵害されると侵害の回復は不可能だが、人が忘れることによって事実上プライバシーが回復される状況があった[*2]。ところが、コンピューターは忘れることはない。その記憶容量は飛躍的に進歩するだけでなく、記憶内容のデータベース化は新たな情報を生み出す。しかも、それらをつなぐインターネットの発展は劇的である[*3]。

　「忘れられる権利」は、いつ、どこから出現したのか。文字通りの「忘れられる権利」(right to be forgotten) は、現時点では成文法上は存在しない。「忘れられる権利」への世界的注目に一役買った2014年のEU司法裁判所 (Court of Justice of the European Union、以下、CJEU) の先決裁定 (以下、2014年判決) 自体、「忘れられる権利」という表現を使っているわけではない[*4]。忘れられる権利がここまで注目されるに至った過程において特筆すべき点は、権利の生成が一国の中だけで行われるわけではないこと、そして、権利の生成に国家以外の存在、とりわけ、国際機関および国境を越えて活動するグローバル企業・多国籍企業が強く関係しうることである。各国において一定の権利が生成発展し、各国比較を行ってみると共通する部分と異なる部分

があり、それはなぜなのかという形での静的な比較分析では現実を把握できない。共通する問題状況が各国に普遍的に存在し（インターネットの検索サイトはグローバルに利用しうるので、問題もグローバルかつ同時的に存在する上、インターネットの検索サイトを提供するGoogle等は国家でも国際機関でもなく、グローバルに活動する企業である）、かつ、問題状況に対応するシステムもグローバルに存在するので、新しい権利の生成が、これまでの権利の実現について権限と責任を担ってきた国家機関以外の存在によって牽引・制御され、その影響を伝統的統治機構が受けるという事態が生じている。

　忘れられる権利の起源は、フランスで提出された一法案（法律にはならなかった）とされるが、ここまでインパクトを持ちえたのは、EUを介しての発信だからである。かつ、その影響は2014年判決の当事者にとどまらない。また、同判決に対するGoogleの対応は、肯定的にせよ否定的にせよ新たなリアクションを招来させている。疑問や批判の声を挙げる側も、国境を越えて、インターネット、そしてインターネット社会を利用して、発信する状況がある。実際、「インターネット社会」にせよ、そこで生じている具体的問題に対する応答としての「忘れられる権利」にせよ、それぞれについて「イギリスでは……」と腑分けすることにさほど意味はない。「イギリスにおける問題」ではなく、むしろEUやヨーロッパ評議会などの地域的・国際的機関と国内の統治機構が相当の部分において接合され、多層的な権利生成プロセスが存在している現状を視野に入れる必要がある。そこで、本章では「ヨーロッパの中のイギリス」という視点から、イギリスにおいて忘れられる権利がどのようにとらえられているかを下記の点に留意しながら検討する。

　第一に、忘れられる権利の議論の中で、プライバシーの捉え方、ひいては、プライバシー権と表現の自由との関係の捉え方をめぐって、アメリカ対ヨーロッパの対比で論じられることが多い。では、イギリスはいずれに近いだろうか。少なくとも、イギリスは他のヨーロッパ大陸諸国とは一線を画するようにみえる（イギリス政府は忘れられる権利に対して否定的立場を示す）。

　第二に（第一の点に関連するが）、そもそも、人権、そして、抽象的一般的人権規定について、従来、イギリスはヨーロッパ大陸諸国とは異なる態度を示してきた。バークは、フランス人権宣言を酷評し、ダイシーは「人身保護令状は原理も権利も規定しないが、個人の自由を保障する何百という憲法条項に匹敵する」と述べている。そして、議会主権という憲法原理の下で、違憲審査制を拒否してきた。人権は、議会法によって具体的に保障されるので

第10章　イギリスの「忘れられる権利」　171

あり、裁判所において具体的な救済が与えられてこそ権利が保障されているという考え方である。[*9]

　第三に（第二の点の具体例になるが）、イギリスでは、包括的プライバシー権は認められておらず、判例法および制定法によって、個別分野において部分的にプライバシーが保護されてきた。抽象的人権規定を定めてから具体化するのではなく、実際の問題に対応して制定法や判例法を通じて個別的救済を与えるアプローチである。だが、1998年人権法（Human Rights Act 1998、以下、人権法）の制定によって、ヨーロッパ人権条約8条「私生活および家族生活に対する権利」という抽象的人権規定がイギリス法の解釈において無視できない存在となった。また、2014年判決が依拠するEU基本権憲章も、イギリス国内における法的的効力が議論を呼んでいる。[*10]

　第四に、権利の定義から始めることの問題性である。プライバシーの定義には困難が伴う。インターネット社会の登場により困難さは増大している。権利の定義が各国レベルで行われ、それを調整するのでは現代社会の急激かつグローバルな変化に対応できない。他方、各国の独自性を考慮せずプライバシーを統一的に定義すれば、各国レベルで他の権利、とくに表現の自由が脅かされる可能性がある。

　第五に、忘れられる権利は、プライバシー権対表現の自由のバランスという構図の中で議論されるが、実はそれは問題の一様相（重要な様相ではあるが）である。

　以上をまとめていえば、インターネット上のプライバシーに対しては新たなアプローチや新しい権利が必要なのかである。[*11] Yahoo! JAPANが「検索結果とプライバシー」について検討を依頼した有識者会議は、その報告書（以下、有識者会議報告書）において、「③掲載情報が適法な時点で、既存のプライバシー侵害の枠組みとは異なる観点から検索結果を非表示にすべきケースがありうるのか」という問題について、「今後の議論に委ねられるところであるが、現状では、一定期間を経過しても違法とならないような適法情報について検索サービスが非表示措置を講じなければならないという立論は難しいという見解が多く見られた」とし、また、「『忘れられる権利』については現時点で確定的な解釈を与えることは難しく、今後も議論と検討を重ねていくことが必要」だと締めくくった。[*12] 確かに立論は困難を伴うのかもしれないが、忘れられる権利がここまで注目を集めているのは、③のような場合に「新たな枠組み」が喫緊の課題だというところまできている証左のようにも

考えられる。

　本章では、上記の点を念頭におきながら、2014年判決に対する、イギリスの（とくにEUとの応答）を中心に検討する。具体的には、最初にイギリスにおけるプライバシーの保護のあり方を概観し、2014年判決に対する貴族院EU委員会の反応を分析した上、その後の動向を考察して、前述した問題（とくに新たな枠組みの必要性と可能性）にアプローチする。

2．イギリス法におけるプライバシー

(1)　1998年人権法以前のプライバシー

　前述したように、イギリスでは、包括的プライバシー権は認められておらず、判例法および制定法によって部分的に保護されてきた。判例法上は、トレスパス（trespass）、信頼違反（breach of confidence）、ニューサンス（nuisance）、名誉毀損（defamation）、契約違反（breach of contract）、信託違反（breach of trust）など個別分野において保護されている。[13]制定法としては、1998年データ保護法（Data Protection Act 1998）による個人情報の無断公開の禁止、2000年調査権限規制法（Regulation of Investigatory Powers Act 2000）による郵便および公共電気通信システムの故意の傍受の禁止、2006年無線通信法（Wireless Telegraphy Act 2006）による傍受の禁止、1997年ハラスメント防止法（Protection from Harassment Act 1997）によるハラスメントの禁止等が挙げられた。[14]よって、プライバシーに関するイギリス法は、「未発達、複雑かつ断片的であるが、進化もしている」と評されてきた。[15]とりわけ、問題となるのは、私生活上の事実の不当な公開を阻止できないという欠陥である。[16]裁判官自身もそのことを認め、かつ、人権法以前から、プライバシーが問題となる事件ではコモン・ローを拡張する傾向も観察されている。だが、法形成は議会の役割と考えるイギリスでは、コモン・ローの発展には限界がある。

　他方、制定法によって「プライバシー侵害」という不法行為類型を認めるべきだという議論が長く続けられてきた。とりわけ問題となったのは、メディアによるプライバシーの侵害である。専門家による委員会が設置され、たびたび報告書が出されてきた。まず、ヤンガー委員会（1972年）は一般的プライバシー権に反対し、カルカット委員会（1990年）もプライバシー侵害を理由とする不法行為の導入に反対し、その代わりにプレス苦情委員会の設置を推奨した。[17]これに基づきプレス苦情委員会が設置されたものの実効性に

ついては批判が多かった。プレスによる自主規制を検討する第二次カルカット委員会では、プライバシー侵害の不法行為の導入の検討が提案されたが、具体化に至っていない。[*18]

(2) 1998年人権法とヨーロッパ人権条約8条

1998年人権法は、「一揃いの抽象的人権規定」との適合的解釈を、議会以外の公的機関に義務づける[*19]。同法は、1997年に18年ぶりに政権に復帰した労働党のマニフェストに掲げられていた憲法改革（Constitutional Reform）の一環である（当時、抽象的権利章典は1689年権利章典しかなかった）。その一揃いの抽象的人権規定が、国内法ではなく国際人権条約であることに留意したい。

ヨーロッパ人権条約（European Convention for the Protection of Human Rights and Fundamental Freedoms、以下、ECHR）は、生命に対する権利を中核として、拷問禁止、人身の自由、精神的自由、差別禁止等に関する抽象的規定を有すると同時に、締約国による条約違反について個人および締約国がヨーロッパ人権裁判所（European Court of Human Rights、以下、ECtHR）に対して提訴できるという実施手段を有する（1953年発効）。現在、47カ国の締約国を有し、権威と信頼を獲得するに至っており、地域的人権条約の中でも目覚ましい発展をとげている。[*20]

政府は、イギリスがすでに批准している条約を国内に持ち帰るだけなので、何ら新しいものを持ち込むわけではないと説明した[*21]。だが、ECHRの権利カタログの中でイギリスにとって一番なじみがなかったのがECHR 8条「私生活および家族生活の尊重を受ける権利」であろう[*22]。8条は「すべての者は、その私的および家族生活、住居ならびに通信の尊重を受ける権利を有する」と規定する。その射程範囲はそもそも文言的にも広い上、ECHRは「生きている文書」（living instrument）なので、社会の変化を踏まえて解釈によって発展させうるというのがECtHRの立場である[*23]。また、ECHRは、国家に対して消極的義務（私生活等に干渉してはならない）を課すだけでなく、私生活等の実効的な尊重という観点から積極的義務も課している[*24]。同条約の名宛人は国家であるが、私人によるプライバシー侵害に対しても影響を及ぼし得る（水平的効力）。[*25]

総じて、ECHRは、プライバシー保護の点でイギリス法にインパクトを及ぼしている。国家によるプライバシー権（またはECHR 8条）侵害については、抽象的規定の解釈という点でいくつか興味深い事件がある[*26]。これらの

事件では、国内裁判所がECHR 8条違反を明確に否定したにもかかわらず、ECtHRでは全員一致で条約違反を認めたのである。国家に対してプライバシーを主張するプライバシー権が未発達であったこと、そして、イギリスの裁判所は現代社会の文脈に即した抽象的規定の目的的解釈が苦手であることを物語っている。他方、私人によるプライバシー侵害の文脈においては、イギリスの裁判所は解釈を行う上で、ECHR 8条およびECtHRの判例に相当影響およびインスピレーションを得ているが、新たにプライバシー権を生成するにはいたっていない。むしろ、ECHR適合的であることを念頭に置きながら、コモン・ローの法理（特に信頼違反の法理）の発展という形をとることによって対応している。[*27] もう一つ留意しておくべき点は、イギリスには、表現の自由の優越的地位という考え方は存在しない一方、表現の自由は比較衡量されるべき重要な利益としてとらえられてきたことである。[*28]

(3) 1998年データ保護法と情報コミッショナー

　イギリスでは、人権法が制定された同年に、1998年データ保護法（Data Protection Act 1998、以下、データ保護法）が制定された[*29]（プライバシーについて前述したような発展方法をとってきたため、プライバシーと個人情報保護の関係も十分検討されていない）。急激な技術革新から情報社会に登場した新たな問題に対応するために1995年EUデータ保護指令（以下、1995年指令）が採択されたことを受けて、同指令を国内で実施すべく1984年データ保護法（Data Protection Act 1984）を改正した法律である。同法は、個人データの取得、保有、利用または提供を含む、個人に関する情報の取扱いの規制を目的としており、公的部門と民間部門の両方に適用される。さらに、両部門を監督すべく情報コミッショナーが設置されている。データ保護法では、8つの原則を規定する（第1附則）。①個人データは、公正かつ適法に取り扱わなければならない。②個人データの取得は特定の正当な目的（複数可）で行い、当該目的に適合しない、いかなる方法でも処理してはならない。③個人データは、当該処理目的との関係において、適切で関連性があり、過度であってはならない。④個人データは正確であり、必要に応じて最新状態を維持しなければならない。⑤いかなる目的に使用する個人データも、当該目的のために必要とされるよりも長い期間保持してはならない。⑥個人データは、本法におけるデータ主体の権利に従って処理されなければならない。⑦個人データの無許可処理または不正処理、ならびに個人データの偶発的な消失、破壊、損傷

に対応するため、適切な技術的および組織的な対策を講じなければならない。
⑧欧州経済領域外の国または地域に個人データを移転してはならない。ただし、その国または地域で、個人データの処理に関してデータ主体の権利および自由のための適切なレベルの保護が確保されている場合は除く。

　データ管理者は、個人データを取り扱うにあたっては、通知事項（氏名、住所、代表者、個人データのカテゴリ、取扱目的、データの提供先、情報を欧州経済地域外へ移転させる場合の国名）および上記⑦原則を遵守するための措置を情報コミッショナーに通知しなければならない。情報コミッショナーは違反した管理者に対して、一定の措置をとることができる。2014-15年度報告書によると、情報コミッショナーは1年間で14,268件のデータ保護懸念（data protection concerns）を受領し、合計1,078,500ポンドの罰金を科し、195,431件のヘルプラインの電話を受け、490万人が情報コミッショナーのウェブサイトを閲覧し、18万件の迷惑電話および迷惑メールを取扱い、データ管理者に対して41件の査察を行う一方、1,177件の情報公開請求に応じたという（情報コミッショナーはプライバシー権と情報公開（知る権利）を同時に統括している）[30]。

3. 貴族院EU委員会報告書「EUデータ保護法：忘れられる権利？」

(1) 背景

　貴族院EU委員会（House of Lords European Union Committee、以下、EUC）は、2014年判決後、約2か月半のうちに、忘れられる権利に関する報告書「EUデータ保護法：忘れられる権利？」（以下、EUC報告書）を提出した[31]。EUCは、貴族院に設置されたEUに関する事項を検討する委員会で、特別委員会（Select Committee）および6つの小委員会で構成されている。特別委員会は19人の貴族院議員で構成される。データ保護の担当は内務・健康・教育小委員会（the Sub-Committee on Home Affairs, Health and Education、以下、内務小委員会）で、12名の貴族院議員で構成される。EUCは、EUの産出する文書を事前に吟味し、政府に影響を及ぼすと同時に、政府の責任を問う[32]。委員会が関心を有する文書を吟味している間は、イギリス政府は欧州理事会（the European Council）またはEU理事会（the Council of the European Union）において同意ができない[33]。

EUC報告書の背景には、2012年1月、欧州委員会（the European Commission）が、1995年指令の代わりに提案した新たなデータ保護規則（以下、規則提案という）の存在がある。指令は国内において関連法の整備が必要となる（換言すると実施方法は各国に委ねられる）のに対して、規則は、全加盟国において即時に効力を有するので、規則の中に何を規定するかは各国にとって重大な問題である。今回の提案の趣旨は、インターネットの急激な発展（たとえばGoogleは1998年創設）が出現する前に制定された1995年指令は時代遅れであり、個人の基本的権利の保障および域内市場のデータの自由な流通を確保するために総合的規制の整備が必要だとする。その際、規則提案では、1995年指令12条（b）の「消去権」を「忘れられる権利および消去権」（17条）とする提案がなされた。これに対して、イギリス貴族院では、規則提案を内務小委員会で吟味することになっていたところ、1995年指令12条の解釈を含む2014年判決が出されたので、これを中心に忘れられる権利の検討が行われることになった。なお、規則提案自体に対しては、2012年に庶民院の特別委員会の一つである司法委員会（House of Commons Justice Committee）が、個々の状況に対する柔軟性を欠くので、各加盟国に具体的実施を任せるべきだという批判を提起し、イギリス政府もこれに同意している。EUC報告書に対して、政府は2014年10月3日に応答し、欧州委員会は2014年10月31日に応答している（詳細は後掲(2)2)参照）。貴族院全体での討議は行われていない。

(2)　貴族院EU委員会による検討

　EUCは、2014年CJEU判決を分析・考察した後に、忘れられる権利が存続すべきかどうかを検討した。まず、EUCは、CJEUの扱った問題を以下の三つに整理する。①1995年指令の地理的範囲は、スペインにおけるGoogleの活動に及ぶのか、②検索エンジンは情報管理者（data controller）か、③忘れられる権利とは何か。換言すると、1995年指令の条項は以下のように解釈されるべきかどうかである。すなわち、データ主体が検索エンジンのオペレーターに対して、データ主体の氏名に基づいて行われた検索の結果として表示された結果一覧から、第三者によって合法的に公表され、当該データ主体に関する正しい情報を含んでいるウェブページへのリンクを、当該情報は当該データ主体に偏見を抱かせるものである、または、当該データ主体が一定の時間経過後は当該情報が忘れられることを望んでいるということを理由として、除去することを可能にするものとして解釈されるべきか。議論の中心

は、③である（ただし、②について検索エンジンは情報管理者ではないという意見があり、その理由づけは説得的だという態度を示している[*41]）。以下、その内容を紹介する。

1）「忘れられる権利」というネーミング

　第一に、忘れられる権利という表現が「誤解を招きやすい」（misleading）とする。なぜならば、真の意味で忘れられているわけではないからである。問題の記事が掲載されたLa Vanguardinaの該当頁は紙媒体で現存し、かつ、競売にかけられた財産の共同所有者の名前を入力すれば電子的にも該当頁にアクセスできる。当該情報は他のメディアによっても公表されていたはずである。当該情報はスペインの裁判所および省庁の記録に存在しているだろう。Mr Costeja González（申立人）の名前を用いたGoogleサーチからは問題の頁は見つからないので、理論的には発見されにくくなったかもしれないが、実際上は、以前よりも目立つ状態になっている。なぜならば、同人の名前を入力すると出現する2014年判決にリンクづけされた多くの報告中に登場するからである。さらに、Google.comのように、2014年判決に地理的に拘束されない検索エンジンを通じてアクセスできる[*42]。データ主体の立場からすると、忘れられない権利とは、せいぜいのところ情報にアクセスしにくくする権利であって、最悪の場合、望んでいたことの正反対の結果を実現するかもしれない[*43]。EU委員会で証言を行った司法・市民的自由大臣Hughesは、「不正確で役に立たない見せかけ」と評している[*44]。

2）　2014年判決が及ぼす影響・結果

　2014年判決のフィージビリティ：まず、Googleが2014年判決に従いうるかである。Googleは、約25万件のURLについて、検索エンジンのオペレーターが行った「処理の目的との関係で、情報が、不適切、関連性がないもしくは関連性がなくなった、または過度」であるかどうかを審査しなければならず、仮に当該基準を満たした場合には、次に、「たとえば、データ主体が公的生活において果たしている役割など、ある理由で、当人の基本的権利に対する介入が、検索結果のリストに含められることによって、公衆が当該情報にアクセスする優勢的な利益によって正当化される」ようにみえるかどうかという価値判断をしなければならない。EUCは、これは重い負担だと評価したが、Googleが判決を履行することは可能だと判断した[*45]。だが、Googleよりも規模が小さい検索エンジンにとっては、容易ではなく、対応する資源がないので要請があればただちに除去してしまうのではないか、それは検閲で

はないかという懸念が表明された[*46]。さらに、こうした判断を検索エンジンに委ねることが妥当かという疑問が提起された。これについては、意見が分かれ、Googleの判断を信用できない、こうした判断を営利企業に委ねるのは不安であるという意見が出された。さらに、検索エンジンによって結論が異なりうることも指摘された[*47]。

　情報コミッショナーに及ぼす影響：Googleがどれだけ要請を拒否するかが未定な時点での予測は困難としながらも、Googleから拒否されたデータ主体が情報コミッショナーに苦情を持ち込む可能性があることが示唆された。情報コミッショナー側からは、仕事量を増やすことは間違いなく、懸念事項であり、かつ、財政的問題も含んでいることを認めた[*48]。

　他のデータ管理者（data controller）に及ぼす影響：CJEUが検索エンジンをデータ管理者だと認定したことは、データ管理者の範囲を不当に拡大する可能性があると懸念された[*49]。

　2014年判決の経済的インパクト：規則提案が実現されると、連合王国のビジネスに与える経済的インパクトは3億6千万ポンドで、そのうち2億9千万ポンドは中小企業に対するものだと予測する（忘れられる権利自体に関するものとして示されたわけではない）。EUCは、そのインパクトは相当なものだと予測し、かつ、中小企業に対する影響を懸念する。

　3）　EUCの結論と勧告

　EUCの結論は、忘れられる権利に反対するもので、イギリス政府の立場と同じである。具体的には、以下の結論と勧告を示した[*50]。これに対するイギリス政府および欧州委員会の応答も簡略に付記する[*51]。

① 1995年指令もCJEUによる同指令の解釈も、詳細な個人情報へのグローバルなアクセスが生活様式の一部となっている通信サービス提供の現状を反映していない。
　【政府の応答】政府も同じ認識である。EUでの交渉における政府の立場は、個人情報保護と経済的な革新と成長にふさわしい条件の適切な釣合いをとる比例的枠組みをもたらすことである。

② データ主体に対して、正確かつ合法的に入手可能なデータへのリンクを削除する権利を認めることは、もはや合理的ではなく、可能でさえない。
　【政府の応答】：自己の個人データが、関連性がない、時代遅れである、または不適切だという場合には、個人がそれを削除要請する権利を有することは明らかである。2014年判決はこの権利を変更したのではなく、

第10章　イギリスの「忘れられる権利」　179

これを検索エンジンにまで及ぼしたのである。同判決がデータ管理者の定義を拡張したことによって、プライバシーとそれとは対立する権利、たとえば表現の自由との均衡を決定するという難問を検索エンジンに与えたことになる。

③ 忘れられる権利は、欧州委員会の提案にせよ、欧州議会の修正版にせよ、削除すべきという政府の見解に同意する。それは、原理として見当違いであり、実際上も実行不可能である。

【政府の応答】政府も同意する。実現できない非現実的期待を与えてはならない。ビジネスに対して不釣り合いで非現実な重荷を課さない、より比例的で釣合いのとれたフレームワークをEU理事会で他加盟国とともに検討する。

【欧州委員会の応答】リンクの削除は技術的に可能である。要請に対してGoogleが実際にとった対応からも明らかである。たとえば、Googleは、毎日、著作権侵害に基づく、百万件の除去要請を処理しており、検索エンジンは検索結果から一定のリンクを外すことはすでにやっていることで、検索エンジンの働き方には何の変更も生じていない。

④ 政府は、新規則における「データ管理者」の定義を修正して、検索エンジンの一般ユーザーを含まないよう確保すべきである。

【政府の応答】一般ユーザーを含まないようにするという点に同意する。

⑤ 検索エンジンはデータ管理者に分類されるべきではないという強い主張が委員会内部にあり、それは説得的である。

【政府の応答】Googleはデータ管理者であるという2014年判決の結論には驚かない。1995年指令の下で、データ管理者はデータ処理者よりも重たい責任を有する。なぜならば、管理者が通常、まず個人情報を処理するかどうかを、そして、どのように処理するかを決定するからである。しかし、処理の目的と手段を決定する唯一の責任を有していたことが管理者となる前提条件ではない。検索エンジンは、他者によって開始された検索の仲介者でしかないという事実は、管理者であることを排除するものではない。しかし、検索エンジンは管理者であると結論づけるとしても、1995年指令において実際的責任が何かを明確にしなければならない。2014年判決は、将来の立法を考える際に検討すべき一要素ではあるが、デジタル時代の現実をより適切に反映した異なる決定にEU理事会が到達するのは全くの自由である。

【欧州委員会の応答】検索エンジン・オペレーターを管理者とみなすというCJEUの判断は説得的である。CJEUによれば、検索エンジン・オペレーターは、インターネット上に公表された情報を求めて、インターネットを自動的に、常時、かつ体系的に探索して、情報を「収集」し、その後、「検索」し、インデックスィング・プログラムの枠組みの中に、「記録」・「整理」し、サーバーに「保存」し、場合に応じて、検索リストの形式で検索エンジン・ユーザーに対して、「開示」し、「利用可能にする」。これが、CJEUが検索エンジン・オペレーターは個人データ管理者であるとみなした理由である。さらに、データ主体の権利への介入の効果は、現代社会においては、インターネットおよび検索エンジンが果たす、検索結果一覧に含まれる情報をどこでも存在できるようにする重要な役割ゆえに高められている。

⑥ 新規則が、欧州委員会のいう「忘れられる権利」または欧州議会のいう「削除権」に従った条項を含まないようにすると表明した政府の立場を継続することを勧告する。

【政府の応答】政府は欧州委員会の提案する「忘れられる権利」を支持していない。しかし、加盟国の大多数は、忘れられる権利に賛成している（権利と義務をより実際的なものにする修正は欲しているが）。欧州委員会にとっても、同権利を含めることを支持する。したがって、政府としては、規則提案が実際的ではないことを継続して説明していく。

【欧州委員会の応答】「忘れられる権利」および規則提案に示されたその他の新しい権利の必要性を強調したい。現在、ヨーロッパ市民のデジタルサービスに対する信頼は低い。それは詳細な個人情報に対するグローバル・アクセスが生活様式の一部となっており、それゆえ、ヨーロッパ市民が自分の情報をコントロールする必要があるからである。市民をエンパワーすることを恐れてはならない。他方、企業は、サービスの利用者の信頼を増加させることによる利益を得られる。Googleおよびその他の影響を受ける企業のように、声高に不満をいう検索エンジンも存在する。しかし彼らは想起すべきである。個人情報の処理は莫大な経済的利益を彼らにもたらすと同時に責任を伴う。これはコインの裏表である。片方なしにもう片方を得ることはできない。

(3) 若干の考察

忘れられる権利に対するEUC（そしてイギリス政府）の批判的姿勢は明確だが、それはイギリス政府自身も認めるように、他の加盟国政府とは異なるものである。それはどこからくるのか。
　第一に、EUCは、「忘れられる権利」の定義が理解しにくく、かつ、誤解を招くとする[*52]。これについては情報コミッショナーも同意している[*53]。EUC報告書を仔細に読めば、EUCも政府も一定の場合にリンクを削除することに反対してはおらず、これを「忘れられる権利」と表現することに反対しているといった方が近い。
　第二に、EUCは、イギリス政府が強調する情報の自由、情報の伝達の重要性を支持しており、他方、情報社会やインターネット社会が与えうるプライバシーへの脅威についてはさほど言及がない。定義が曖昧ゆえに表現の自由に対する影響を懸念する点では、アメリカ流の考え方により近い[*54]。だが、重要な違いはプライバシーに対する考え方の違いだけではない。各国における、ビッグ・データ・ビジネスの発展状況ともかかわっている。欧州の事業者はこの分野において世界的にリードしているとはいえないかもしれないが[*55]、イギリス政府は、イノベーションの文脈でビッグ・データ・ビジネスに力を入れており、政府が推進する重点技術分野8項目の最重要項目の一つにビッグデータの技術研究を掲げており、2013年度には英政府開発予算1億8千9百万ポンドを割当てている[*56]。忘れられる権利の確立によって今後のビジネスチャンスを妨げられたくないという意図も推測される。たとえば、EUC報告書に対する政府の応答の中では、個人情報の保護とイノベーションおよび経済的成長にとって適切な条件を創出することとの間の適切なバランスを何度も強調している[*57]。
　第三に、2014年判決の実行可能性である。EUCは実行不可能だとする。これに対して、次席情報コミッショナーSmithは、実際の実施状況から、実行不可能だという批判は見当違いだと批判する[*58]。前述したように、欧州委員会も、Googleの実践からわかるように実行不可能とはいえないと批判する（次節で、実効可能性について現状を検証する）。
　第四に、CJEUの役割に対する認識の違いである。CEUは、将来のために法を作ることは立法者であるEU理事会および欧州議会の役割であって、裁判所であるCJEUではないと考える。だが、リスボン条約発効後、EU基本権憲章が法的効力を有しており、本件のような新しい権利の創出が問題になる事件において、CJEUの役割が重要となる[*59]。これは、すでにECtHRが経験し

ている。ECtHRに対する信頼と権威ゆえにヨーロッパの「憲法裁判所」とみなす見解が登場する一方、イギリスを中心とする一部の締約国は厳しい反発を見せている[*60]。同じことはCJEUについても当てはまる。2014年判決については「憲法裁判所」としての役割を自覚して、抽象的人権規定（EU基本権憲章）の解釈に乗り出したという評価も存在するが[*61]、次に問題となるのはどこまで乗り出せるのかということと、ECtHRとの関係である。

4．2014年判決後の状況

(1) グーグルの対応

2014年判決後、2015年8月2日現在までで、Googleが受け取った削除要請は291,222件、Googleが削除すべきかどうかを検討したURLの数は1,058,668である。現時点で全体の41.3%が削除されている。イギリスと関わりのある個人からの削除要請は36,332件、URLの数は142,363件である[*62]。現時点では、37.4%が削除されている。Guardian紙は、Googleのウェブサイト上のGoogleの透明性報告書のソース・コードの中から発見したとして、削除要請の95%以上は一般公衆からで、犯罪者、政治家、有名人に関するものは5％以下であったと報じている[*63]。フランスとイギリスの人口がほぼ同じであることを考慮すると、フランスの削除要請件数は相対的に多い（フランスでは法案が提出されていることを想起したい）。

Googleは、次頁の表のように削除要請に応じる一方、諮問委員会（the Advisory Council to Google on the Right to be Forgotten）を設置し、同委員会は各地で公聴会を開催し、各界の意見を聴取し、報告書を提出している[*64]。他方、専門家からは、削除要請にどのように対応しているのか透明性に欠けているという批判がある[*65]。

(2) メディアの反応

Googleは、リンクを削除した際に、リンク先のウェブページの提供者に通知する。そのため、イギリスのメディアは削除された記事の一覧を公表している。たとえば、BBCは、2014年7月から2015年5月の間で、170件の記事が検索結果から削除されたとして、元の記事のURLの一覧をBBCのブログに公開している[*66]。URLをクリックすると、実際の記事を見ることができる。なお、検索結果から削除されているだけで、Googleインデックスから外され

【Googleに対する削除要請件数】

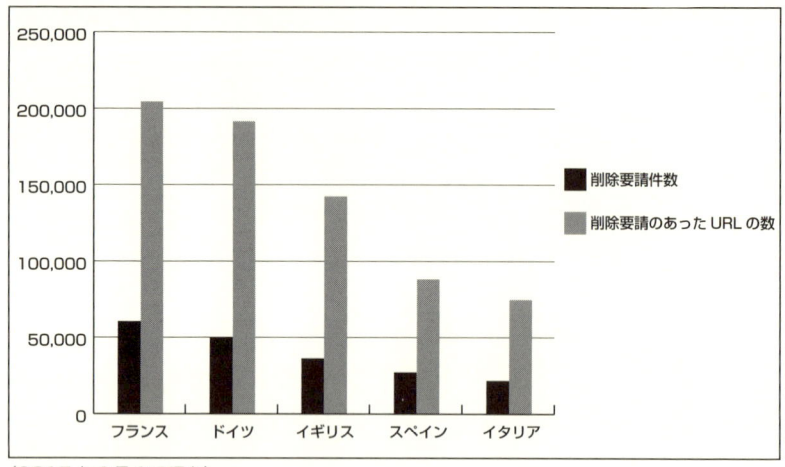

	削除要請件数	削除要請のあったURLの数
フランス	約60,000	約205,000
ドイツ	約50,000	約190,000
イギリス	約35,000	約140,000
スペイン	約25,000	約90,000
イタリア	約20,000	約75,000

（2015年8月3日現在）

たわけではない（このことをBBCは歓迎している[*67]）。

　BBCは、URLの公表に当たってその理由を次のように説明する[*68]。BBCは、受信料支払者に対してどの記事が検索結果から削除されたかを明確にする必要がある。よって毎月、削除された記事に関する情報を更新していく。公表の目的は公共政策への貢献である。忘れられる権利に関する論議に貢献すると同時に、BBCのオンライン・アーカイブの完全性を確保する。検索結果から削除された記事自体はBBCオンライン上に存続しているが、検索結果からの削除はアーカイブの一部を発見しにくくするからである。BBC自身がBBCのアーカイブから記事を削除するのは例外的場合だけである。なお、Googleは削除要請者の氏名を通知していないので、記事に出てくる名前や主題から要請者の氏名を推測するのは危険であると警告している。試しにリンクが削除された記事の中に出てくる主要人物の氏名をGoogleで検索したところ、当該記事が検索結果に表示された。この場合は記事の中に出てくる主要人物からの要請ではなかったということになるのだろうか。また、他の新聞に掲載された同じ内容の記事は検索結果に登場することから、削除請求が実際にどれだけ忘れられる権利を実現できたことになるのか疑問がある。

　URLの記載にとどめたBBCの対応は、BBC自身のアーカイブの完全性の維持と忘れられる権利とのバランスの一つのとり方である。他方、Daily Telegraph紙も、グーグルがリンクを外したTelegraph（Daily Telegraphのイ

184　第3部　諸外国における「忘れられる権利」の動向

ンターネット版)の記事の一覧を掲載した[*69]。こちらは、記事の簡単な要約(個人名も含む)も掲載しており、読者の関心をさらに惹きつけよう。いずれにせよ、削除要請を出すことはプライバシーを守るよりも、むしろ改めて公衆の関心を引きプライバシーが侵害される可能性があるということである。

(3) 情報コミッショナーの対応

　EUC報告書の中で懸念されていた、情報コミッショナーに対する苦情申立てであるが、グーグルによるリンク削除に対する苦情申立てがあり、内20件について決定がなされている(2015年2月17日時点)[*70]。情報コミッショナーが苦情を受け付けなかった案件について、行政審判所に対して司法審査を求める申立ても登場している。行政審判所は管轄権を有しないとして申立てを却下した[*71]。データ保護法に基づき検索結果の削除を争う場所は裁判所であり、情報コミッショナーに関する問題を提起する場所は、議会保健サービスオンブズマン(Parliamentary and Health Service Ombudsman)であるというのが理由なので、今後の動向が注目される。

　他方、忘れられる権利を簡単に行使するためのサービスも登場している。たとえば、Forget.meというホームページは、Googleへの削除要請を当面無料で支援するという。このホームページは、Reputation VIPというフランスにある企業によって開始されたもので、Reputation VIP自体はオンライン上の名誉(online reputation/e-réputation)を守るためのサービスを提供している[*72]。コンピューター・ウィルスに対してワクチンが商業的に提供されるのと同様に、インターネット上の名誉を積極的に守るサービスがビジネス化されている。他方、法律事務所が、2014年判決を契機に忘れられる権利で営利を上げているという報道もある[*73]。

5. おわりに──新たな枠組み

　前述の有識者会議報告書は、レッシグの議論を援用して、検索サービスのあり方もサイバー空間の「表現の自由」のあり方に大きな影響を及ぼすアーキテクチャの一つであるとする[*74]。そうだとすると、検索サービスのあり方は、サイバー空間の「プライバシー」のあり方にも影響を及ぼす構造である。たとえば、逮捕報道にしても、時の経過の中で人間の記憶から消され、「偶然」を除けば、何かの目的のもとに「調査」でもしなければ白日にさらされ

ないというのが従来の構造である（だからこそメディアの調査報道は重要であった）。また、こうした情報は、公的関心事の度合によって最初の公表形態や程度がそもそも違う（たとえば、小説『逆転』に描かれた人物に関する事件・裁判は、沖縄では大きく報道されたが、それ以外の地域では報道されなかった）。当該情報は入手可能な情報ではあるが、そこにたどりつくことには一定の困難さがあるので、結果としてプライバシーが保護されていた。だが、今や、過去の過ちはインターネット上からは消えない上に、情報の拡散においては極めて効率的・効果的である。構造の変化はプライバシーに大きな影響を与えている。プライバシーの意義が、「他者の批判の目から自由な領域を確保することで個人の自律を保障し、かつ、各人の能力・性向の発展の場をも保障」し、「私的な場での政治的討論や結集の機会を保障することで民主的政治過程の維持にも役立」つとすると、看過できない問題である。

　では、構造に注目することによって何が言えるだろうか。今回、問題になった忘れられる権利の文脈でいえば、情報コミッショナーが強調した点が有益である。すなわち、2014年判決が命じたのは検索エンジンに対する検索結果の非表示であって、元の記事を発表した新聞社に対する記事の削除ではない。検索結果から削除しても、当該新聞記事自体はインターネット上に残っている。アクセスしにくくなっただけである。「掲載時に適法だったウェブページの情報が、一定期間の経過により、ある時点から違法な情報」になるのではなく、当該情報は存在し続けるが、検索結果から削除することによって、当該ウェブページにアクセスしにくくすることによって結果としてプライバシーが保護されると考えることが可能である。

　ECtHRは、Węgrzynowski and Smolczewski v Poland（新聞記事による名誉毀損が訴訟で認められた原告が、その後も同紙のウェブサイトに当該記事が残っているため、記事の削除を求めて国内裁判所に訴えたが救済されず、ECtHRに申立てた）において、国内裁判所が新聞社ウェブサイトから記事の削除を認めなかったことはECHR 8条違反ではないとした。裁判所によって名誉毀損が認められた出版のあらゆる痕跡を公共空間から除去することを命じて歴史を書き換えることは司法機関の役割ではない一方、プレスのインターネット上の公的アーカイブにアクセスする公衆の合法的利益は表現の自由（ECHR10条）によって保護されているからである。BBCが、Googleの削除通知に対してとった対応の際に説明した理由と共通する部分がある。もちろん、極めてアクセスしにくいとすれば、当該情報が存在しないに等しいということもで

きよう。だが、この点についても、構造として考えることによって対応できる部分があるのではないかと現時点では考える（代替手段の工夫や新たな問題の文脈で新たな記事の掲載等）。

　さらに、表現の自由対プライバシーは、様々な利益の衝突の一様相でしかない。単一の処方箋を現時点で描くことは不可能だし、有益ではない[※80]。忘れられる権利を認めるかどうか（定義問題も含め）ではなく、現在の状況においてプライバシーと表現の自由のバランスを適切に確保するために、現状の枠組みにどのような問題があり、どのように枠組みを構築したらよいかという視点が長期的には有効であろう。そして、インターネット社会は今後も新たな変容をするだろうから、現状を常にチェックし、枠組みを更新するメカニズムがグローバルに必要である。その点で、多属的システムを牽引するEUの取組みは評価できる。

※本稿で参照したウェブサイトは、別に断らないかぎり2015年8月6日現在のものである。
* 1　イギリスでは、privacyはプリヴァシーと発音されることが多いが、日本では「プライバシー」として表記・定着していることにかんがみ、本章ではプライバシーと表記する。
* 2　「宴のあと」事件の原告は、「一時は連載を中止させたいとまで思つたが、すでに同小説も結末に近く、いまさらその連載の中止を要求したところで容れられる望みはないから、むしろ人の噂も七五日という諺もあることだしそのままにして騒ぎ立てない方が賢明であると判断し」抗議を申し込まないでいたが、「連載小説が完結したあかつきには、あらためて単行本として出版されるということを耳にしたので、原告も、眠つた子を起すような行為はどうしても阻止しなければならないと決意し」、出版の中止を申し入れた（東京地裁昭和39年9月27日判決下民集15巻9号2317頁）。
* 3　正確には、地球上でインターネットにアクセスできるのは約30億人で、残りの約43億人はアクセスできていないこと、そのうちの90％は発展途上国に居住していること、このデジタル格差は拡大していることに留意したい。International Telecommunication Union, Measuring the Information Society Report 2014（2014）< http://www.itu.int/en/ITU-D/Statistics/Pages/publications/mis2014.aspx>.
* 4　忘れられる権利および2014年判決について、本書第1部および以下を参照：石井夏生利「『忘れられる権利』をめぐる議論の意義」情報管理58巻4号（2015年）；中村民雄「EU法判例研究（1）忘れられる権利事件：Case C-131/12, Google Spain SL and Google Inc. ECLI: C:2014:317（EU司法裁判所2014.5.13先

決裁定）」法律時報87巻5号（2015年）；今岡直子「『忘れられる権利』をめぐる動向」調査と情報854号（2015年）；中西優美子「GoogleとEUの『忘れられる権利（削除権）』(62) EU法における先決裁定手続に関する研究（7）Case C-131/12 Google v. AEPD [2014] ECR I-nyr（2014年5月13日先決裁定）」自治研究90巻9号（2014）；上机美穂「忘られる権利とプライバシー」札幌法学25巻2号（2014年）；宮下紘「『忘れられる権利』をめぐる攻防」比較法雑誌47巻4号（2014年）；杉谷眞「忘れてもらう権利——人間の『愚かさ』の上に築く権利」Law&Practice7号（2013年）154-176頁；伊藤英一「情報社会と忘却権——忘れることを忘れたネット上の記憶」法学研究84巻6号（2011年）161-208頁；Orla Lynskey, 'Control over Personal Data in a Digital Age: Goole Spain v AEPD and Mario Costeja Gonzalez' (2015) 78 (3) *MLR* 522-548; Dominic McGoldrick, 'Developments in the Rights to be Forgotten' (2013) 13 (4) *Human Rights Law Review* 761.

＊5　宮下・前掲注4論文63頁。

＊6　別に断らないかぎり、イングランドおよびウェールズで適用される法を指す。

＊7　Steven C Bennett, '"The Rights to Be Forgotten": Reconciling EU and US Perspectives' 30 *Berkeley J. Int'l L.* 161 (2012) ; Robert Lee Bolton III, 'The Right to be Forgotten: Forced Amnesia in a Technological Age' (2014) 31 J. *Marshall J. Info Tech & Privacy L* 132；宮下・前掲注4論文。

＊8　Edmund Burk, *Reflection on Revolution in France* (Watson, 1790) 11, 40 and A V Dicey, *Introduction to the Study of the Law of the Constitution* (10 ed, Macmillan, 1959) 199.

＊9　イギリスでは、国内の人権問題には、市民的自由（civil liberties）を、国外の人権問題には人権（human rights）を用いてきた。国内問題についても人権を使うようになったのは1998年人権法以降である。

＊10　House of Commons European Scrutiny Committee, The Application of the EU Charter of Fundamental Rights in the UK: a state of confusion, HC 979（2 April 2014）<http://www.publications.parliament.uk/pa/cm201314/cmselect/cmeuleg/979/979.pdf>.

＊11　インターネット・プライバシー権という主張もある。Paul Barnal, Internet Privacy Rights（CUP, 2014）271.

＊12　検索結果とプライバシーに関する有識者会議「検索結果とプライバシーに関する有識者会議報告書」（2015年）28頁 < http://publicpolicy.yahoo.co.jp/2015/03/3016.html>。

＊13　ジョン・ミドルトン『報道被害者の法的・倫理的救済論』（有斐閣、2010年）162頁。

＊14　同上。

＊15　Simon Deakin et al, *Makesinis and Deakin's Tort Law* (5th ed, OUP, 2003) 697.

*16　内藤るり「私生活上の事実の保護における秘密保持の法理の活用」国家学会雑誌122巻1・2号（2009年）221頁、222頁；平誠一「イギリスにおけるプライバシー保護の現状」久留米大学法学65号（2011年）57頁、58頁。

*17　Report of the Committee on Privacy, Cmnd 5012（1972）paras 33-44 and 661-666 and Report of the Committee on Privacy and Related Matters, Cmnd 1102（1990）.

*18　Richard Clayton and Hugh Tominson（eds）, *The Law of Human Rights*（2 nd ed, OUP, 2009）1009；ミドルトン・前掲注13書167頁；堀部政男「イギリス・アメリカの名誉・プライバシー権」ジュリスト1038号（1994年）31頁。

*19　人権法について、以下参照：江島晶子『人権保障の新局面』（日本評論社、2002年）；江島晶子「国際人権条約の司法的国内実施の意義と限界」芹田健太郎他（編）『講座国際人権法第3巻　国際人権法の国内的実施』（信山社、2011年）151頁。

*20　人権裁判所を有する地域的人権条約には、そのほかに、米州人権条約およびアフリカ人権憲章があるが、ヨーロッパ人権条約は、豊富な判例法および判決の履行という点で群を抜いている。

*21　人権法案と同時に出された白書のタイトルは、Rights Brought Home: The Human Rights Bill（Cm 3782）である。

*22　プライバシーに対する当時の認識として、以下を参照。Basil S Markesinis, *Protecting Privacy*（OUP, 1999）.

*23　George Letsas, The ECHR as a living instrument: its meaning and legitimacy, in Andreas Føllestal et al（eds）, *Constituting Europe*（CUP, 2013）, Chap 4.

*24　X and Y v the Netherlands, judgment of 26 March 1985, Series A No 91.

*25　Simon Deakin et al, *Makesinis and Tort Law*（7th ed, OUP, 2013）, 738.

*26　江島晶子「犯罪予防におけるDNA情報・指紋の利用と私生活の尊重を受ける権利――Sおよびマーパー対イギリス事件」国際人権20号（2009年）120頁および同「現代社会における『公共の福祉』論と人権の再生力――Gillan事件ヨーロッパ人権裁判所判決（警察による停止・捜索）と自由保護法案」明治大学法科大学院論集10号（2012年）77頁。

*27　Deakin, supra note 25, 742、ミドルトン・前掲注13書213頁、平・前掲注16論文74頁および内藤・前掲注16論文270頁参照。

*28　人権法12条は、メディアの懸念を考慮して特別に挿入された。

*29　Cf Andrew Murray, *Information Technology Law*（OUP, 2010）.

*30　イギリスは情報公開の分野でも遅れをとっており、前述した「憲法改革」の文脈で、2000年情報自由法が制定され、同法によってデータ保護コミッショナーが情報コミッショナーに変更された。

*31 House of Lords European Union Committee, EU Data Protection law; a 'right to be forgotten'?, HL Paper 40 (30 July 2014). イギリス議会は、民選による庶民院 (House of Commons) と選挙によらないで選出される貴族院 (House of Lords) の二院制をとっている（庶民院の優越あり）。貴族院議員は、従来、世襲貴族、一代貴族、聖職貴族、法服貴族で構成されていたが、1999年の貴族院改革によって、92名を残して世襲貴族は廃止された。また、貴族院の一委員会として位置づけられていた裁判所としての貴族院（最上級審）も2005年憲法改革法によって、2009年に議会から名実ともに切り離された最高裁判所が設立された。これによって、法服貴族である常任上訴貴族 (Lords of Appeal in Ordinary) は、最高裁判所設立当時、最高裁判所裁判官に横滑りしたが、同時に貴族院における発言・投票資格を失った（最高裁判所裁判官退任後、復活する）。また、常任上訴貴族は現在、新たに任命されていない。よって、現在の貴族院議員の中心は、一代貴族であり、各界で活躍し、イギリスに貢献したとして、首相の助言に基づき女王の勅許状によって叙爵された者であり、相当数の者は庶民議員の経験がある。なお、貴族院議員は無報酬である。首相の裁量は大きい一方（首相は自党の者または自党支持者を選ぶ傾向あり）、2000年以降、貴族院任命委員会が設置され、政党から中立したクロスベンチャーについては同委員会の指名によらなければならない。現在、保守党178名、労働党208、クロスベンチャー149、リベラル・デモクラッツ97、無所属20、その他16で合計668である。よって、庶民院と比較すると政党政治の影響を受けにくい。そのため、実際上は、「貴族院」という名称に反して、現代的かつ民主的であり、政治過程に重要な貢献をしている。詳細は、岡田信弘『二院制の比較研究』（日本評論社、2014年）87頁以下（メグ・ライアン）および141頁以下（木下和朗）。

*32 EUCについて以下参照。<http://www.parliament.uk/business/committees/committees-a-z/lords-select/eu-select-committee->.

*33 これはscrutiny reserveと言われ、これに従わない場合には、政府はその理由を示す必要がある。<http://www.parliament.uk/documents/lords-committees/eu-select/scrutiny-reserve-resolution.pdf>.

*34 Directive 95/46/EC of the European Parliament and the Council of 24 October 1995 on the protection of individuals with regard to the processing of personal data and on the free movement of such data, <http://eur-lex.europa.eu/LexUriServ/LexUriServ.do?uri=CELEX:31995L0046:en:HTML>.

*35 Proposal for a Regulation of the European Parliament and of the Council on the protection of individuals with regard to the processing of personal data and on the free movement of such data (General data Protection Regulation), COM (2012) 11 final, January 25 2012, <http://eur-lex.europa.eu/legal-content/EN/TXT/?uri=COM:2012:0011:FIN>.

*36 イギリスでは、1995年指令は1998年データ保護法によって実施された。

*37 House of Commons Justice Committee, The Committee's Opinion on the European Union Data Protection framework proposals, HC 572（1 November 2012）and Government response to the Justice Select Committee's opinion on the European Union Data Protection framework proposals, Cm8530（2013）<https://www.gov.uk/government/uploads/system/uploads/attachment_data/file/217296/response-eu-data-protection-framework-proposals.pdf>.
*38 Government Response to the House of Lords European Union Committee's Enhanced Scrutiny of the European Court of Justice Judgment in the Google Spain Case and Its Implications for the Ongoing Negotiation for a New Data Protection Framework, <http://www.parliament.uk/documents/lords-committees/eu-sub-com-f/righttobeforgotten/government-response-right-to-be-forgotten.pdf>.
*39 House of Lords European Union Committee, Commission's Response to the Committee's Report on EU Data Protection Law: a 'right to be forgotten'? <http://www.parliament.uk/documents/lords-committees/eu-sub-com-f/righttobeforgotten/311014-Right-to-be-forgotten-Commission.pdf>.
*40 <http://www.parliament.uk/right-to-be-forgotten>.
*41 European Union Committee, supra note 31, para 64. なお、ヨーロッパ議会が修正した規則提案は、データ管理者だけでなく、第三者にも消去権（忘れられる権利という言葉は使っていない）を主張できるので、検索エンジンがデータ管理者かどうかは重要な問題ではなくなることを認めている。Id, para 30.
*42 情報コミッショナーもこの点を問題視している。David Smith, Update on our response to the European Google judgment, ICO Blog<https://iconewsblog.wordpress.com/2014/08/07/update-on-our-response-to-the-european-google-judgment/>.
*43 European Union Committee, supra note 31, para 15.
*44 Id, para 16.
*45 Id, para 31-34.
*46 Id, para 35.
*47 Id, para 36-37.
*48 Id, para 38.
*49 Id, para 40-42.
*50 Id, para 60-65.この結論は、EUCの年次報告書でも確認できる。House of Lords European Union Committee, Report on 2014-15, HL Paper 11 (3 July 2014), para 40-41.
*51 各応答については、前掲注38および39参照。
*52 European Union Committee, supra note 31, para 54.
*53 <https://iconewsblog.wordpress.com/2014/08/07/update-on-our-response-to-

the-european-google-judgment/>.
*54 ヨーロッパとアメリカの対比について、宮下・前掲注4論文参照。
*55 新保史生「EUの個人情報保護制度」ジュリスト1464号（2015年）38頁。
*56 駐日イギリス大使館主催で「英国ビッグデータの最新動向とビジネス機会」という連続セミナーが開催された：<http://www.innovationisgreat-jp.com/events/uk-big-data-roadshow/>；<https://www.gov.uk/government/world-location-news/215446.ja>。
*57 Government Response, supra note 38, 5.
*58 <https://iconewsblog.wordpress.com/2014/08/07/update-on-our-response-to-the-european-google-judgment>.
*59 EU基本権憲章に依拠して指令を無効にした判決が2014年4月に登場している。Jointed Cases C-293/12 and C-594/12 Digital Rights Ireland Ltd and Seitlinger and others [2014] ECRI-238.
*60 詳細は、江島晶子「ヨーロッパ人権条約とイギリス憲法――多層的人権保障システムの課題と展望」『憲法の「現代化」――ウェストミンスター型憲法の変動』所収（敬文堂、2015年発刊予定）。
*61 中西・前掲注4論文103頁。
*62 Google Transparency Report, European privacy requests for search removals <http://www.google.com/transparencyreport/removals/europeprivacy/?hl=en>. 統計は常時更新されている。
*63 The Guardian, Google accidentally reveals data on 'right to be forgotten' requests, 14 July 2015 <http://www.theguardian.com/technology/2015/jul/14/google-accidentally-reveals-right-to-be-forgotten-requests>.
*64 Report of the Advisory Council to Google on the Right to be Forgotten, <https://drive.google.com/file/d/0B1UgZshetMd4cEI3SjlvV0hNbDA/view?pli=1 >.
*65 インターネットの分野の専門家80名からの公開質問状が出されている。Open Letter to Google From 80 Internet Scholars: Release RTBF Compliance Data <https://medium.com/@ellgood/open-letter-to-google-from-80-internet-scholars-release-rtbf-compliance-data-cbfc6d59f1bd>.
*66 Neil McIntosh, List of BBC web pages which have been removed from Google's search results, BBC Blog, 25 June 2015 <http://www.bbc.co.uk/blogs/internet/entries/1d765aa8-600b-4f32-b110-d02fbf7fd379>.
*67 Id.
*68 Id.
*69 The Telegraph, Telegraph stories affected by EU 'right to be forgotten', 3 August 2015, <http://www.telegraph.co.uk/technology/google/11036257/Telegraph-stories-affected-by-EU-right-to-be-forgotten.html>.
*70 Information Commissioner's Office, Information Rights Committee minutes,

17 February 2015 <https://ico.org.uk/media/about-the-ico/minutes-and-papers/1043534/20150217-irc-meeting-minutes.pdf>.
* 71　R（Khashaba）v Information Commissioner（CO/2399/2015）.
* 72　<https://forget.me> and <http://www.reputationvip.com/fr>.
* 73　The Independent, Law firms exploiting EU 'right to be forgotten' ruling to help individuals remove awkward newspaper articles from Google, 17 April 2015 <http://www.independent.co.uk/news/world/europe/law-firms-exploiting-eu-right-to-be-forgotten-ruling-to-help-individuals-remove-awkward-newspaper-articles-from-google-10185164.html>.
* 74　有識者会議・前掲注12報告書12頁。プライバシーの構造論的転回を説くものとして、山本龍彦「プライバシーの権利」ジュリスト1412号（2010年）80頁；同「データベース社会におけるプライバシーと個人情報保護」公法研究75号（2013年）90頁、95頁。
* 75　最三判平6年2月8日民集48巻2号149頁。
* 76　長谷部恭男「ノンフィクションと前科の公表」『憲法判例百選Ⅰ』（第6版、有斐閣、2013年）140頁、141頁。
* 77　Information Commissioner, Update on our response to the European Google judgment, 7 August 2014 < https://iconewsblog.wordpress.com/2014/08/07/update-on-our-response-to-the-european-google-judgment >.
* 78　有識者会議・前掲注12報告書27頁。
* 79　Węgrzynowski and Smolczewski v Poland, judgment of 16 July 2013.
* 80　Cf Christopher Kuner, Transborder Data Flows and Data Privacy Law（OUP, 2013）186.

〔補記〕イギリスは、2016年6月23日に、「EUから離脱するか、EUに残留するか」を問う国民投票を行い、離脱派が17,410,742票（51.9％）、残留派が16,141,241票（48.1％）という結果となった（投票率72％）。この投票結果を受けてEU離脱ということになれば、「ヨーロッパの中のイギリス」のあり方は劇的に変化する。

（えじま・あきこ）

第11章

カナダの「忘れられる権利」

榎澤幸広
名古屋学院大学現代社会学部准教授

1. はじめに～カナダのネットいじめ事例から

　カナダでは2012年10月、そして2013年4月とネットいじめを理由とする少女の自殺が続いた。前者のケースは、ブリティッシュ・コロンビア州の15歳の少女が自殺する3年前にネットの交流サイト内で「君の裸が見てみたい」という要望に応えた結果、その男によるネット上での脅迫や写真のばらまきが行われ、何度も転校を余儀なくされたというものである。しかしその度にその転校先にて写真がばらまかれ、学内のイジメに発展した。[*1]この少女が何年も受けたいじめの経過を記した手書きのメッセージはYouTubeを通し発信され世界中の人々に視聴されることになった。

　後者のケースは、2011年11月、ノバスコシア州において、当時15歳だった少女が少年4人に性的暴行を受けたことが発端となっている。やはりその時の写真がソーシャルメディア上などに出回ったことによって、少女は級友にバカにされたり嫌がらせを受けるなどのいじめを受け、事件から約1年半後、17歳の時に自殺に追い込まれている。[*2]

　両ケースともカナダのみならず世界中に衝撃を与えたが、後者のケースが発生したノバスコシア州は事態を重く見て、教育法やより安全なコミュニティ及び近隣法を改正し、2013年5月10日、対象者に対し、いじめ被害者への連絡・接触を制限・禁止したり電子通信利用を制限・禁止するなど被害者保護のために裁判所が出す保護命令（8-9条）や州立学校のネットワークアクセス・使用ポリシーを定めること（25条）などを規定する「ネットいじ

めに対処・防止するための法（An Act to Address and Prevent Cyberbullying）」を制定した。[*3]

　さらに、連邦法レベルでは、リベンジポルノを対象とし、相手の同意なく親密な写真をネット上にアップした場合などを処罰対象とする「オンライン犯罪からカナダ人を保護する法（Protecting Canadians from Online Crime Act）」が2014年12月9日可決されている。

　上記の流れからネット事件に対するカナダの法的対応の迅速さを評価できる一方、彼女らの苦しみがネットから始まり、死後も彼女らに関することや事件に関わる記事などが現在も存在（もしかすると増大？）している現実を考えると何ともいえない気持ちになってしまう。ネット事件を評するときに「人の噂も75日」ではなく「ネットは決して忘れない（The Internet never forgets）」という格言が用いられることがあるが正にその通りであろう。

　この点、カナダではこれらのネットいじめを始めとするネット上で生じる問題を解決する方向性を見出すために現在、「忘れられる権利」を検討する試みも始まっている。そこで本稿では、欧州で登場した「忘れられる権利」がカナダで現時点までどのように議論され、法体系においてどの程度まで位置づけられているのか以下検討してみたいと思う。

2．欧州の忘れられる権利とカナダでの反応

(1) 欧州における忘れられる権利

　欧州において「忘れられる権利」が登場するのは、2012年データ保護規則と2014年の欧州司法裁判所判決においてである。[*4]

　前者の規則17条は「忘れられる権利と消去権」を規定する（但し、2013年の規則改定で「消去権」のみに）。これは1995年EU指令12条（b）を精緻化したものであるが、例えば、データがもはや収集された目的やその他の処理目的にとって必要ない場合、データ主体が一つ以上の特定目的を理由として同意した処理の同意を撤回した場合、同意した保有期限が切れた場合、データ処理に関する他の法的根拠がない場合、個人データの処理に異議申立てをした場合、そして、データ処理がその他の理由で当該規則を遵守していない場合、データ主体が個人データに関し、管理者に自らに関する個人データを消去してもらう権利、そして自らに関する個人データの更なる普及を回避してもらう権利を有するという規定になっており（1項）、一定の場合や削除権の範

第11章　カナダの「忘れられる権利」　195

囲が具体的に示されている。また、管理者はその公開に責任を負うデータに関し、データを処理する第三者に対して、データ主体が当該個人データのあらゆるリンク、コピーや複製を削除請求していることを通知するためのあらゆる合理的措置をとるものとされており、管理者の責任・取るべき手段が明確になっている（2項）。また、管理者が第三者に個人データ公開を認可した場合の責任も管理者にある（2項）。更に、表現の自由への権利行使、歴史や統計研究目的など個人データ保持が必要な場合を除き、遅滞なく消去を実行すること（3項）、消去に代わり、管理者が個人データの処理を制限できる場合（4項）、個人データ削除やデータ保管の必要性に関する定期的審査に関するタイムリミットを確保するためのメカニズムを管理者が履行すること（7項）、欧州委員会の権限（9項）といった規定もあわせて考える必要があろう。

因みに、17条が規定されている第3章第3節の前条（16条）は訂正権を規定している点も重要であると考えられる。

後者の判決は、2010年、スペイン国籍の男性が、1998年に未払い社会保険料徴収を理由とする自宅の差押・不動産競売について掲載された過去の新聞記事削除をめぐり、スペインの情報保護局に苦情を申し立てたことがきっかけで、最終的に欧州司法裁判所で判断されることになったものである。2014年5月13日の判決は、グーグルは単に閲覧可能なリンクを紹介しているだけで情報の削除は個々のウェブサイトに委ねられると位置づけてきたグーグル側の主張とは異なり、EUデータ保護指令第12条（b），第14条第1項（a）の規定により、検索エンジンのオペレーター（指令が示す管理者）は、処理の目的や手段を決定するものであり、一定時間以後、個人的に忘れられることを望む過去の情報に関して、結果リストの中に示されるリンクや情報が削除されなければならないとした。

(2) カナダでの反応

当該判決は無論、カナダへの影響を懸念する報道陣や研究者らによって検討された。カナダでは類似の事例はないが急速に影響を与えるだろうという見解も多数あり、その中には裁判所によるサーチエンジンの再解釈次第で忘れられる権利が位置づけられる潜在性があるとするものもあった[*5]。それに対し、カナダのプライバシー法制は個人の削除請求権が認められているため、EUのような問題は起こりにくいとする見解もある[*6]。このようにEU判決の影

響に対する見解は様々だが、仮にカナダで「忘れられる権利」導入が検討される場合、当該権利は表現の自由への脅威と捉える意見が根強く存在していることは大事な争点であろう。[*7]

例えば、オンタリオ州情報プライバシー・コミッショナー局（IPC）のカブキアン博士とプライバシーの未来フォーラム・シンクタンクのウォルフ共同議長（Ann Cavoukian and Christopher Wolf）が共著で示したコメントでは、図書館内にある自分の過去を記す一冊の本の所在を消したいある個人がその本に関係する図書カードなどのあらゆるレファレンスの削除を図書館司書に要請したことに対し、その司書が拒否をしたら最終的に政府の者に処罰すると脅迫されるという例え話が取りあげられ、EU判決を皮肉るところから話が始まっている。そして、忘れられる権利は、漠然かつ強制的なやり方でプライバシーの適用を過度に広げるものとして、プライバシー権が検閲する権利にコンバートされてしまい、インターネット上の表現の自由に対する脅威を生み出すものになることから認められないとしている。[*8] 彼らは当該判決に対して、①欧州基本権憲章の表現の自由への権利を引用・分析せずに同憲章内のプライバシー・個人データの保護への権利に依拠したし、②忘れられる権利がどのように適用されるのか十分な説明がなかったと分析している。

但し、この論文の最後の方で、彼らは自らをプライバシー権の擁護者と位置づけ、個人が自らによるカキコミの削除・訂正権や名誉毀損に対する削除権は無論認められると述べている点についてもふれておく必要があろう。[*9] さらに、こういった問題に対応するそれ以外の解決方法はオンラインデータの永続性によって生じた現実問題に対応するための検討がなされるべきだともしている点もあげられる。

(3) 判例の動向

先の見解の中には、カナダではEUのものと類似の事例はないと位置づけている者もいたが、カナダの判例ではリンク削除を争点とする事例はないのだろうか。

例えば、カナダ最高裁における2011年の名誉毀損事例（クルックス事件[*10]）。これは、バンクーバーのビジネスマンでブリティッシュ・コロンビア州緑の党のキャンペーンマネージャーであるウェイン・クルックスが、自らが名誉毀損と感じる記事を掲載する別のウェブにリンクすることを理由として、ウェブサイトの運営者に対し損害賠償を請求したものである。判決は、ハイ

パーリンクは本質的にレファレンスで、基本的に公表（publication）行為とは異なるとして、ハイパーリンクそれ自体が内容の公表として決してみなされるべきではないとしている。この判決を受けた評者の中には「表現の自由の勝利」と位置づける者もいた。また、ブリティッシュ・コロンビア州判決の中には、世界中に広がるグーグルのサーチ結果から一連のウェブサイトをブロックするように命じているものもあるが、同州の別の事件ではクルックス判決などを参照検討し、グーグルは橋渡し役（facilitator）を演じていたとか、サーチ結果に示されるウェブサイトの内容が抽象的であるか否か認識しない受動的な道具（passive instrument）であるとする判決が近年出された。[*12]

3. プライバシー・バイ・デザイン

ところで、EUが示す忘れられる権利に対しあまり好意的とは見受けられないカブキアン博士らが提示する「それ以外の解決方法」とは何であろうか。

これはおそらく、カブキアン博士が90年代に打ち出した「プライバシー・バイ・デザイン（Privacy by Design）」という概念を活用し、ITや法制度などにプライバシー保護の仕組みを取り込むなどすることと思われる。[*13]

この概念はすでに諸外国の様々な法制度や現場でも採用されている考え方であるがそれは、「大規模にネットワーク化された情報システムにおいて適切にプライバシー保護を実現していく」というものである。要するに、従来のプライバシー保護の枠組みでは事後的救済がメインであり十分なものではなかったため、システムのデザイン設計の段階からプライバシー権を組み込んでいくというものである。その目的は「プライバシーを確保することと自己の情報に対する個人のコントロールを獲得すること、組織のために持続可能な競争的利点を獲得すること」にある。[*14] そしてそれは以下の7つの基本原則を実践することで達成することが可能とされている。[*15]

① 事後的ではなく事前的、救済策的でなく予防的であること（プライバシー侵害が発生する前にそのリスク発生を予想し予防）
② プライバシーは初期設定で有効化されること（初期設定からプライバシー保護が有効化されていれば、利用者が何もしなくても彼らのプライバシーはそのまま保護されるし、個別の措置は不要になる）
③ プライバシー保護の仕組みが、事後的に付加機能として追加されるもの

ではなく、システムの構造に組み込まれること
④ すべての機能に対して、二者択一型のゼロサム（例えば、「プライバシー保護」対「セキュリティ対策」）ではなく必要な条件を満たすことができるポジティブサム（例えば、両者の両立）を目指すこと
⑤ データはライフサイクル全般にわたって保護されること（最初から最後まで〔プライバシー情報が生成され廃棄される段階まで〕強固なセキュリティに守られなければならないこと）
⑥ プライバシー保護の仕組みと運用は可視化され透明性が確保されること
⑦ 利用者のプライバシーを最大限に尊重すること

　博士によれば、このような考え方はカナダのプライバシー法制にも取り込まれているという。そう考えると、EUが示した「忘れられる権利」の内容とは異なるカナダ版「忘れられる権利」（博士本人がこの言葉を使用してはいないが……）を打ち出しているとも解釈できないだろうか。要するに、①個人による削除権を活用すること、②事前予防措置としての「プライバシー・バイ・デザイン」を活用することの両者をミックスさせることによって、先の欧州版「忘れられる権利」事例のような事後的問題は縮小すると捉えているようにも見受けられるのである。
　但し、プライバシー・バイ・デザインの考え方はEU保護規則30条「処理のセキュリティ」にも採用されているということには注意が必要である。30条は、「技術の状態や履行にかかるコストに注意を払いながら、管理者と処理者が処理により生じる危険や保護されるべき個人データの性質に対し適切なセキュリティレベルを確保するために適切な技術的・組織的措置を履行すること」（1項）、その際プライバシー・バイ・デザインなどを考慮にいれること（3項）が規定されている。要するに、欧州版忘れられる権利を総体的に捉えるならば、事前事後対策が保護規則では位置づけられているということになる。このように考えるならば、結局のところ、カブキアン博士が示すと思われるカナダ版忘れられる権利と保護規則のそれとの違いは、事後的措置としてのリンク先削除まで含むのか否かという点に絞られ、欧州のそれよりはやはり範囲が狭いと考えられるかもしれない。

4．カナダ連邦法と忘れられる権利

それでは、カナダのプライバシー法制において「忘れられる権利」がどこまで位置づけられているのか検討してみたいと考える。まずプライバシー法制に関わる連邦法を簡単に紹介し[*16]、その法の中に示されていると考えられる「忘れられる権利」に類似する規定を抽出検討してみることにしたいと思う。

(1) 連邦法の概要

カナダでは、1867年憲法法や1982年憲法法には明示的なプライバシー権は規定されていない。しかし、連邦法レベルで二つのプライバシー法によって個人のプライバシー権保護が位置づけられているといえる。

一つは、連邦政府など公共部門が扱う個人情報の取り扱いについて示す、1983年7月1日可決された、プライバシー法（the Privacy Act）である（1985年の情報へのアクセス法もセットで重要）。そこには、連邦政府や関係機関に対し、個人情報の収集、利用や公表を制限することにより、プライバシー権尊重義務が位置づけられていること、個人は連邦政府組織が保有する個人情報についてアクセス権や訂正要請権があると規定されている。

そして、もう一つが連邦の民間部門が扱う個人情報の取り扱いを示す、2000年4月13日に裁可された「個人情報保護及び電子文書法（the Personal Information Protection and Electronic Documents Act〔以下、PIPEDA〕）」である。PIPEDAの特徴は、先のプライバシー法が公共部門を対象にしていたのに対し、民間部門を対象にしていることにあり、民間部門の組織が個人とのプライバシー権とのバランスを取りながら、商業活動の一環で個人情報を収集、利用や公表する場合の基本ルールを設定しているという点にある。

PIPEDAは1998年10月1日にカナダ産業相が法案を発表し、2001年に施行されたが適用範囲は2001年1月1日、航空会社、銀行、放送、州際輸送業や通信などの私企業や州外や国外で個人情報を扱う私企業（第1段階）、2002年1月1日、第1段階目に示された組織のための個人医療情報（第2段階）、2004年1月1日、各州内で個人情報を商業的に利用するすべての組織（第3段階）へと段階的に拡大されていった。

因みに、双方の法制度にとって重要な役割を担うのが、カナダのプライバシー・コミッショナーである（各州にも存在）。当コミッショナーは元々、プライバシー法において位置づけられたものであるが、カナダ人のプライバシー権に対する擁護者として、その権限は申立ての調査、監査、二つの連邦法の下での訴訟行動、報告、啓蒙活動など多岐にわたっている。ただ、プラ

イバシー・コミッショナー自体は拘束力をもつ命令を出す権限はない。

(2) 連邦法と忘れられる権利

それでは、上記のプライバシー法制には「忘れられる権利」がどのように規定されているのであろうか。ここでは、PIPEDAに限定して検討することにする。[17]

まず、PIPEDAの該当部分を見てみよう。当該法に示される附属文書1（第5節）『「個人情報保護のためのモデルコード」を権限化したカナダ全国規格に定める原則（CAN/CSA-Q830-96）』である。当該文書は、カナダ規格協会（Canadian Standards Association: CSA）が消費者、企業、政府、労働者代表からなる委員会を設置して1996年に作成し既に国家規格として承認されていた「個人情報保護のためのモデル・コード」（Model Code for the Protection of Personal Information）をそのまま受け継いだものである。[18] 10原則の目次と概要は以下の通りである。

4.1 原則1－説明責任（Accountability）：組織は、管理下にある個人情報に対して責任を持ち、そして、以下の諸原則を遵守することについて責任を負う者を任命しなければならない。

4.2 原則2－目的の特定化（Identifyng Purposes）：個人情報を収集する目的は、その情報が収集される時若しくはそれ以前に、組織によって特定化されなければならない。

4.3 原則3－同意（Consent）：個人情報の収集、利用、または開示については、その個人の認識と同意が必要とされる（但し、それが不適切である場合は除く）。

4.4 原則4－収集の制限（Limiting Collection）：個人情報の収集は、組織が特定化する目的にとって必要なものに制限されなければならない。情報は、公正かつ合法的な手段によって収集されなければならない。

4.5 原則5－利用、開示、保有の制限（Limiting Use, Disclosure, and Retention）：個人情報は、個人の同意がある場合か、法律によって要求されている場合を除き、収集された目的以外の目的のために利用または開示されてはならない。個人情報は、その目的を達成するために必要な限りにおいてのみ保有されなければならない。

4.6 原則6－正確性（Accuracy）：個人情報は、その利用されなければな

らない目的にとって必要な限りにおいて、正確、完全、かつ最新でなければならない。

4.7 原則7 – 安全保護措置（Safeguards）：個人情報は、その情報の慎重性に適した安全保護措置によって保護されなければならない。

4.8 原則8 – 公開（Openness）：組織は、その組織の個人情報管理に関する方針や慣行についての特定情報を、個人が簡単に利用できるようにしなければならない。

4.9 原則9 – 個人のアクセス（Individual Access）：要請の下に、個人は自己の個人情報の存在、利用、そして開示に関して情報が与えられなければならいし、かつ個人がその情報に対してアクセスできるようにしなければならない。個人は、情報の正確性や完全性に異議を申立てることができなければならないし、かつ、適切に修正させることができなければならない。

4.10 原則10 – 遵守に関する異議申立て（Challenging Compliance）：個人は、組織による原則遵守に関して責任を負う任命された個人に対して、上記の原則遵守に関する異議を申し立てることができなければならない。

この点、本法で重要な規定として、第1章（民間部門における個人情報保護）に定められた民間組織に対する基本的な義務をあげておく必要があろう。そこでは、組織は6～9条規定に従った上で、このコードが定める10原則を遵守しなければならないとしている（5条）。6条は「附属文書1の4.1に基づき責任を負う個人を任命したとしても組織が附属文書の義務を免れないこと」、7条は「個人の認識や同意なき収集が認められる例外（報道目的や違法行為調査目的など）」、8条は「書面による報告」、9条は「アクセスが禁止される場合」を規定する。

ところで、上記の附属文書はまさしくカブキアン博士のいう「プライバシー・バイ・デザイン」の概念も反映されていると思われるが（例えば、4.7）、事後的救済部分としての「忘れられる権利」と特に関係すると思われる部分は4.5「原則5　利用・開示・保有の制限」であろう。重要な部分なので、以下そのまま引用してみることにする。

4.5.1 組織が、新たな目的のために個人情報を利用する場合、この目的を文書化しなければならない（4.2.1参照）。

4.5.2　組織は、個人情報の保有に関して、ガイドラインを開発し、手続を履行しなければならない。これらのガイドラインには、最小保有期間及び最大保有期間を含めなければならない。個人についての決定をなすために用いられた個人情報は、その決定がなされた後、その個人がその情報にアクセスするのにかなり十分な期間、保有されなければならない。組織は、保有期間に関して、立法上の要件に服する場合がある。
4.5.3　本人を特定化する目的を達成することがもはや必要でなくなった個人情報は、破棄、消去、又は匿名化しなければならない。組織は、個人情報を破棄するために、ガイドラインを開発し、手続を履行しなければならない。
4.5.4　本原則は、同意の原則（4.3）、目的の特定化原則（4.2）、及び個人のアクセス原則（4.9）と密接に結びつく。

また、処理・破棄にあたっての注意も規定されているのでふれておこう。

4.7.5　個人情報を処理若しくは破棄する場合、権限のない当事者がその情報にアクセスしないように、注意が払われなければならない。

この点、個人には個人情報の訂正権が認められているが、不正確性や不完全性を論証しなければならないという以下の規定がある。[19]

4.9.5　個人が個人情報の不正確性や不完全性を首尾よく証明した場合、組織は要求されたように情報を修正しなければならない。異議申し立てられた情報の性質に応じて、修正は情報の訂正、削除や付加を伴う。適切な場合、修正された情報は、問題となっている情報にアクセスする第三者に伝達されなければならない。

上記の原則5と「忘れられる権利」との接点を示す部分を整理してみると、同意原則、目的の特定化原則、個人のアクセス原則と密接に結びつけた上で、①個人情報保有に関するガイドライン作成及び手続策定（個人情報破棄を行う場合も同様）、②ガイドラインには最小・最大保有期間を明示、③十分な期間をとった上での個人情報の保有、④目的達成によりもはや必要でなくなった個人情報の破棄・消去・匿名化を組織が行う必要があり、ガイドライン開発

や手続も履行することなどをあげることができよう。

　この点、カナダ・プライバシー・コミッショナー局（OPC）は、個人情報の取扱に関する保有・処理実践を履行するのを支援するガイドラインを展開してきた[20]。このガイドラインでは、例えば、保有期間の説明として、すべてにフィットするサイズのものがあるわけではなく、何が個人情報の適切な保有期間であるのか、そして個人情報を処理する時期であるか否かを組織が査定するための考慮ポイントを三点あげている。①個人情報収集目的の再検討、②個人がアクセスや異議申立てできるように、法に定められた期間、あるいは、立法上の要件がない場合、合理的な期間保有すべきこと、③個人情報の長期保有は当該個人に関する偏見、危険の増大、潜在的なデータ漏洩にさらされることがあるので、組織は安全処理を検討すべきという点である。

5．州法と忘れられる権利

　それでは、州法は忘れられる権利についてどのように規定しているのだろうか。まず、プライバシー法制を規定する州法について概観し、次に忘れられる権利との関係を考察してみたいと考える。

(1) 州法一覧
各州（10州と3準州）のプライバシー法制を一覧にすると以下のようになる[21]。
1) 10州
・アルバータ州：
　　①情報の自由及びプライバシー保護法、②健康情報法、③個人情報保護法
・オンタリオ州：
　　①情報の自由及びプライバシー保護法、②自治体における情報の自由及びプライバシー保護法、③個人健康情報保護法
・ケベック州：
　　①公共部門に保有される文書へのアクセス及び個人情報保護に関する法、②民間部門における個人情報保護に関する法、③健康サービスや社会サービスに関する法、健康保険法、及びケベック州営健康保険組織に関する法を修正する法
・サスカチュワン州：

①情報の自由及びプライバシー保護法、②自治体における情報の自由及びプライバシー保護法、③健康情報保護法、④公共公開法
・ニューブランズウィック州：
　①情報への権利及びプライバシー保護法、②個人健康情報プライバシー及びアクセス法
・ニューファンドランド・ラブラドール州：
　①情報へのアクセス及びプライバシー保護法、②個人健康情報法
・ノバスコシア州：
　①情報の自由及びプライバシー保護法（及びプライバシー審査局法）、②個人健康情報法、③自治体政府のパート20法、④個人情報国際開示保護法
・ブリティッシュ・コロンビア州：
　①情報の自由及びプライバシー保護法、②個人情報保護法、③E－健康（個人健康情報アクセス及びプライバシー保護）法
・プリンス・エドワード・アイランド州：
　情報の自由及びプライバシー保護法
・マニトバ州：
　①情報の自由及びプライバシー保護法、②個人健康情報法

2）準州
・ヌナブト準州：
　情報へのアクセス及びプライバシー保護法
・ノースウェスト準州：
　情報へのアクセス及びプライバシー保護法
・ユーコン準州：
　情報へのアクセス及びプライバシー保護法

(2) 州法とPIPEDAの関係

　以上の法名を見てもわかるように、連邦法のプライバシー法のような公共部門の個人情報保護を規定する州法は各州に存在する（州によっては自治体レベルのものもある）。それに対し、PIPEDAに類似する個人情報保護を取り扱う州法は、ⓐアルバータ州個人情報保護法（Personal Information Protection Act）、ⓑブリティッシュ・コロンビア州個人情報保護法（Personal Information Protection Act）、ⓒケベック州民間部門における個人情報保護に関する法（Act Respecting the Protection of Personal Information in the Private Sector）の三法。

そして、やはりPIPEDAに類似する個人健康情報保護を取り扱う州法は、㋐オンタリオ州個人健康情報保護法（Personal Health Information Protection Act, 2004）、㋑ニューブランズウィック州個人健康情報プライバシー及びアクセス法（Personal Health Information Privacy and Access Act）、㋒ニューファンドランド・ラブラドール州個人健康情報法（Personal Health Information Act）の三法である。

　これらの州法は、それぞれの州内で生じる個人情報の取り扱いに関して、PIPEDAに"実体的に類似（substantially similar）"のものであると宣言されているのでPIPEDAの代わりに、州法が適用されることになる。そして、類似法が存在してもこのような宣言がなされていない場合、PIPEDAが適用される余地があるということになる。また、公共部門を規制する法が存在するが民間部門を規制する州法がない場合、連邦法のPIPEDAが適用されるわけである。

(3)　州法と忘れられる権利

　先述のPIPEDAと州法が「実体的に類似」しているとみなされる条件の一つは附属文書1が編入されているかどうかである。そこでここでは、「実体的に類似」していると判断された三州法（アルバータ州個人情報保護法〔以下、PIPA〕、ブリティッシュ・コロンビア州個人情報保護法〔以下、PIPA（BC）〕、ケベック州民間部門における個人情報保護に関する法〔以下、PIPP〕）がPIPEDAの附属文書（特に、削除権や訂正権）をどのように編入しそれぞれの法に規定したのか検討していくことにしよう。[*23]

1）　アルバータ州

　2003年PIPAは、「第3部　アクセス、訂正、及び、個人情報についての注意」と題して、情報へのアクセス（24条）、個人情報の誤りや遺漏を訂正する権利（25条）、情報の正確性（33条）、情報の保護（34条）、個人情報喪失、認可されていない個人情報へのアクセスや公開に対するコミッショナーへの告知（34条の1）、情報の保有及び破棄（35条）などを規定する。これらの規定はPIPEDAの附属文書1を反映している部分と考えられるが特に、個人情報の破棄や非特定化を規定する35条2項が重要であろう。同条項は、「組織が法的若しくはビジネス目的のために個人情報をもはや当然必要としなくなった後の合理的な期間内において、組織は、(a) 個人情報を含む記録を破棄しなければならない。若しくは、(b) もはや個人を特定化するために個人

情報が用いられえないならば、個人情報を非特定化しなければならない」と規定している。

   2） ブリティッシュ・コロンビア州
　PIPA（BC）も「7部　個人情報のアクセス及び訂正」で個人情報へのアクセス（23条）、個人情報の誤りや遺漏を訂正する権利（24条）、そして「第9部　個人情報についての注意」で、個人情報の正確性（33条）、個人情報の保護（34条）、個人情報の保有（35条）と規定されており、条文の位置・内容もアルバータのものとほぼ一緒である。ただ、35条2項は「組織は、以下のようなことを想定するのが合理的であるならばすぐに、個人情報を含む文書を破棄、若しくは、個人情報が特定個人に結びつきうるような手段を除去しなければならない。(a) 個人情報の保有がそれを収集した目的にもはやかなわない場合、(b) 法的若しくはビジネス目的にとってはもはや保有する必要がない場合」としており、「手段（the means）」の解釈の仕方によってはEU判決が示すような「忘れられる権利」を含む規定ともとれなくもない。また、保有期間について、ブリティッシュ・コロンビア州情報プライバシー・コミッショナーは、35条2項は保有期間を示していないが、永続的な保有を認めるものでない以上、組織はこれを念頭に置き、個人情報の保有スケジュールを公式化し履行しなければならないとしている。[*24]

   3） ケベック州
　いち早く民間部門における個人情報保護問題に取り組んできたケベック州による1996年制定の当該法はEU指令に基づいているといわれる。そして、先述のカナダ規格協会策定のモデルコード（PIPEDAの附属文書1）はケベック州の当該法を参考にしているという繋がりがあるという点については示しておく必要があろう。だから例えば、ケベック州法の「第3部個人情報の秘密性の§1　情報の保有、利用及び非伝達」には当然ながらPIPEDAの附属文書に類似する規定があり、安全措置（10条）、ファイルの正確性（11条）、ファイルの利用（12条）、同意（13条−15条）、アクセス（16条）などが規定されている。特に12条は、「ひとたびファイルの目的が達成されたならば、その中に含まれる情報は当該個人の同意した以外の方法で使用されてはならないし、法によって定められたタイムリミット若しくは政府規則によって定められた保有スケジュールに服する」とし保有制限の内容や期限が位置づけられている。また、法に規定された以外の方法で収集された個人情報を削除する権利（28条）も規定されている。

また、ケベック民法（Civil Code of Québec）は「第三章　名誉及びプライバシーの尊重」において、個人のプライバシー権を位置づけているが、40条は、個人に関するファイルに含まれる個人情報や不正確・不完全・あいまいな個人情報を訂正する権利、時代遅れ（obsolete）の情報やファイルの目的にかなわない情報を削除する権利、ファイルに自らの文書化されたコメントを残す権利が規定されているということにもふれておく必要があろう。

6．終わりに――批判的検討も含め

　以上、カナダのプライバシー法制から「忘れられる権利」を抽出することが可能か検討してきた。既にEUのそれとの対比は各節で述べているので詳細は省きたいと思うが、PIPEDAの内容はEUが考えるプライバシー基準を満たしていると認められていること、PIPEDA自体がEU指令の影響を受けていることなども関連して、PIPEDAもそれと実体的に類似の州法も、広い意味での「忘れられる権利」が認められていたといえよう。具体的には、個人情報の訂正権や削除権、そしてその権利行使に基づく企業の対応など。
　しかし、これは多くの者が指摘するように、これらの権利は一定の条件に服する「限定的な保有原則（limited retention principle）」規定であり、EU判決や規則が示す「忘れられる権利」の範囲より狭いものであったといえる。[25]すなわち、個人は不正確性や不完全性を論証しなければならなかったり、組織による十分な理由があれば組織は個人のアクセスを認めなくてもよいこと、そして、ハイパーリンクからリンク先へのブロックまではふまえられていないことなどである。
　ただ、カナダでは削除権や訂正権とセットで考えるべき「プライバシー・バイ・デザイン」の開発・展開に重要な役割を担ってきたのが、プライバシー・コミッショナーである。カナダの連邦レベルでも州レベルでも、プライバシー・コミッショナーがプライバシー問題に関して、事前から事後へと全体にわたって強い役割を果たし、個人の権利保障・救済に十分な役割を果たしてきたといえる。
　「忘れられる権利」に関しても、カナダ・プライバシー・コミッショナー局は「OPCのプライバシー優先事項2015-2020：より重要な保護のための道筋をマップ化する（The OPC Privacy Priorities 2015-2020　Mapping a course for greater protection）」の中で、EUで提起された"忘れられる権利"をカナダ

法的文脈で今後検討する考えを示している。[26]この検討・方向性がカブキアン博士や従来の最高裁判例が示した限定的な内容に留まるのか、あるいは逆の方向性に行くのか、はたまたプライバシー・バイ・デザインとの連関性を示した新たなる展開を示すのか、今後も注視していく必要があろう。

＊1　例えば、ナショナルポスト2012年10月12日付記事。"Weeks after posting haunting Youtube video on her years of torment at classmates' hands, 15-year-old B.C. girl commits suicide"＜http://news.nationalpost.com/news/canada/amanda-todd-suicide-2012＞.

＊2　例えば、CBCニュース2013年4月9日付記事。"Rape, bullying led to N.S. teen's death, says mom : Rehtaeh Parsons told police she was raped at a party when she was 15"＜http://www.cbc.ca/news/canada/nova-scotia/rape-bullying-led-to-n-s-teen-s-death-says-mom-1.1370780＞.

＊3　当該法成立経緯などを示す文献として、岡田好史「カナダ　ノバスコシア州におけるサイバー安全法の概要」専修大学法学研究所紀要40号（2015年）、23-60頁や井樋三枝子「カナダサイバーいじめ対応及び防止のための州法改正」外国の立法257-1（2013）、4-5頁。

＊4　判決については、Google Spain SL, Google Inc. v Agencia Española de Protección de Datos, Mario Costeja González（Judgment in Case C-131/12）.

＊5　Barry Sookman, "The "Right to be Forgotten" Guideline from the Article 29 Working Party"（2014）＜http://www.barrysookman.com/2014/12/01/the-right-to-be-forgotten-guideline-from-the-article-29-working-party/＞; 忘れられる権利に対する賛否両論を示す記事として、CBCニュースの2014年6月18日付記事。Andre Mayer, "'Right to be forgotten':How Canada could adopt similar law for online privacy"＜http://www.cbc.ca/news/technology/right-to-be-forgotten-how-canada-could-adopt-similar-law-for-online-privacy-1.2676880＞; Sophie Gupta," The Right to be Forgotten"（2013）＜http://www.canadiantechlawblog.com/2013/12/12/the-right-to-be-forgotten/＞.

＊6　Karl E. Gustafson, QC, Ryan J. Black, Sharon E. Groom, Michelle Tam, "The Internet Never Forgets: Google Inc.'s "right to be forgotten" EU ruling and its implications in Canada"（2014）＜http://www.mcmillan.ca/The-Internet-Never-Forgets-Google-Incs-right-to-be-forgotten-EU-ruling-and-its-implications-in-Canada＞.

＊7　Douglas Quan, "Only a matter of time until 'right-to-be-forgotten' debate comes to Canada"（2014）＜http://o.canada.com/news/only-a-matter-of-time-until-right-to-be-forgotten-debate-comes-to-canada＞.

＊8　ナショナルポスト2014年6月25日付記事。"Ann Cavoukian and Christopher

Wolf: Sorry, but there's no online 'right to be forgotten'"＜http://news.nationalpost.com/full-comment/ann-cavoukian-and-christopher-wolf-sorry-but-theres-no-online-right-to-be-forgotten＞.
＊9　この点、2002年に欧州委員会がカナダのプライバシー体制をEUと同じく十分か効果的であるとしたことにふれ、カナダでもある程度忘れられる権利が存在していた可能性があることを示す見解もある。Justin Ling, "Forget me, Google"＜http://www.nationalmagazine.ca/Articles/May-2014-Web/Foreget-me,-Google.aspx?lang=FR＞. この論文では後述するPIPEDAが保有期間が切れた後のみ忘れられる権利を提示しているという位置づけもなされている。
＊10　Crookes v Newton, 2011 SCC 47.
＊11　Equustek Solutions Inc. v. Jack, 2014 BCSC 1063; Equustek Solutions Inc. v. Google Inc.,2015 BCCA 265.
＊12　Niemela v. Malamas, 2015 BCSC 2014.
＊13　堀部政男／一般財団法人日本情報経済社会推進協会（JIPDEC）／アン・カブキアン編『プライバシー・バイ・デザイン』（日経BP社、2012年）。また、PbDのHPも参照＜https://www.privacybydesign.ca/＞。
＊14　前掲『プライバシー・バイ・デザイン』90頁。
＊15　前掲『プライバシー・バイ・デザイン』91-92頁。
＊16　本稿で紹介検討する連邦法や州法の規定、解釈や内容は主にカナダ・プライバシー・コミッショナーのHP＜https://www.priv.gc.ca/＞に依拠している。
＊17　本稿では詳細はふれないが、プライバシー法6条も類似の保有・処理規定があり、プライバシー法における規則（Regulation）では連邦機関が遵守すべき処理手続が規定されている。
＊18　岸本基予子「カナダ『個人情報及び電子文書法』解説」外国の立法206号（2001年）、134頁。
＊19　関連するケースとして、以下のようなものがある。PIPEDA Case Summary #2005-293 Commissioner considers access, correction, and inappropriate disclosure allegations against insurance company; PIPEDA Case Summary #2006-359 Bank reported accurate information regarding bounced cheque; PIPEDA Case Summary #2002-70 Bank accused of assigning inaccurate credit ratings. また、4.6の正確性の原則の違反事例に関する16条の下での裁判所の救済については、Nammo v. TransUnion of Canada Inc., 2010 FC 1284.
＊20　The Office of the Privacy Commissioner of Canada, "Personal Information Retention and Disposal: Principles and Best Practices"＜https://www.priv.gc.ca/information/pub/gd_rd_201406_e.asp＞.
＊21　前掲注16のサイトに示された一覧を若干修正し、邦訳した上で引用している。また、各州のプライバシー・コミッショナーのHPも参照。
＊22　PIPEDA26条2項（b）「本編（第1編民間部門における個人情報保護）と実

体的に類似する州立法が、組織、諸組織の部類、活動又は諸活動の部類に適用されるという条件を満たすならば、その州内で生じる個人情報の収集、利用又は開示に関して、その組織、活動又は部類（class）に対する本編の適用を免除する」。この点につき解説する資料として、The Office of the Privacy Commissioner of Canada, "Legal information related to PIPEDA Substantially Similar Provincial Legislation" ＜https://www.priv.gc.ca/leg_c/legislation/ss_index_e.asp＞.

＊23　また、マニトバ州は、アルバータ州PIPAに似ており、PIPEDAに実体的に類似の個人情報保護及びアイデンティティ窃盗防止法（The Personal Information Protection and Identity Theft Prevention Act（PIPITPA）を2013年に可決しているが現在まだ公布施行されていない（施行すれば、4番目の州になる）。当該法では、例えば、目的外の収集制限（11条1項）、訂正権（25条1項）、情報の保有（35条）などが規定されている。

＊24　David Loukidelis, "Information and Privacy Commissioner," Order P05-01 K.E. GOSTLIN ENTERPRISES LIMITED" ＜http://www.oipc.bc.ca/orders/OrderP05-01.pdf＞. para.103.

＊25　前掲注5のSophie Gupta論文。

＊26　The Office of the Privacy Commissioner of Canada, "Other Publications The OPC Privacy Priorities 2015-2020 Mapping a course for greater protection" ＜https://www.priv.gc.ca/information/pub/pp_2015_e.asp＞

※インターネットアドレスは前掲注24以外すべて2015年9月5日確認のものである。注24は2015年7月25日確認のものである。

（えのさわ・ゆきひろ）

第12章

スイスの「忘れられる権利」

奥田喜道
跡見学園女子大学マネジメント学部助教

1. 本稿の目的——スイスにおけるネット社会の「忘れられる権利」

　近年、インターネットの普及にともなって、表現の自由・報道の自由と個人情報保護、人格権保護の衝突の度合いがかつてに比べて著しくなっている。放送や新聞などが、オンラインでも情報提供するようになっていること、デジタルアーカイブやデータベースの利用を簡易化することによって過去の記事をいつでも閲覧、視聴できることになっている。そのため時間の経過とともに話題になった出来事が自然に忘れられていくということが場合によっては期待できなくなっている。くわえて、ソーシャルメディアの発達によって、職業的ジャーナリスト以外の一般市民が、以前よりも情報流通の場に参画しやすくなり、自身で調査したものでない情報をも気軽に「拡散」できるようになっている。さらに、グーグルに代表されるような検索サービスの普及によって、新聞や放送の報道記事だけでなく、各種のアーカイブや、一般市民などが運営しているウェブサイト、ブログ、各種のソーシャルメディアの記事が横断的に検索できるようになり、何らかの形で電子的に記事化され検索可能な状態に置かれているものであれば、だれでも容易にアクセスできるようになっている。ネットを利用した情報技術やサービスの利用により報道や通信が活発になり市民にとっても情報収集や発信が容易になる状況は、表現の自由・報道の自由にとってこのましいことであり、間接的には知る権利を充実させるという点でも望ましいことである。しかし、他方でプライバシーや情報にかんする自己決定権、本書で取り上げられている「忘れられる権

利」、(その内容、成否に議論はあろうが)「社会復帰の権利」と衝突する度合いが以前よりも増している。

　こうした状況はスイスも例外ではない。とくにこの数年、インターネット上の記事・ブログのページ、検索結果へのリンクなどをめぐって多くの紛争が生じており、放送紛争処理機関（Ombudsstelle RTV）、プレス評議会（Schweizer Presserat）、連邦個人情報保護・情報公開庁、裁判所へそれらの紛争が訴えられている。それらの紛争へ、在来型メディアによる権利侵害にたいする出版差止めや、名誉毀損への損害賠償、補償などの枠組みが当てはまるのかどうか議論され、プレス評議会や放送紛争処理機関への諮問、連邦個人情報保護・情報公開庁への不服申立て、裁判所への提訴において検討されてきた。そうしたなかで、また、欧州連合の新しいデータ保護規則の制定が間近に迫っていると報じられているなかで、グーグルスペイン事件についての欧州司法裁判所の先決裁定（C-131/12 vom 13. Mai 2014）[*1]があり、その評価、スイス法への影響をめぐって、スイスの研究者・実務家（メディア法、民事訴訟法、情報保護法、憲法などの研究者や、情報法に詳しい弁護士、連邦データ保護・情報公開庁など）の間で議論が展開されている。さらに、直接的には「忘れられる権利」を主張しているわけではないが、ネット社会における「忘れられる権利」を考察する上で必要となる検討事項をふくむ判例が近時に出されている（BGE vom 6. Mai 2015, 5A_658/2014）。

　本稿は、1.において、スイスにおけるネット社会の「忘れられる権利」の問題状況を簡単に提示し、2.において、スイスにおける個人情報保護、人格権保護の法的枠組み、各種の手続の可能性を概説し、3.において、スイスにおける学説の状況（ネット社会における「忘れられる権利」を積極的に承認する説、否定的な説）を紹介し、4.において、連邦裁判所2015年5月6日判決を紹介し、5.において、スイスにおけるネット社会の「忘れられる権利」についての若干の検討を行う。

2．スイスにおける法的枠組み

(1) スイスにおける個人情報保護、人格権保護の法的枠組み

　スイスにおける個人情報保護、人格権保護の法的枠組みはほかの多くの欧州諸国と同じように、まずは憲法と各種の人権条約により人権保障の確認があり、一般的には人格権保護を定める民法があり、個人情報保護に焦点を合

わせたものとしてはデータ保護法があり、個別に関連する諸法令があるという構成をとっている。それに加えて、報道関係者の自治的ルールがあり、実際にも報道倫理として定着し、表現の自由・報道の自由を守りつつプライバシーの侵害や個人情報保護の侵害が起こらないようにする社会的な慣行が比較的確立されている。ここでは、連邦憲法（と対応する人権条約・国際協定）、連邦データ保護法、民法、法令以外の自治的ルール（ジャーナリストの権利と義務に関する宣言）のうち関係する主要なものを紹介する。

1) 連邦憲法（と対応する条約・国際協定）

　私的領域の保護、プライバシーの保護、自己情報決定権についてまずもって挙げられるべき条文は連邦憲法13条である。スイス連邦憲法13条は私的領域の保護について規定している。この規定は、後述する条約や国際協定とほぼ同じ内容で構成されている。対応する条約・国際協定の規定としては欧州連合基本権憲章7条・8条、欧州人権条約8条、自由権規約17条、世界人権宣言12条が挙げられる。

　欧州連合基本権憲章は欧州連合の憲章である。スイスは欧州連合に加盟していないため、その直接的な効力がスイス法に対してあるわけではない。しかし、欧州の中で法治国家として存在するためには、またほかの欧州諸国から信頼を得るためにはどの法分野においてもすくなくとも欧州連合の法制と同じレベルの権利保障がなされていることが必要になるため、実際には重要な影響を与えている。その欧州連合基本権憲章は7条で私的・家庭生活の尊重を、8条で個人情報保護を規定している。

　スイスが加盟している欧州評議会、国連の条約においても私的領域の保護に関する規定がある。具体的には欧州人権条約8条、自由権規約17条、世界人権宣言12条である。

【スイス連邦憲法】
13条　私的領域の保護
1項　すべての個人は、自身の私的及び家庭生活、自身の住居、自身の信書・郵便・遠隔通信（電信電話・電気通信・電子通信）の尊重を要求する権利を有する。
2項　すべての個人は、自身の個人情報の濫用されることからの保護を要求する権利を有する。

【欧州連合基本権憲章】
7条　私的及び家庭生活の尊重
　すべての個人は、自身の私的及び家庭生活、自身の住居、自身のコミュニケーションを尊重される権利を有する。
8条　個人情報保護
1項　すべての個人は、自己の関係する個人関連データの保護を求める権利を有する。
2項　これらの個人関連データは、確定された目的のために、関係する個人の承諾によって、あるいはそれ以外の法律によって規定された正当な根拠によって、信義誠実の原則に基づいてのみ取り扱うことが認められる。すべての個人は自己の関係する個人関連データについての情報を入手し、それらのデータを訂正させる権利を有する。
3項　本条の規定の遵守は独立した機関の監督に服する。

【欧州人権条約】
8条　私的及び家庭生活の尊重の権利
1項　すべての個人は、自身の私的及び家庭生活、自身の住居、自身の通信を尊重される権利を有する。
2項　公官庁は、法律によって規定され、かつ、国のまたは公共の安全のために、国家の経済的福利のために、秩序の保持のために、犯罪の予防のために、健康あるいは倫理の保護のために、もしくは他者の権利と自由の保護のために、民主的社会において必要な限りにおいてのみ、本条の権利の行使に介入することができる。

【市民的及び政治的権利に関する国際規約（自由権規約）】
17条
1項　何人も、自身の私的生活、家族、通信に対して恣意的あるいは不法な干渉を受けず、また、自身の名誉及び信用に不法な攻撃を受けないものとする。
2項　すべての者は本条の干渉あるいは攻撃に対する法律の保護を求める権利を有する。

【世界人権宣言】

12条
  何人も、自身の私的生活、家族、住居および通信に対する恣意的な干渉されず、自身の名誉と信用に対する攻撃も受けない。

続いて挙げられるものは、個人情報保護・プライバシー保護、自己情報コントロール権と衝突する可能性がある表現の自由・知る権利、報道の自由に関係する条項である。連邦憲法16条（意見表明の自由、情報の自由）、連邦憲法17条（メディアの自由）の規定である。これに対応するものとして欧州連合基本権憲章11条（意見表明の自由、情報の自由）、欧州人権条約10条（意見表明の自由）、自由権規約19条（表現の自由）、世界人権宣言19条（表現の自由）が挙げられる。連邦憲法16条、17条も、私的領域の保護に関する連邦憲法13条と同様に対応する条約・国際協定とほぼ同様の内容で構成されている。

【連邦憲法16条　意見および情報の自由】
1項　意見表明の自由及び情報の自由は保障される。
2項　すべての個人は、自身の意見を自由に形成し、それらを妨害されることなく表明し、広める権利を有する。
3項　すべての個人は、情報を自由に受け取り、一般に利用可能な情報源から入手し、ならびに広める権利を有する。

【17条　メディアの自由】
1項　プレス、ラジオ、テレビならびに他の公衆遠隔通信技術の形態による番組および情報の伝達の自由は保障される。
2項　検閲は禁止される。
3項　編集の秘密は保障される。

【欧州連合基本権憲章11条】
1項　すべての個人は意見表明への権利を有する。この権利は意見の自由、並びに、公権力の干渉なしに、および、国境とかかわりなしに、情報と思想を受け取り、伝達する自由を含む。
2項　メディアの自由とメディアの多様性は尊重される。

【欧州人権条約10条】

1項　すべての個人は意見表明の自由を有する。この権利は意見の自由と、公権力による干渉なしに、および、国境と関わりなしに、情報と思想を受け取り、伝達する自由を含む。本条は、国家がラジオ、テレビおよび映画企業に許可を規定することを妨げない。

2項　本条の自由の行使には義務と責任が伴う。これらの自由の行使は、法律に規定され、民主的社会において、国家的安全、領域の保全ないしは公共の安全のために、秩序の維持、犯罪行為の予防、健康あるいは倫理の保護、他者の名声と権利の保護、秘密情報の拡散の防止ならびに司法の権威および公平性のために必要な諸規定、諸条件、諸制限及び刑罰の威嚇に服する。

【市民的及び政治的権利に関する国際規約（自由権規約）19条】

1項　すべての者は干渉されずに意見を持つ自由を有する。

2項　すべての者は表現の自由に対する権利を有する。この権利は、口頭、手書きもしくは印刷、芸術の形態または自身で選択した形態によって、国境と関わりなく、全ての種類の表現と思想を得ようとし、受け取り、伝達する自由を含む。

3項　本条2項に規定される権利の行使には特別な義務と責任が伴う。したがってこの権利の行使は一定の制限に服する。ただし、その制限は法律によって規定され、次の目的に必要なものに限られる。

　1号（a）他の者の権利または信用の尊重のため

　2号（b）国家の安全、公の秩序、または、公衆の健康もしくは道徳の保護のため

【世界人権宣言19条】

　全ての者は意見および表現の自由に対する権利を有する。この権利は干渉されることなく意見を持ち、あらゆるメディアによって、また、国境と関わりなく、情報と思想を得ようとし、受け取り、伝達する自由を含む。

　さらに、本書で問題となっている「忘れられる権利」における当事者であるメディア企業（新聞社などのプレスや、民放、インターネットの検索サービス会社など）にとって重要になるのが経済的自由である。連邦憲法では27条、欧州連合基本権憲章では16条の規定が該当する。いずれも基本権として認めら

れているものであるが、プライバシー保護、表現の自由、情報の自由との関係は複雑で、慎重な衡量が求められるものである。

【連邦憲法27条　経済的自由】
1項　経済的自由は保障される。
2項　経済的自由には特に、職業の自由な選択ならびに私経済上の営利活動への参入とその自由な実施が含まれる。

【欧州連合基本権憲章16条　営業の自由】
　営業の自由は連合法及び各国法令並びに慣習によって承認される。

2)　連邦データ保護法
　連邦データ保護法ではより詳細に人格権保護のための規定として15条をおいている。[*4]

【情報保護法15条　権利要求】
1項　人格権保護の訴えは、民法28条、28条aからlにもとづいて裁かれる。原告は、とりわけ、データの取り扱いが差止められること、いかなるデータも第三者へ公表されないこと、もしくは、個人情報が訂正されまたは破棄されることを要求できる。
2項　個人情報の正しさも誤りも明らかにされ得ないときには、原告は、データに相応の注が付されることを要求できる。
3項　原告はさらに、訂正、破棄、差止め、とりわけ第三者への公表の差止め、係争または判決についての注が第三者へ伝達されること、あるいは公表されることを要求できる。
4項　情報獲得権の実施の訴えについて裁判所は、2008年12月19日の民事訴訟法に基づく簡易訴訟によって判定する。

3)　民法
　スイス民法典は28条で、一般的に人格権侵害について規定している。[*5]

(B　人格権の保護)
民法28条

(II 侵害に対して　1. 原則)
1項　自身の人格権を不法に侵害された者は、その保護のために、侵害をなした者に対して裁判所へ訴えることができる。
2項　侵害は、被侵害者の承諾、圧倒的な私的あるいは公共の利益、法律によって正当化されていない場合は、違法である。

4)　法令以外の自治的ルール

　以上に紹介した規定によって、個人情報についての人格権侵害とそれからの保護が法的に規定されているが、そもそも個人情報についての人格権侵害は起こってしまってからでは回復も救済も実際には極めて困難なものである。法的な問題が起こることを予防すること、できるだけ起こりにくくすることこそが重要になる。そのさい非常に有効なものが、ジャーナリスト倫理やメディア倫理を確立して、不必要な、あるいは正当化できない個人情報（政治家や高級官僚、大企業の経営者などの公共にとって重要な人物以外の個人情報の大半があてはまる）の流布をマスメディアやインターネットの検索サービス、ソーシャルネットワーキングサービスに最初からさせないという手法である。ジャーナリストやインターネットを利用したソーシャルメディアを含むメディア（の参加者）の倫理に訴えかける自治的ルールによる手法である。
　スイスではプレス評議会で作成されている「ジャーナリストの義務と権利の宣言」とその解釈指針が重要な役割を果たしている。

【ジャーナリストの義務と権利の宣言】
ジャーナリストの義務7　個人の私的領域の尊重
　ジャーナリストは、公共の利益が要求しない限り、個々人の私的領域を尊重する。ジャーナリストは、非署名記事を、そして実際に正当化されていない犯人視報道を自重する。

【ジャーナリストの義務の権利の宣言についての指針7条2項　個人の特定】
ジャーナリストは関与する利益（情報周知への公衆の権利、私的領域の保護）を慎重に衡量する。実名および、あるいは個人を特定した報道が許されるのは次の場合である：
・関係する個人がメディア報道の記事のなかで公然と登場しているか、あるいはほかの方法で公開することを許している場合

・ある個人が公衆の間で一般的に知られている場合で報道がそのことと関係を持っている場合
・関係する個人が政治的公職ないし国家的にまたは社会的に指導的な職務についており、メディアの報道がそのことと関係している場合
・第三者が不利益な取り違えを避けられるために実名報道が必要である場合
・実名報道または個人を特定した報道がほかの方法で圧倒的な公共の利益によって正当化されている場合

(2) 各種の手続の可能性

　前節で個人情報保護、人格権保護についての法令、自治ルールを紹介する際にもふれたが、スイスにおいては在来型メディアにおいては、個人情報保護、人格権保護にかんする慣行がそれなりに確立しているので、在来型メディアにおいての手続が基本的には使われることになる。本節においては、報道・放送における自治的報道倫理組織であるスイスプレス評議会への諮問、専門機関（官庁）への諮問・不服申立て、裁判所への提訴について説明する。

1) プレス評議会への諮問

　プレス評議会は1977年に設立されたジャーナリズム・報道自治団体で、財団である。ジャーナリスト、プレス、出版社、放送局、市民から構成される評議会において、不当な実名報道や、正当化できない名誉やプライバシーの侵害などがあったかどうかを、先に述べたジャーナリストの義務と権利の宣言、その解釈指針に基づいて諮問され、見解表明をする。その見解表明はあくまでジャーナリスト倫理的なもので法的拘束力はない。しかし、ジャーナリスト倫理的に妥当なものかどうかを明確にするため、それだけで関係者の一定の納得を得られることができ、さらに問題があるとされたようなことが繰り返されにくくなる利点がある。次の不服申立てや訴訟とは並行して行われるものである。

2) 放送苦情処理機関への諮問、連邦情報保護・情報公開庁への不服申立て

　プレス評議会と類似した機能を有するのが、連邦ラジオテレビ法の規定に基づいて設置されているスイス公共放送の放送苦情処理機関とドイツ語圏・レートロマン語圏のスイス公共放送以外の放送に対する放送苦情処理機関である。いずれも法的拘束力を持った裁定をする権限はないが、プレス評議会の見解表明と同様にジャーナリスト倫理に基づいた妥当な放送を実現することに大きな影響力を持っている。スイス公共放送の苦情処理機関あるいは[*6]

放送苦情処理機関を独立放送苦情申立機関[*8]が監督している。
　これにたいして連邦情報保護情報公開法29条にもとづく連邦情報保護・情報公開庁の解明・勧告手続は一種の行政不服申立手続であり、解明・勧告に不服がある場合は連邦行政裁判所へ訴えることができる。
　3） **訴訟**
　プレス評議会の見解表明や連邦情報保護・情報公開庁の解明・勧告では納得できない場合、あるいは、それらの手続と並行して、法的拘束力のある措置を求めてなされるものが裁判所での訴訟である。被告の種類、訴えの内容、訴える州によって、第1審がどの裁判所になるかは異なる。4.で扱う事件では、チューリヒ州でメディアの報道をメディア企業として（営利）事業として取り扱っていたため、チューリヒ州の商事裁判所が第1審となった。

3．スイスにおける学説の状況

　スイスは欧州連合の構成国ではないため、欧州司法裁判所2014年5月13日先決裁定の影響がスイス法にたいして直接的におよぶことはないが、在来型メディアにおける「忘れられる権利」自体は実質的に同じ内容を持つものが以前からスイス法において認められてきたという理解をおおかたの学説、プレス評議会、官庁（連邦個人情報保護・情報公開庁[*9]）、判例もとっている。そのため、基本的には在来型メディアにたいしての議論がどれほどネットにおける「忘れられる権利」（在来型のメディアの電子版、ネットでアクセス可能な放送番組のアーカイブ、ブログ、ツイッターなどのソーシャルメディア、検索サービスなど）にあてはまるのかということに関心が集まっている。ネット社会における「忘れられる権利」が、一般人の不利益情報の削除権といった狭い意味だけでなく、企業や行政のビッグデータ利用にともなってより深刻になっているであろう市民のさまざまなサービス利用履歴などの不正使用等にたいする個人情報保護といった広義の「忘れられる権利」や、調査研究や公文書館等における個人情報の扱いにおける「忘れられる権利」、歴史的・政治的文脈における「忘れられる権利」という意味で論じられている場合も、基本的には在来型メディアにおいて議論されてきたことがそれぞれの領域における「忘れられる権利」でも当てはまるのか、当てはまるのであればどのように当てはまるのか、新たに配慮しなければならない問題はないのかということに関心が集まっている。本節では基本的に狭義の「忘れられる権利」に限定

して、それを承認する説と否定的な説の代表的なものを取り上げる。

(1) ネットにおける忘れられる権利を承認する見解

　Daniel Glaslはネットにおける忘れられる権利を承認する見解をとっている。Glaslはすでに2011年5月の段階で新聞紙上の論説で意見表明の自由（表現の自由）と忘れられる権利が衝突することはないという見解をとっている。[*10] スイス民法28条で規定されている人格権の保護のための表現活動への制約は、明確な基準の下でなされるものであり、人格権侵害の正当化（違法性阻却）事由も明確であるので憲法上の問題もないという。

　さらに、Glaslはグーグルスペイン事件の欧州司法裁判所の先決裁定が出た後、先決裁定の法理が直接的にスイスに適用されるわけではないが同様の法理がスイスでも当てはまるとして、2011年の見解をあらため維持している。[*11 *12]

　また、Rolf H.WeberとUlrike I. Heinrichもグーグルスペイン事件で検討されたようなネットにおける忘れられる権利を承認する見解をとっている。[*13] ただし、WeberとHeinrichはグーグルスペイン事件において欧州司法裁判所で検討された忘れられる権利は、検索結果へのリンクを消去するだけの限定的な削除権なので、本来の意味での忘れられる権利が実現した場合には、表現の自由や情報の自由と衝突するだろうとしている。

(2) ネットのおける忘れられる権利に否定的な見解

　Daniel Hürlimnnはグーグルスペイン事件のスイス法との関係について検討した結果、ネットにおける忘れられる権利について否定的な見解をとっている。[*14] すくなくともグーグルスペイン事件で争われたような情報は、圧倒的な私人の利害によって正当化できるものではなく、法律にそって公開されるべき情報であるし、先決裁定の論理からすると、本来そのような権限をもたず、またそうした権限を委任されてはならない私人に過ぎない検索サービス会社を、衝突する人権の比較衡量をおこなう憲法裁判官の立場においてしまうからであるという。その点では欧州連合司法裁判所の法務官の勧告の方が説得力があり、スイスでも同様の裁判が提起されたら同様の判決が下されようというスイス情報保護・情報公開庁の見解に賛同することはできず、検索サービス会社に検索結果の削除義務があるのは、明白に違法な内容が問題になっている場合だけであるという。

4. 連邦裁判所2015年5月6日判決

2015年5月6日[*15]に「忘れられる権利」についての議論に対して重要な方向付けをする連邦裁判所判決[*16]があった[*17]。本節ではこの判決を取り上げる。

(1) 事件の概要
この事件の概要は次の通りである。Carl Hirschmann[*18]という航空機整備・ビジネスジェット運営会社[*19]の創設者の孫でクラブやレストランのオーナーだった人物が、ロンドンで同棲していた女性から暴行されたと告発されたことをきっかけに、つぎつぎに発覚した関係する事件について告訴される事態[*20]になった。それらの行為の破廉恥さ・おろかさ、行為者本人の性格・能力と保有資産の乖離、本当の著名人・重要人物（Zeitgeschichte, Prominenz）とはことなる偽物の重要人物（Cervelat-Prominenz）が問題の中心にいたと見なされたことによって、2009年以降の一連の事件の発覚以来継続的に報道されてはいたが[*21]、一時期集中的に、相当にセンセーショナルな報道がなされて、ブログなどでも広く取り上げられ、多くの検索結果がグーグル等に表示されるようになった。

これにたいしてHirschmann側が人格権の侵害の認定、競争法違反の認定、紙媒体と電子媒体の両方の記事の削除、アーカイブなどの記録の消去、人格権侵害の損害賠償、（主として競争法違反による）報道で得た利益の引き渡し、ウィキペディアなどのウェブページへのリンクの削除、グーグルなどの検索結果・リンクの削除を、主に新聞社や放送局などの報道メディアに求めてチューリヒ商事裁判所に訴え、人格権侵害と3件の記事の削除が認められる部分認容判決をチューリヒ商事裁判所が下した。それにたいしてHirschmannは判決を不服とし、連邦裁判所に上訴したものである。

(2) 問題点
報道によってメディアが得た利益の引き渡しや、報道による損害への賠償、補償などの請求は、裁判所によってまったく問題とされなかった。Boris Etter[*22]によるとこの訴訟での問題点は、①いわゆるCervelat-Prominenzも政治家や高級官僚、大企業の幹部といった本当の著名人・重要人物と同様に扱ってよいのかどうか、②高級紙と大衆紙との間に報道としての違いがある

第12章 スイスの「忘れられる権利」 223

のか、③特定の個人を非難するメディアキャンペーンとあつかってよいのかどうか、④Hirschmannにとって判決結果はどのようなものであるかということであった。

(3) 判決の要点

連邦裁判所は、Hirschmann側の様々な請求（140件を超えるウェブサイトや新聞雑誌上の記事の削除や、損害賠償や補償、メディアキャンペーンであったことの認定）のほとんどをしりぞけ、チューリヒ商事裁判所で認められた3件に加えて、9件の削除を認めたに過ぎなかった。そのことは、連邦裁判所判決は①Cervelat-Prominenzでも著名人にはかわりないこと、②高級紙と大衆紙では報道の態様に違いはあるがいずれも報道には違いないこと、③本件においてはメディアキャンペーン的性格をもつ報道もあったこと（それ故に9件の新たな削除が認められた）、④Hirschmannにとっては部分勝訴に過ぎないことを表している。[*23]

5. スイスにおけるネットの「忘れられる権利」についての若干の検討

スイスにおけるネットの「忘れられる権利」の法状況は、法令の構成についても、社会状況についても、他の欧州諸国の状況と類似している状況にある。実際グーグルスペイン事件とは原告の社会的立場が相当に異なるとはいえ、同様の請求もしている訴訟（Carl Hirschmannが新聞記事削除、損害賠償や利益引き渡しなどを求めた事件）が提起され、連邦裁判所の判決も出た。そこでは、一方では技術的に一旦ネット上に流出してしまった情報、データを完全な形で回収しきる、消去するという意味での「忘れられる権利」は実現が非常に困難である（人々に本当に忘れてもらうことはなおさら困難である）ことから、他方では私的領域性、プライバシーを理由にあらゆる個人情報にたいして「忘れられる権利」を認めることになれば、公的生活の場以外の場では私人でもある公人に対する例外がもともと想定されているとしても表現の自由、報道の自由、情報の自由（知る権利）といった人権と衝突することが避けられないことから、一方で「忘れられる権利」を現時点で実現可能なものに限定し、他方で私人の私人性を確定して表現の自由との衝突を避けようとしているのである。こうしたバランスの取り方が可能にみえるのは偶然では

ない。実名報道を必要最小限にとどめたり、無罪推定原則を徹底したりするメディア倫理が社会的に一定水準以上に確立しているからこそ可能なのである。本稿筆者にはその点こそが重要であるように思える。

* 1 「削除権」が認められたという理解はスイスでもすぐに広まった。2014年5月29日からグーグルが受付を始めた削除要請は、2015年7月31日現在でスイスからも7281件、24637のウェブサイトのURLにたいしてなされている（『グーグル透明性リポート』「欧州のプライバシーに基づくに検索結果の削除リクエスト」による。
 (https://www.google.com/transparencyreport/removals/europaprivacy/?.hl=jp)。
* 2 一般的な説明としては次のKaufmannとReimannのものが参考になる。Christine Kaufmann, Giulia Reimann: Recht auf Privatsphäre im digitalen Zeitalter, in: SKMR-Newsletter Nr. 24 vom 23. April 2015（http://www.skmr.ch/upload/pdf/150423_Wi_privat_.pdf）。
* 3 現在スイスは欧州連合・欧州連合構成国と通商、労働者の移動、難民政策、科学技術研究協力など様々な分野で双務協定を結んでおり、欧州連合の法規定がスイス法に適用される場合が数多くある。それらの協定の規定の中には実質的に欧州連合基本権憲章を具体化したものも含まれているので、迂回した形にはなるが欧州連合基本権憲章が効力を有しているといえるものも含まれている。
* 4 さらに詳細には、情報保護法4条（信義誠実の原則、比例原則、目的適合性、当事者の承諾などの個人情報保護の諸原則）、5条1項（情報の正確性保持のための措置義務、訂正、削除義務）・7条1項（個人データの権限のない取り扱いからの安全）を通じて情報保護法12条によって個人情報における人格権侵害が規定されている。また情報保護法12条2項bはEU情報保護指令14条1項aに相当するものである。
* 5 より詳細には民法28条aからl（cからfの規定は削除されている）において規定されている。
* 6 4つの国語の放送局ごとに4つの苦情処理機関が設置されている（http://www.srgssr.ch/de/kontakt/adressen/ombudsstellen/）。
* 7 Ombudsstelle RTV（http://www.ombudsstelle-rtv.ch/）。
* 8 Unabhängige Beschwerdeinstanz für Radio und Fernsehen UBI（http://www.ubi.admin.ch/de/）。
* 9 連邦個人情報保護・情報公開庁がとっている立場が代表的なものであろう。Website vom Eidgenössischer Datenschutz- und Öffentlichkeitsbeauftragter (Startsite>Datenschutz>Internet und Computer>Recht auf Vergessen), Erläuterungen zum Recht auf Vergessen

(http://www.edoeb.admin.ch/datenschutz/00683/01173/index.html?lang=de).
*10　Daniel Glasl, Die Medienfreiheit ist nicht in Gefahr, in：Neue Zürcher Zeitung 10. Mai 2011-Nr.108.
*11　Daniel Glasl ,≪Recht auf Vergessen≫ bei Gogle angekommen, in Schweiz am Sontag vom 18. Mai 2014 / Nr.20.
*12　Daniel Glasl, Die Achtung der Privatsphäre und die Verantwortlichkeit von Suchmaschinenbetreibern –Das Recht auf Vergessen ist bei Google angekommen, Zum Urteil des Europäischen Gerichtshofes vom 13. Mai 2014, in: Media Lex 3/14 S.115.
*13　Rolf H. Weber/Ulrike I. Heinrich, Verletzt das Recht auf Vergessen（werden）des EuGH die Meinungsäusserungsfreiheit?, in Jusletter IT 11. Dezember 2014.
*14　Daniel Hürlimann, Das Google-Urteil des EuGH und die Entfernungspflicht von Suchmaschinen nach schweizerischem Recht, in sui-generis 2014, S. 1 (URL: sui-generis.ch/1).
*15　連邦裁判所は本判決について2015年6月18日にプレスリリースしている (http://www.bger.ch/press-news-5a_658_2014-t.pdf).
　　　Medienmitteilung des Bundesgerichts (Lausanne, 18. Juni 2015 Korespondenznummer 11.5.2/23_2015), Urteil vom 6. Mai 2015（5A_658/2014）Persönlichkeitsverletzung: Beschwerde von Carl Hirschmann teilweise gutgeheissen.
*16　BGE vom 6. Mai 2015, 5A_658/2014.
*17　先行する判例には、スイスにおけるグーグルストリートビューの運用にさいしての個人情報の公表にたいする人格権保護が問題になった2012年5月31日連邦裁判所判決がある。BGE 138 II 346, 1C_239/2011 vom 31. Mai 2012.この判決ではグーグルスペイン事件で問題になった裁判管轄権の問題、グーグル本社とグーグルスイス社の関係、検索サービスのデータ「編集」性、配慮が必要な個人情報の類型などがすでに検討されていた。
*18　Hirschmannはプレス評議会への諮問もしている。Stellungnahm des Schweizer Presserat vom 16. Dez. 2010, Nr. 58/2010 (http://www.presserat.ch/28530.htm) .プレス評議会は、過剰な不必要な報道や、本人、関係者、代理人に意見聴取をする前に強い非難を浴びせるような報道は許されないという限定付きながら、偽物であってもセレブリティーに対する個人を特定できる報道は許されるという見解表明をしている。
*19　このJet Aviation社自体は、最終的に、先代のCarl W. Hirschmannによってアメリカ合衆国の航空サービス企業のGeneral Dynamics社に24億5千万フランで売却されている。
*20　刑事裁判については、2012年11月にチューリヒ高等裁判所で、強制わいせつ、児童との性交渉などの罪で32か月の自由刑（うち20か月を執行猶予・保護観察、

12か月の収監も条件付きで平日の夜間と週末だけの部分的執行）罰金4000フランの判決が下され、連邦裁判所も2014年２月にチューリヒ高等裁判所の判断を認容し判決が確定している。Hirschmannは2015年１月からチューリヒ州ヴィンタートゥール市にある刑事収容施設に収容されている。
＊21　Cervelatとはスイスでよく売られているソーセージの一種のことである。かつてはスイス国内でしか通用しなかった名称であるため、Cervelat-Prominenzという言葉で、限定的な有名人、暗に本当はさほど重要ではない人物、偽物のセレブリティーをさして使われている。
＊22　Boris Etter, Urteil des Bundesgerichts 5A_658/2014 vom 6. Mai 2015, in: Jusletter 13. Juli 2015.
＊23　実際裁判費用の分担も原告であるHirschmann側が３分の１を負担している。

（おくだ　よしみち）

第13章

韓国の「忘れられる権利」

水島玲央

九州大学韓国研究センター

1. はじめに

　隣国の韓国は、「ＩＴ大国」とよくいわれている[*1]。韓国では1997年のＩＭＦ通貨危機以降、政府主導でインターネットの普及が始まった[*2]。韓国社会では、こうした急速なインターネットの普及により、多くの者がインターネットを利用できるようになったが、同時にさまざまな問題が生じるようになった。

　こうしたなかで韓国においても、ＥＵ諸国を中心に議論されているいわゆる「忘れられる権利」の問題について注目され始めている。だが韓国では「忘れられる権利」という権利が明示的に規定された法律条項はまだないうえ、「忘れられる権利」をめぐる判例も現在のところまだなく、議論の状況は日本と比べて進んでいるとは言い難い。そのため、韓国における「忘れられる権利」についての議論の状況のみ本稿で紹介しても、とてもそれだけでは紙面を満たすことができない。

　そこで本稿では、韓国における「忘れられる権利」の問題について紹介するにあたり、まずは韓国におけるインターネット社会の現状についてみていき、現在の韓国ではインターネットにおける表現の自由がどの程度保障されているのか論じていく。そしてそうしたなかで注目され始めた「忘れられる権利」問題について、韓国において現在議論されている内容を紹介することをもって代えさせていただきたい。

2. 韓国におけるインターネットと表現の自由

(1) インターネット利用者による書き込みが問題となった事例

　韓国ではインターネットの普及により、SNSなどでの表現内容が、数年後になって「炎上」するというケースがみられている。韓国では、とりわけ芸能人がまだ有名になる前にSNSなどで発言していた内容が、有名になった後でインターネット利用者の目にとまり物議を醸したりしている。

　芸能人によるもっとも有名なケースとして、男性アイドルグループ「2PM」のリーダーであった韓国系アメリカ人のパク・ジェボム氏が、練習生時代の2005年にアメリカのSNS「Myspace」において、韓国や韓国人に対して否定的な内容の書き込みをしていたことが2009年になってファンの目にとまり、波紋を呼んだ事件が挙げられる。[*3] 騒動となったパク氏は自らのファンクラブコミュニティーサイトに謝罪文を掲載したのち、[*4] グループを脱退することになった。[*5] なお所属事務所はその後パク氏に「深刻な私生活の問題」があったとして契約解除したため、[*6] パク氏の韓国での芸能生活は絶たれてしまっている。

　また韓国では一般人の言動がインターネット利用者によって批判され、ネット上で「私刑」を受ける事例も多発している。

　韓国における有名な事件として、「ケトンニョ事件」[*7] が挙げられる。この事件は2005年に犬を連れて地下鉄に乗車していた女性が、飼い犬の車内での粗相の後始末をせずに下車したことが、他の乗客によってその様子を撮影されインターネット上に投稿されたため、インターネット利用者たちによって個人の特定が行われ、身元が公開されたうえ通っている大学名まで掲載されてしまうほどの非難を受けたという事例である。[*8]

　別の事例としては、「ルーザー女事件」と呼ばれる女子大学生がテレビ番組に出演した際の舌禍事件も挙げられる。この事件ではある女子大学生がKBS（韓国放送公社）2のテレビ番組に出演し、「背が低い男はルーザー（…）容貌が競争力になる時代では（男性の身長は）180センチ以上でなければいけない」と発言したことが視聴者の反感を買い、通っている大学名がインターネット上で公開されたりしたため、その後大学に通えなくなったうえ周辺の人々との連絡も途絶えてしまったという。[*10]

　また韓国では、インターネット利用者の悪質な書き込みにより、芸能人が

傷心のあまり自殺を遂げたケースもみられている。2007年には歌手のユニ氏や2008年には女優のチェ・ジンシル氏がインターネット利用者の心無い書き込みを苦に自殺している。[11]

以上のように、韓国ではインターネット利用者による「私刑」や誹謗中傷などが氾濫しており、急速なインターネット普及と比べてインターネットリテラシーが追いついていないという問題点がみられている。

(2) サイバー侮辱罪導入についての議論

韓国では、2008年7月に、インターネット上において虚偽情報や名誉毀損が多いため、それらの行為を処罰するために「サイバー侮辱罪」の新設が議論された。[12] こうした議論の背景には、当時の韓国では米国産牛肉輸入再開をめぐってBSEにまつわる虚偽情報がネット上に広まったことがあるとされる。[13]

その後、女優のチェ・ジンシル氏がインターネット上での自身に対する誹謗中傷により自殺したことで議論の必要性が高まった。[14] 既存の刑法の侮辱罪では罰則が弱いとして、サイバー侮辱罪を導入して加重処罰することが提案された。[15] 具体的には「情報通信網利用促進及び情報保護等に関する法律（以下、「情報通信網法」とする）」にサイバー侮辱罪を新設し、親告罪ではなく、被害者以外の者も告訴できるが被害者が望まない場合は処罰しないという「反意思不罰罪」という形式を導入するかどうか議論が進められた。[16]

だが当時の野党など、サイバー侮辱罪の導入が表現の自由を委縮させることにつながるといったことや、既存の刑法の侮辱罪などでも処罰が可能であるといったことなど反対もみられ、結局は国会で可決することはなかった。[17]

(3) インターネット実名制

また、韓国では2000年代には「インターネット実名制」が導入された。これは、インターネット利用者が、インターネット上の掲示板に意見を表明するには、利用者が本人であるかどうか認証を受けなくてはならないという制度である。[18]

インターネット実名制は、「公職選挙及び選挙不正防止法（現、公職選挙法、以下「公職選挙法」とする）」と「情報通信網法」において適用された。

公職選挙法では2004年3月に第82条の6が新設された。現行の公職選挙法では、まずインターネットメディアは利用者が選挙に関する意見を選挙運動期間中に掲示する場合には氏名と住民登録番号が一致するか確認しなくては

ならない (第1項) とする。また政党や候補者の開設するサイトにおいて利用者が意見を掲示する場合、政党や候補者は利用者に対して氏名と住民登録番号の一致の確認ができるとする (第2項)。そして行政自治部長官と信用情報業者は実名認証資料を管理し、中央選挙管理委員会が提出を求めた際には応じなければならないとする (第3項)。インターネットメディアは実名認証を受けた利用者が意見を掲示する場合、「実名認証」と表記しなくてはならず (第4項)、表記されないものは削除しなければならない (第6項)。その際、利用者に住民登録番号を掲示板に掲示することを要求してはならない (第5項)。インターネットメディアは政党・候補者および各級選挙管理委員会が第6項の規定により情報の削除を要求した際には応じなくてはならない (第7項) としている。

　一方、情報通信網法の2007年の改正では、第44条の5が新設され、国家機関や自治体、一日平均利用者数が10万人を超える情報通信サービス提供者などがインターネット掲示板を設置する場合、利用者に本人確認を必要とした (第1項)。前項の情報通信サービス提供者が本人確認をしない場合、情報通信部長官は本人確認措置を命じることができ (第2項)、政府は本人確認のためのシステム開発の施策を講じなくてはならず (第3項)、公共機関や情報通信サービス提供者が善良な管理者によって本人確認措置をしたにも関わらず、利用者の名義が不正使用されて損害が生じた場合は、賠償責任を減免される (第4項) としている。

　こうした公職選挙法と情報通信網法でのインターネット実名制に対して、憲法裁判所はそれぞれ判断を下している。憲法裁判所は公職選挙法第82条の6に対しては2007年の判例では却下、2010年の判例では当該規定が選挙の公正性を目的としたものであり、目的の正当性と手段の適合性に合致し、利用者の実名が出るわけではないので侵害の最小性と法益の均衡性も認められるとして過剰禁止原則 (比例原則) に違反せず、また明確性の原則にも違反しないとして合憲決定を下している。[20]

　一方、情報通信網法第44条の5第1項第2号については、憲法裁判所は当該法律条項が健全なインターネットの文化を助成するためのものであるとして目的の正当性と手段の適合性については認めたが、「目的達成に必要な範囲を超える過度の制限をするもの」であるとして侵害の最小性が認められず、なおかつ「基本権が制限されることで発生するインターネット掲示板利用者および情報通信サービス提供者の不利益が、本人確認制が達成しようとする

第13章　韓国の「忘れられる権利」　231

公益より必ずしも小さいとはいえないので」法益の均衡性が認められないとして、過剰禁止原則に抵触し違憲決定を下している[*21]。

したがって現在では、選挙運動期間中の選挙に関する意見以外は、匿名で意見を掲示することが認められるようになっている。

(4) 小括

韓国のインターネットには、こうした制約以外にも、サイトによってはアクセスが遮断されている。たとえば、情報通信網法第44条の7第1項[*22]の規定により、韓国国内ではアクセスできないサイトがある。具体的には、北朝鮮と関連したサイトや海外のアダルトサイトなどは韓国国内ではみることができず、韓国国内でそれらのサイトのURLを入力すると、放送通信審議委員会とサイバー警察庁による警告画面が表示され、「有害サイト」であるとして遮断されてしまう（次頁の図1）。

この警告画面によれば、安保危害行為、賭博、淫乱（日本でいう、「わいせつ」）、違法医薬品販売、違法食品販売と虚偽誇大広告、違法健康食品販売と虚偽誇大広告、違法化粧品販売と虚偽誇大広告、違法医療機器販売、違法麻薬類販売、違法体育振興投票券販売、違法勝者投票券購買代講、違法馬券購買代講、商標権侵害、著作権侵害などを行ったサイトが遮断の対象となるとしており、当該サイトの運営者は15日以内に異議申請をすることができるとする[*23]。

また、放送通信審議委員会は、日本を讃揚して韓国を卑下する内容のいわゆる「親日」のウェブサイトやブログ等に対しては制裁を加えるとしており、実際にそれらの内容のブログ等の削除やアクセス遮断が行われたという[*24]。「IT大国」と呼ばれる韓国であるが、インターネット上ではこのような「監視」が行われているなど[*25]、意外な一面が垣間見える。

したがって諸外国で「忘れられる権利」について論じるにあたっては、「忘れられる権利」と表現の自由の相克の問題が懸案事項となるが[*26]、韓国の場合はそもそもインターネット上の「表現の自由」に対する制約が非常に大きいという点において、アメリカやEU諸国とは大きく異なっていることに留意する必要がある。

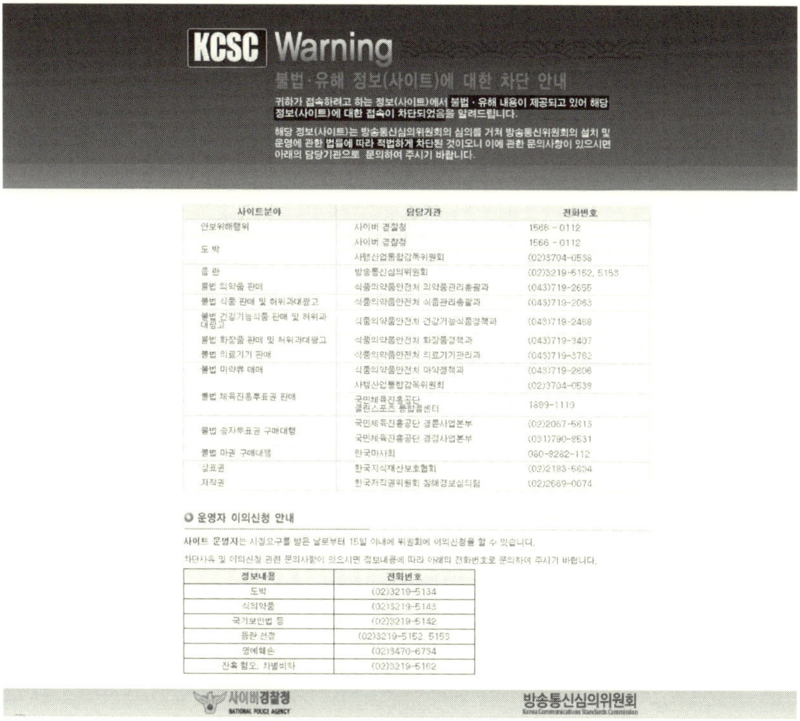

図1：韓国における「有害サイト」遮断の警告画面
出典：放送通信審議委員会・サイバー警察庁, http://www.warning.or.kr/（検索日: 2015. 4. 20.）

3．韓国における「忘れられる権利」

(1)　「忘れられる権利」の概念の登場

　韓国では、全斗煥政権時代の1980年憲法においてプライバシーの権利が初めて憲法上明文化され、現行憲法第17条においても、「すべての国民は私生活の秘密と事由を侵害されない」として、プライバシーの権利を保障している。

　個人情報保護のための法制化が世界中で進められるなかで、韓国では1995年に「公共機関の個人情報保護に関する法律」が制定された。この法律では、「公共機関のコンピューターによって処理される個人情報の保護のためにその取扱いについて必要な事項を定めることで公共業務の適正な遂行を図るとともに、国民の権利と利益を保護することを目的とする」としていた（第1

条)。

　だが公共機関の個人情報保護に関する法律では、公共機関以外の者による個人情報保護については規定がなかった。[*29]そこで既存の「情報通信網利用促進等に関する法律」を2001年に「情報通信網利用促進及び情報保護等に関する法律（情報通信網法）」として全面改正し、民間での個人情報の侵害についても規定をおくようになった。[*30]

　やがて公共機関と民間での二元的な制度では個人情報の処理において不十分であるとして、公共機関・民間を網羅した個人情報についての一般法である「個人情報保護法」が2011年に制定された。[*31]

　韓国において「忘れられる権利」についてはじめて議論されたのは、2006年に韓国の日刊紙がこの問題について記事にしたことが契機となっている。[*32]当該日刊紙であるハンギョレ新聞は、無罪判決が確定した場合や嫌疑なしとなった場合、誤報の場合や不必要に個人情報が露出した場合に、当事者の要請と証拠があればインターネット上から記事を修正・削除すると読者に告知した。[*33]したがって2006年当時は、インターネット上の記事について当事者が修正や削除を求める場合に、マスメディアがそれに応じる義務があるかどうかが議論の出発点となっていた。[*34]

　だが近年ではインターネット上の新聞記事のみならず、写真や映像、個人情報など多様となっており、それらの情報についての修正・削除請求権のような性質となってきている。[*35]

(2) 関連法令

　韓国では「忘れられる権利」と関連した規定として、情報通信網法第29条、第30条第3項・第6項、第44条の2第1項・第2項・第6項や、個人情報保護法第21条、第36条、第37条が挙げられている。[*36]そこで以下では、情報通信網法と個人情報保護法の規定についてそれぞれみていきたい。

1) 情報通信網法

　情報通信網法は、「情報通信網の利用を促進し、情報通信サービスを利用する者の個人情報を保護するとともに、情報通信を健全に安全に利用できる環境を助成し、国民生活の向上と公共の福祉の増進に役立つことを目的とする」（第1条）。

　第2条では各用語の定義について紹介しており、主要なものをみると、「情報通信サービス提供者」については「『電気通信事業法』第2条8号によ[*37]

る電気通信事業者と営利を目的に電気通信事業者の電気通信役務を利用し情報を提供したり情報の提供を媒介する者をいう」（第2条第1項第3号）とする。

情報通信網法第29条は個人情報の破棄について規定している。情報通信サービス提供者は、個人情報の利用目的の達成、利用期間の終了、事業を廃業する場合は、他の法律で制限している場合を除いて、当該個人情報を破棄するよう規定している（第1項）。

第30条では利用者の権利等について規定しており、利用者が個人情報収集の同意の撤回を要求した場合は当該個人情報の破棄などの措置を取らなくてはならないとしている（第3項）。なお同意の撤回は個人情報収集手続よりも容易に行えるようにしなくてはならないとする（第6項）。

また情報通信網法第44条の2では情報の削除要請について規定している。プライバシーの侵害や名誉棄損など、権利を侵害された者は、当該情報を取り扱った情報通信サービス提供者に対して当該情報の削除または反論の掲載を要請できる（第1項）。こうした要請があった場合、情報通信サービス提供者は、「遅滞なく削除・臨時措置等の必要な措置をし、直ちに申請人および情報掲載者に知らせなくてはならない」（第2項）。情報通信サービス提供者は第2項の措置をすれば、賠償責任が減免される（第6項）。

2）　個人情報保護法

韓国の個人情報保護法は「個人情報の処理および保護に関する事項を定めることで、個人の自由と権利を保護し、ひいては個人の尊厳と価値を具現することを目的とする」（第1条）。

個人情報保護法でも、第2条において各用語の定義づけを行っている。「個人情報」とは「生きている個人に関する情報で、姓名、住民登録番号および映像などを通じて個人を知ることができる情報（該当情報だけでは特定個人を知ることができなくても他の情報と容易に結合して知ることができるものを含む）をいう」（第1号）としており、生存している自然人に限定されている。

また「個人情報処理者」については「業務を目的に個人情報ファイルを運営するために自らまたは他の者を通じて個人情報を処理する公共機関、法人、団体および個人などをいう」（第2条第5号）としている。

個人情報保護法では第4条において、「情報主体は自身の個人情報処理と関連して次の各号の権利をもつ」としており、「個人情報の処理停止、訂正・削除および破棄を要求する権利」（第4号）が掲げられている。

また第36条では、個人情報の訂正・削除について規定している。情報主体

は、他の法令で当該情報が収集対象とされている場合を除き、個人情報処理者に自身の個人情報の訂正・削除を要求することができる（第1項）。個人情報処理者は、第1項の要求を受けた場合、遅滞なく訂正・削除などの措置をしなくてはならない（第2項）。削除した情報は復旧・再生されないようにしなくてはならない（第3項）などの規定がみられる。

また第37条では、個人情報の処理停止について規定している。第1項では情報主体が個人情報処理者に対して個人情報処理の停止を要求することができ、第2項では個人情報処理者がその要求に応じなければならない旨規定している。

なお個人情報処理者は、個人情報の処理が終わったものや一定期間が経過したものについては破棄しなくてはならない（第21条）。

3） 現行法での「死角地帯」

以上、情報通信法網法と個人情報保護法をみてきたが、情報通信網法における「情報通信サービス提供者」と個人情報保護法の「個人情報処理者」は、それぞれ用語は異なっているが、同じものと考えて差し支えないであろう。

韓国の個人情報保護法と情報通信網法では、個人情報処理者が個人情報を取得する目的で収集した個人情報については、訂正や削除請求権の対象となっているが、個人情報取得を目的とせずに収集された情報については規定がないため、「忘れられる権利」を議論していくにあたり検討が必要な部分であるとされている[38]。具体的に例を挙げると、検索エンジンに私的な事実についての情報が掲載されることや、インターネット掲示板などに特定の個人について記述されることなどが問題となる[39]。またSNSやブログなどによっても情報が拡散されているため、こうした事案についても検討する必要性が認識されている[40]。

(3) 韓国における議論の現況

1） 法的性質について

韓国でも近年では「忘れられる権利」の必要性が認識されはじめているが、「忘れられる権利」がいったい何をさすのかについて、その権利の内容や性質について詳細に論じられたものはまだ多くない。また、「忘れられる権利」が憲法上の基本権なのか、法律上の権利なのかについても論者によって一定ではない。

まず、咸仁善は、「忘れられる権利」の法的根拠を、憲法レベルと法律レ

ベルに求めることができるとしており、憲法レベルでは「忘れられる権利」が個人情報自己決定権の一種であるとし、個人情報自己決定権としての「忘れられる権利」は、第17条の私生活の秘密から求めることができ、第17条でカバーできない領域については、韓国憲法第10条の幸福追求権から求めることができるとしている[*41]。なお咸仁善は、法律レベルについては個人情報保護法を根拠におき、「忘れられる権利」が個人情報のなかでもオンライン上のものであることから、併せて情報通信網法も根拠になるとしている[*43]。

また鄭永和は、現代の情報基本権が内面的精神的自由と外面的精神的自由に大別されるとし、「忘れられる権利」が「内面的精神的自由の内容を含むと同時に自己情報統制権の両面性を有するという点で、従来の情報基本権の類型に含ませるのが難しい」[*44]として、「忘れられる権利」の憲法上の根拠が韓国憲法第10条と第17条の両方に由来するとしている[*45]。

一方、朴眞佑はこれらの学説の論者が、「忘れられる権利」の実質についてみることなく「漠然と抽象的に『忘れられる権利』に関する法的性格を論じている」[*46]と指摘する。そして「『忘れられる権利』がその効力を発する具体的な領域ないし範囲を限定せずに漠然と『忘れられる権利』の法的性格を論じることは実際的にも理論的にも大きな意味を持ちえない」[*47]と批判し、「忘れられる権利」の内容が、「『忘れられる権利』という用語よりは、「個人情報削除請求権」と命名するのがより正確で法学的な用語である」[*48]と提唱する。

朴眞佑は、憲法上の基本権とは「本質的に個人が国家に対して請求する対国家的公権としての性格をもたなくてはならない」[*49]として「忘れられる権利」が憲法上の基本権とはいえないと解釈している。そして「個人情報削除請求権を本質とする『忘れられる権利』は、こうした憲法的利益実現に根拠を置いた権利として憲法第10条の人格的利益に関する自己決定権に役立つ権利で、権利の具体的内容は法律レベルで立法者が立法を通じてどのように規律するかにかかっていると理解しなくてはならない」[*50]とし、憲法上の基本権ではなく法律上の権利であるとする。

このように、「忘れられる権利」が憲法上の基本権なのか、あるいは法律上の権利にすぎないのかによって、その性質は大きく変わってくる。「忘れられる権利」が憲法で保障された基本権であるならば、もうひとつの基本権である表現の自由と対立した場合、どちらを優先すべきかを議論する余地が残されるが、法律上の権利に過ぎない場合は、憲法上の基本権である表現の

自由が必然的に優先されることになるであろう。したがって「忘れられる権利」を重視する論者は、当該権利が憲法で保障された基本権だと捉える傾向があるようにみえるのに対して、当該権利が法律上の権利にすぎないとする立場は、むしろ憲法上の基本権である表現の自由をより重視しているようにみえる。

2) 適用範囲について

「忘れられる権利」を個人情報削除請求権と解釈した場合、その適用範囲はどうなるのだろうか。まず権利の主体については、情報通信網法上の権利主体に合わせて、生存している自然人に限定することを原則とし、死者の過去が遺族に影響を及ぼす場合は例外的に遺族にも権利が認められるとしている[*51]。権利の客体は、現行の個人情報保護法の死角となっている過去の私的な事実に関する個人情報を保護する必要性が論じられている[*52]。

そして権利行使の相手方については、現在では情報収集をするにあたり、検索エンジンを利用する機会が多いため、個人情報処理者だけでなく検索エンジンの運営者も含める必要があるとしている[*53]。

なお、韓国における最大規模の検索エンジン兼ポータルサイトである「NAVER」では、名誉棄損による遮断の申請が、一日当たり約300件余り寄せられているようで、韓国でも「忘れられる権利」の重要性は、今後高まっていくものと予想される[*54]。

(4) 小括

以上、「忘れられる権利」の法的性質をめぐる韓国での議論をみてきたが、仮に「忘れられる権利」が憲法で保障された基本権であるとしても、インターネット上の個人情報処理者は、国家機関ではなく民間の業者であることが大部分であるため、憲法裁判所で憲法訴願審判を通じて争うことは難しい。

そもそも憲法訴願が「公権力の行使または不行使によって憲法上保障された基本権を侵害された者が憲法裁判所にその権利の救済のために憲法訴願審判を請求し、これに対して憲法裁判所が審判を通じて国民の基本権を救済して憲法秩序を守護して維持する制度」[*55]であるゆえ、民間企業である個人情報処理者については、「公権力による基本権侵害」とみることはできないため、憲法裁判所による憲法訴願を通じてではなく、通常の裁判所で争うことになる。

したがって、2015年6月現在、韓国において「忘れられる権利」をめぐる

憲法裁判所の判例はまだ存在していない。また通常の裁判所においても、日本やEU諸国でみられるような検索エンジンに対する削除請求といった事例はみられていない。[*56]

こうしたこともあり、韓国では個人情報削除請求権としての「忘れられる権利」を実現していくにあたって、個人情報保護法第40条による、個人情報紛争調停委員会を通じて解決することも、ひとつの方法論として提案されている。[*57]

なお韓国の国会では2013年2月に、与党であるセヌリ党の李老根議員が代表となり、情報通信網法と著作権法の改正案を発議し、著作権者の削除権を明文化することで「忘れられる権利」を本格的に導入しようと議論されている。[*58]

だが国会でのこうした議論について、マスメディアで危惧する声がみられる。ソウル新聞は、「忘れられる権利」が国民の知る権利と衝突し、言論の自由の侵害になるとする識者の意見を紹介すると共に、「親日行脚を繰り広げた人士の子孫が先祖の非行を消すことは歴史を抹消すること」[*59]だという、極端な喩えを用いて懸念を表している。

4．おわりに

以上、韓国におけるインターネット社会の現状と「忘れられる権利」をめぐる議論の内容をみてきた。「ＩＴ大国」といわれる韓国では、実際にはさまざまな問題を抱えていることがわかる。

第一の問題点は、韓国ではインターネットにさまざまな制約が加えられているということである。前述のように、韓国ではこれまでにも「インターネット実名制」が導入されたことがあったり、「サイバー侮辱罪」の導入が検討されたり、北朝鮮関連のサイトやいわゆる「親日」的な内容のサイトについてはアクセスが遮断されるなど、インターネット上での表現の自由が十分に保障されているとは言い難い。韓国において「忘れられる権利」の導入についての議論を高めるには、まずはその前提として、欧米先進国と同じ水準までにインターネットにおける表現の自由が保障される必要があるだろう。

第二の問題点は、このように表現の自由に制約が加えられている一方で、韓国では急速にインターネットの普及が広まったため、インターネットリテラシーが追いつかない利用者による無責任な情報が容易に氾濫してしまって

いるということである。そのため韓国ではこれまで、個人情報の取扱いを改善して利用者が自由に責任をもって利用できるようにするよりも、むしろインターネットの利用そのものに制限をかけるような取り組みを行ってきたように思われる。

韓国のインターネット社会では、こうした不完全な表現の自由と、無責任な利用者による情報の氾濫という、二つの大きな相反する懸案事項を抱えているため、「忘れられる権利」の導入は、後者のような被害を減らすうえでは非常に効果的であるかもしれないが、同時にもともと制限的である表現の自由をよりいっそう制限することにつながりかねないという、「諸刃の剣」となっている。

しかしながら、グローバル時代において世界中でIT化が進むなか、政府が強いリーダーシップをもって発展を推し進めるような発展途上国にとっては、現在の韓国のような懸案事項は避けて通れない問題であろう。韓国が直面している現状は、それらの国々にとっては、欧米先進国の制度や議論よりも、むしろ大きな示唆を与えるものであるといえよう。韓国がこうした相克を今後どのように乗り越えていくか、大いに注目する価値があるといえるだろう。

* 1　민유영, "인터넷 상에서 잊혀질 권리와「개인정보보호법」에 대한 비교법적 고찰", 고려법학, 제63호 (2011. 12.), 288면 참조.
* 2　白井京「韓国におけるインターネットへの法的規制――サイバー暴力と有害サイト規制」外国の立法、第239号（2009年）97頁。
* 3　「「韓国人が嫌い、韓国人はおかしい」…2PMジェボムの書き込み？」中央日報、2009年9月7日、http://japanese.joins.com/article/227/120227.html?servcode=700&sectcode=720（検索日: 2015. 6.14.）.
* 4　「2PMジェボムが韓国侮蔑を公式謝罪…「幼くて分別なかった」」中央日報、2009年9月7日．http://japanese.joins.com/article/228/120228.html?servcode=700&sectcode=700（検索日: 2015. 6.14.）.
* 5　「所属事務所『ジェボムの決心、尊重してほしい』」中央日報、2009年9月10日、http://japanese.joins.com/article/j_article.php?aid=120376&servcode=700&sectcode=700（検索日: 2015. 6.14.）.
* 6　「2PMジェボム、永久脱退…深刻な私生活問題」中央日報、2010年2月26日、http://japanese.joins.com/article/660/126660.html?servcode=700&sectcode=720（検索日: 2015. 6.14.）.
* 7　「ケトンニョ（개똥녀）」とは、韓国語で「犬のフンの女」という意味である。

* 8　"[독자편지] '개똥녀' 사건", 조선일보, 2005년 6월 7일, http://news.chosun.com/svc/content_view/content_view.html?contid=2005060770271（검색일: 2015. 6. 28.）.
* 9　「【コラム】「背が低い男はルーザー」自らの立場を把握できない地上波テレビ」中央日報2009年11月13日、
　　　http://japanese.joins.com/article/713/122713.html?servcode=100&sectcode=120（検索日: 2015. 6.14.）.
* 10　「キーワードで見た09年・韓国10大事件（2）」中央日報、
　　　2009年12月24日, http://japanese.joins.com/article/347/124347.html?servcode=400&sectcode=400（検索日: 2015. 6.14.）.
* 11　「止まない韓国芸能人の自殺」Newsweek, 2010年7月4日、http://www.newsweekjapan.jp/newsroom/2010/07/post-119.php（検索日: 2015. 6.14.）.
* 12　白井京「【韓国】ネット規制をめぐる論争」外国の立法、第237-2号（2008年）19頁参照。別の論者はサイバー侮辱罪の議論は2005年から始まっていたとしている。（孫亨燮「韓国におけるインターネット上の表現の自由――選挙運動を中心に」憲法問題、第25号〔2014年〕103－104頁参照）.
* 13　白井・同上。
* 14　白井・同上。
* 15　孫・前掲、103－104頁。
* 16　孫・同上。
* 17　孫・同上、104頁。白井・前掲注(12)、19頁。
* 18　崔惠先「インターネット上の匿名表現の自由とインターネット実名制――インターネット実名制に関する韓国憲法裁判所決定を素材に」法学セミナー第708号（2014年）19頁参照。
* 19　헌재2007.12.27. 2004헌마218등; 崔・同上、21頁参照。
* 20　헌재2010.2.25. 2008헌마324등; 崔・同上、22頁参照。
* 21　헌재2012.8.23. 2010헌마47등; 崔・同上、22-23頁参照。
* 22　情報通信網法第44条の7第1項：何人も情報通信網を通じて次の各号のいずれかに該当する情報を流通させてはならない。
　　　1．淫乱な符号・文言・音響・画像または映像を配布・販売・賃貸したり公然と展示する内容の情報。
　　　2．人を誹謗する目的で公然と事実や嘘を表し他人の名誉を毀損する内容の情報。
　　　3．恐怖心や不安感を誘発する符号・文言・音響・画像または映像を反復的に相手方に到達するようにする内容の情報。
　　　4．正当な事由なく情報通信システム、データまたはプログラム等を毀損・滅失・変更・偽造したりその運用を妨害する内容の情報。
　　　5．「青少年保護法」による青少年有害媒体物で相手側の年齢確認、表示義務など法令による義務を履行せずに営利を目的に提供する内容の情報。

6．法令によって禁止される射幸行為に該当する内容の情報。
　　7．法令によって分類された秘密など国家機密を漏洩する内容の情報。
　　8．「国家保安法」で禁止される行為を遂行する内容の情報。
　　9．その他犯罪を目的としたり教唆または幇助する内容の情報。
*23　방송통신심의위원회・사이버경찰청, http://www.warning.or.kr/（검색일: 2015．4．20.）．
*24　[단독]방통심의위 "日찬양 사이트-블로그 제재", 동아일보, 2012년 8월 31일, http://news.donga.com/3/all/20120831/49006098/1（검색일: 2015．5．6.）．
*25　「韓国、4年連続「インターネット監視国」の屈辱」中央日報, 2012年3月13日, http://japanese.joins.com/article/127/149127.html（検索日: 2015．6.30.）．
*26　宮下紘「『忘れられる権利』をめぐる攻防」比較法雑誌, 第47巻第4号（2014年）48頁参照．
*27　鄭宗燮,「憲法学原論」, 서울: 博英社, 2006, 484면．
*28　박진우, "이른바 '잊힐 권리'에 관한 헌법적 조명", 世界憲法研究, 第20卷 第2號（2014）, 168면．
*29　박진우, 위의 글, 같은 면．
*30　박진우, 위의 글, 같은 면．
*31　박진우, 위의 글, 같은 면．
*32　양재규, "최근 부상한 '잊힐 권리' 정보 수정 및 삭제권을 의미", 신문과 방송, 통권 제518호（2014．2.）, 109면．
*33　구본권, "오래된 기사의 인터넷 유통과 피해 현황", 언론중재, 통권 제132호（2014）, 14면 참조．
*34　양재규, 앞의 글, 같은 면．
*35　양재규, 위의 글, 같은 면．
*36　한정빈, "개인정보보호와 잊혀질 권리", 방송통신전파저널, 제55호,（2012．11.）72-74면 참조．
*37　電気通信事業法第2条第8号：「電気通信事業者」とはこの法による許可を受けたり登録または申告（申告が免除された場合を含む）をして電気通信役務を提供する者をいう。
*38　박진우, 앞의 글, 170면 참조．
*39　박진우, 위의 글, 170-171면 참조．
*40　전은정, 염흥열, "잊혀질 권리에 관한 비교법적 고찰 – EU법 비교를 중심으로", 한・독사회과학논총, 제22권 제3호（2012．9.）, 264면 참조．
*41　大韓民国憲法第10条：すべての国民は人間としての尊厳と価値を有し、幸福を追求する権利を有する。国家は個人が有する不可侵の基本的人権を確認しこれを保障する義務を負う。
*42　함인선, "'잊혀질 권리'에 관한 고찰", 인권과 정의, 통권 제427호（2012．8.）, 57면 참조．

*43　함인선, 위의 글, 58-59면 참조.
*44　鄭永和, "헌법상 정보 프라이버시로서 '잊혀질 권리'", 법학논고, 제39집 (2012. 6.), 573면.
*45　鄭永和, 위의 글, 같은 면.
*46　박진우, 앞의 글, 171면.
*47　박진우, 위의 글, 172면.
*48　박진우, 위의 글, 170면.
*49　박진우, 위의 글, 173면.
*50　박진우, 위의 글, 같은 면.
*51　박진우, 위의 글, 173-174면. 朴眞佑는 公人や, 現在は公人ではない者の公人だった時期のことについては制限されるとしている (박진우, 위의 글, 176-177면).
*52　박진우, 위의 글, 174면. 朴眞佑は, 當該情報を知ることが社會全體の利益となるいわば公的關心事については例外とし, 公的關心事であっても時間が經過したものは削除しても構わないとしている (박진우, 위의 글, 177-178면).
*53　박진우, 위의 글, 174면.
*54　김형준·박선주·이도형, 「'잊힐 권리' 관련 유럽사법재판소 판결 분석 및 시사점」, 서울: 한국정보화진흥원, 2014, 9면.
*55　鄭宗燮, 「憲法訴訟法」, 서울: 博英社, 2006, 469면.
*56　但し, 韓國では「ローマーケット事件」と呼ばれる, 韓國國內の弁護士が擔當した事件や勝訴率などを収録したサイトに對して弁護士たちが人格權の侵害であるとして訴訟を提起したことがあるが (대법원 2011. 9. 2. 선고 2008다42430), 嚴密に「忘れられる權利」の判例といえるかどうかは疑問であるためここでは含めない。
*57　박진우, 앞의 글, 179면.
*58　"온라인에서 '잊힐 권리' 강화될까" 프레시안, 2013년 2월 13일, http://www.pressian.com/news/article.html?no=40442 (검색일: 2015. 7. 28.)
*59　"[구본영의 시시콜콜] '잊힐 권리법'이 스마트해져야 할 이유" 서울신문, 2013년 6월 28일, http://seoul.co.kr/news/newsView.php?id=20130628031019&spage=2 (검색일: 2015. 7. 28.)

(みずしま・れお)

編者・執筆者プロフィール（五十音順）

＊印は編者

奥田喜道（おくだ・よしみち）＊
跡見学園女子大学マネジメント学部助教。専門は憲法学、比較憲法（主にスイス憲法）。主な著作に、「福島第一原発事故後の政治システムのあり方」『政治変動と憲法理論』（憲法理論叢書19、敬文堂、2011年）、「実名犯罪報道と社会復帰の権利」『憲法から考える実名犯罪報道』（現代人文社、2013年）、「スイスにおける事件報道の現状と憲法論」（同書）、「実名犯罪報道と忘れられる（忘れてもらう）権利」（同書）、『憲法未来予想図』（共編著、現代人文社、2014年）などがある。

飯島滋明（いいじま・しげあき）
名古屋学院大学経済学部准教授。専門は憲法学、平和学、医事法。主な著作に、『国会審議から防衛論を読み解く』（前田哲男氏と共著、三省堂、2003年）、『痴漢えん罪に巻き込まれた憲法学者』（高文研、2012年）、「メディアと基地」前田哲男・飯島滋明編『Q&Aで読む日本軍事入門』（吉川弘文館、2013年）、「実名犯罪報道に対する名誉回復は可能か」『憲法から考える実名犯罪報道』（現代人文社、2013年）、『憲法未来予想図』（共著、現代人文社、2014年）などがある。

石川裕一郎（いしかわ・ゆういちろう）
聖学院大学政治経済学部教授。専門は憲法学、比較憲法学、フランス法学。主な著作に、『現代フランス社会を知るための62章』（共著、明石書店、2010年）、『フランス法律用語辞典〔第3版〕』（共訳、三省堂、2012年）、『フランスの憲法判例Ⅱ』（共著、信山社、2013年）、『リアル憲法学〔第2版〕』（共著、2013年、法律文化社）、『憲法理論叢書22：憲法と時代』（共著、敬文堂、2014年）、『国家の論理といのちの論理：現代社会の共同幻想と聖書の読み直し』（共著、新教出版社、2014年）などがある。

江島晶子（えじま・あきこ）
明治大学法科大学院教授。専門は憲法学、比較憲法学、国際人権法学。
主な著作に、『人権保障の新局面 ヨーロッパ人権条約とイギリス憲法の共生』（日本評論社、2002年）、『ヨーロッパ人権裁判所の判例』（信山社、2008年）、「憲法の未来像（開放型と閉鎖型）――比較憲法と国際人権法の接点」『日本国憲法の継承と発展』所収（三省堂、2015年）などがある。

榎澤幸広（えのさわ・ゆきひろ）
名古屋学院大学現代社会学部准教授。専門は憲法学、マイノリティと法、島嶼と法。
主な著作に、「公職選挙法8条への系譜と問題点」（名古屋学院大学論集社会科学篇47(3)〔2012年〕）、「記憶の記録化と人権」石埼＝遠藤比呂通編『沈黙する人権』（法律文化社、2012年）、「日本語を話しなさい」など石埼学＝押久保倫夫＝笹沼弘志編『リアル憲法学〔第2版〕』（法律文化社、2013年）、「実名犯罪報道と知る権利」『憲法から考える実名犯罪報道』（現代人文社、2013年）、『憲法未来予想図』（共編著、現代人文社、2014年）などがある。

上机美穂（かみつくえ・みほ）
札幌大学地域共創学群法学専攻准教授。専門は民法。
主な著作に、「新たな名誉・プライバシー侵害とその保護」（月報司法書士519号、2015年）、「忘れられる権利とプライバシー」（札幌法学25巻2号、2014年）などがある。

神田知宏（かんだ・ともひろ）
弁護士（第二東京弁護士会所属），弁理士。司法研修所第60期修了。

實原隆志（じつはら・たかし）
長崎県立大学国際情報学部准教授。専門は憲法学、ドイツ憲法、情報法。
主な著作に、『憲法の規範力とメディア法 講座 憲法の規範力【第4巻】』（共著、信山社、2015年）、「被疑者の写真撮影と肖像権」『憲法判例百選Ⅰ 第6版』（共著、有斐閣、2013年）、『よくわかるメディア法』（共著、ミネルヴァ書房、2011年）などがある。

島崎哲朗（しまざき・てつろう）
弁護士（京都弁護士会所属）。司法研修所第44期修了。1987年第一種情報処理技術者試験合格。C、COBOL、BASICでソフト開発。「ネットの電話帳」事件の原告代理人。

髙橋未紗（たかはし・みさ）
弁護士（東京弁護士会所属）。司法研修所第61期修了。日弁連情報問題対策委員会委員。
主な著作に、「Google仮処分命令申立事件にみるインターネット案件の法的課題と忘れられる権利」、『Law&Technology第58号』（民事法研究会、2012年）、「国際家事事件（とくに国際的子奪取案件）の専門的な調停スキームの研究」『法と実務11号』（商事法務、2015年）などがある。

富田寛之（とみた・ひろゆき）
弁護士（東京弁護士会所属）。司法研修所第48期修了。日本ケーブルテレビ連盟著作権部会顧問。
主な著作に、「Google仮処分命令申立事件にみるインターネット案件の法的課題と忘れられる権利」、『Law&Technology第58号』（民事法研究会、2012年）、『DDS実務ガイドブック』（監修協力、中央経済社、2005年）、「2ちゃんねる動物病院事件判決について」第二東京弁護士会知的財産権法研究会編『知的財産事件の明日』（第二東京弁護士会、2003年）などがある。

中西優美子（なかにし・ゆみこ）
一橋大学大学院法学研究科教授。専門は、EU法。
主な著作に『法学叢書 EU法』（新世社、2012年）、『EU権限の法構造』（信山社、2013年）、『EU権限の判例研究』（信山社、2015年）などがある。自治研究において「EU法における先決裁定手続に関する研究」を隔月連載中。

水島玲央（みずしま・れお）
早稲田大学比較法研究所助手。専門は憲法学、アジア法。
主な著作に、「国民年金制度に対する日韓の比較法的考察─外国人および在外国民の加入に伴う問題を中心に─」（アジア法研究2014（第 8 号）〔2015年〕）、「公法判例研究　韓国の梨花女子大学ロースクール事件（憲裁二〇一三・五・三〇・二〇〇九憲マ五一四）」（法政研究第82巻第 1 号〔2015年〕）などがある。

宮下　紘（みやした・ひろし）
中央大学総合政策学部准教授。専門は憲法、比較憲法、情報法。
主な著作に、『プライバシー権の復権』（中央大学出版部、2015年）、『個人情報保護の施策』（朝陽会、2010年）、「ビッグデータ時代の『忘れられる権利』」Journalism290号（2014年）などがある。

ネット社会と忘れられる権利
個人データ削除の裁判例とその法理

2015年10月10日　第1版第1刷発行
2016年8月10日　第1版第2刷発行

編著者　奥田喜道
発行人　成澤壽信
発行所　株式会社現代人文社
　　　　〒160-0004　東京都新宿区四谷2-10 八ッ橋ビル7階
　　　　振替　00130-3-52366
　　　　電話　03-5379-0307（代表）
　　　　FAX　03-5379-5388
　　　　E-Mail　henshu@genjin.jp（代表）／hanbai@genjin.jp（販売）
　　　　Web　http://www.genjin.jp
発売所　株式会社大学図書
印刷所　株式会社ミツワ
ブックデザイン　加藤英一郎

検印省略　PRINTED IN JAPAN　ISBN978-4-87798-615-5　C3032
Ⓒ 2015 Okuda Yoshimichi

本書の一部あるいは全部を無断で複写・転載・転訳載などをすること、または磁気媒体等に入力することは、法律で認められた場合を除き、著作者および出版者の権利の侵害となりますので、これらの行為をする場合には、あらかじめ小社また編集者宛に承諾を求めてください。